ADMINISTRATION ET COMPTABILITÉ INTÉRIEURES

DES CORPS DE TROUPE.

ORDINAIRES

Volume mis à jour à la date du 10 novembre 1917.

PARIS
HENRI CHARLES-LAVAUZELLE
Éditeur militaire
124, Boulevard Saint-Germain, 124
MÊME MAISON A LIMOGES

N° 7.

ADMINISTRATION ET COMPTABILITÉ INTÉRIEURES

DES CORPS DE TROUPE.

ORDINAIRES

Volume mis à jour à la date du 10 novembre 1917.

PARIS
HENRI CHARLES-LAVAUZELLE
Éditeur militaire
124, Boulevard Saint-Germain, 124
MÊME MAISON A LIMOGES

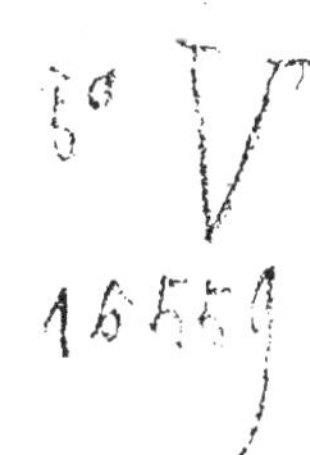

Ire PARTIE

Dispositions principales.

RÈGLEMENT

SUR LA

GESTION DES ORDINAIRES DE LA TROUPE

Paris, le 22 avril 1905.

RAPPORT AU PRÉSIDENT DE LA RÉPUBLIQUE FRANÇAISE.

Monsieur le Président,

Le règlement du 29 juillet 1899 sur la gestion des ordinaires de la troupe a subi, depuis son application, un certain nombre de modifications que vous avez bien voulu sanctionner par des décisions successives.

D'autre part, le Parlement a manifesté à plusieurs reprises le vœu de voir figurer à l'avenir à un chapitre spécial du budget de la guerre, afin d'en pouvoir mieux surveiller l'emploi, tous les crédits exclusivement relatifs à l'alimentation de la troupe, crédits qui, jusqu'alors, étaient répartis entre divers chapitres du budget. Le budget de 1905 qui vient d'être voté par les Chambres a été établi dans cet ordre d'idées.

Les nouvelles dispositions adoptées ont eu pour conséquence de nécessiter des modifications importantes tant dans le texte même du règlement sur la gestion des ordinaires que dans la contexture du livret d'ordinaire, et j'ai cru devoir en profiter pour faire procéder à une refonte complète dudit règlement.

Ce sont les résultats de cette étude qui ont abouti à l'élaboration du décret ci-joint portant règlement sur la gestion des ordinaires et dont les principales modifications peuvent se résumer ainsi qu'il suit :

Recettes de l'ordinaire. — Il n'est plus fait aucun prélèvement sur la solde au profit de l'ordinaire. L'alimentation du soldat est assurée au moyen de primes, savoir :

1° Prime fixe destinée à subvenir à toutes les dépenses normales de nourriture autres que celles de la viande;

2° Prime de viande, en remplacement de l'indemnité représentative actuelle, mais basée sur une ration de 320 grammes au lieu de 300;

3° Primes éventuelles, au nombre de quatre, allouées dans des circonstances spéciales, pour tenir compte des conditions hygiéniques défavorables, des fatigues exceptionnelles ou des dépenses anormales imposées aux troupes.

A ces primes normales s'ajoutent, dans certains cas, des indemnités spéciales à quelques places pour tenir compte de la cherté des vivres ou des circonstances climatériques et l'indemnité allouée à l'occasion de la Fête nationale.

Les primes d'alimentation, qui figurent au budget à un chapitre distinct, sont toutes versées à l'ordinaire pour les hommes qui y vivent. Elles sont payées, à ceux qui n'y vivent pas, en même temps que la solde.

Dépenses de l'ordinaire. — Il est désormais interdit de faire sur les fonds de l'ordinaire aucune dépense n'ayant pas pour objet l'achat de vivres ou de liquides. Les dépenses étrangères à l'alimentation seront imputées désormais soit à la masse d'habillement, soit à celle du chauffage pour l'éclairage des chambres. Ces masses reçoivent pour cet objet une augmentation de prime ou des allocations supplémentaires.

Caractère des fonds de l'ordinaire. — Ces fonds conservent le caractère de deniers privés. Comme conséquence, les contestations qui peuvent s'élever entre le corps et les fournisseurs sont de la compétence des tribunaux civils.

Perceptions du sucre et du café. — A l'avenir, ces denrées ne seront plus distribuées à titre réglementaire. Les corps les prendront dans les magasins de l'État ou des entrepreneurs des vivres, la prime fixe comprenant la valeur du quart de la ration réglementaire moyenne de sucre et café. En vue d'assurer le renouvellement des approvisionnements, les corps pourront être obligés de prendre, dans les magasins de l'État, un minimum fixé chaque année par le Ministre.

Perception des conserves de viande et de porc salé. — Au lieu de comprendre, comme précédemment, des quantités résultant de l'effectif du corps à des jours fixés par le commandement, les distributions porteront sur des quantités déterminées d'avance, pour chaque corps, d'après son effectif moyen et les quantités à écouler pour le renouvellement des approvisionnements. Le commandant du corps d'armée assignera à chaque corps les quantités à consommer dans l'année ;

le chef de corps répartira cette fixation entre les unités. de manière à en assurer la consommation totale dans les délais imposés.

Commission des ordinaires. — Pour assurer à son fonctionnement une continuité d'action indispensable, la commission sera constituée une fois par an dans tous les corps, sauf à remplacer par moitié, le premier jour de chaque trimestre, dans les corps d'infanterie et d'artillerie comprenant plus de six unités, les membres autres que le président et le secrétaire.

Passation des marchés. — Fixation de prix-limites. — Les règles admises pour la passation des marchés administratifs ont été rendues applicables, autant que possible, aux marchés relatifs aux ordinaires et il est prescrit de faire usage de prix-limites fixés à l'avance par le chef de corps et au-dessus desquels la fourniture ne pourra être adjugée.

J'ai, en conséquence, l'honneur de soumettre à votre haute sanction et de vous prier, si vous en approuvez les dispositions, de vouloir bien revêtir de votre signature le décret ci-joint.

Veuillez agréer, Monsieur le Président, l'hommage de mon respectueux dévouement.

Le Ministre de la guerre,

Maurice BERTEAUX.

DÉCRET.

Le Président de la République française,

Vu le règlement du 29 juillet 1899 sur la gestion des ordinaires de la troupe;

Vu la loi du 22 avril 1905, portant fixation du budget général des dépenses et des recettes de l'exercice 1905;

Sur le rapport du Ministre de la guerre,

Décrète :

CHAPITRE PREMIER.

FORMATION DE L'ORDINAIRE. — SON FONCTIONNEMENT.

Art. 1er. En garnison, en marche ou en manœuvres et en campagne, la réunion d'hommes de troupe vivant en commun au moyen des prestations qui leur sont allouées individuellement, constitue un ordinaire.

En principe, il est formé un ordinaire par unité administrative (compagnie, escadron, batterie, section formant corps, etc.).

Mais, lorsque le chef de corps ou de détachement y voit un avantage, les compagnies d'un même bataillon, les escadrons d'un même demi-régiment ou les batteries d'un même groupe, peuvent être réunis pour former un seul ordinaire. Les unités peuvent aussi, dans certains cas, être groupées deux par deux. Il en est ainsi, en principe, quand l'effectif à nourrir s'abaisse, pendant huit jours au moins, pour l'ensemble de deux unités d'un même bataillon (demi-régiment ou groupe) à un chiffre inférieur à 121.

Dans ce cas, l'une des unités est désignée, à tour de rôle et généralement aux dates indiquées par l'article 17 pour la reconstitution de la commission des ordinaires, par le chef de corps ou de détachement, pour assurer les détails de l'administration ou de la gestion. Le commandant de cette unité a seul la direction des achats, de la préparation et de la distribution des aliments. Les autres unités conservent la disposition d'une partie du boni déterminée par le chef de corps, au moyen de laquelle les commandants de ces unités peuvent faire à leurs hommes des distributions supplémentaires. Ces unités continuent de tenir leurs livrets d'ordinaire, mais en n'y inscrivant, pour les achats communs, que la part contributive de la compagnie, de l'escadron ou de la batterie. Le détail des dépenses relatives à ces achats figure seulement sur le livret d'ordinaire de l'unité qui gère l'ordinaire.

Enfin, lorsque des circonstances particulières l'exigent, il est formé plusieurs ordinaires par unité administrative.

Toutes les denrées, excepté le pain de munition, sont en commun.

En principe, les fonds de l'ordinaire restent affectés à l'unité qui les a perçus, sauf les exceptions mentionnées à l'article 11 ci-après. Ils ne donnent jamais lieu à une répartition individuelle, sauf en cas de licenciement de corps.

Art. 2. Les caporaux ou brigadiers et les soldats concourent tous à la formation de l'ordinaire. Le chef de corps ou de détachement peut seul accorder la permission de ne pas y vivre. Lorsque la santé d'un homme nécessite cette dispense, le chef de corps prononce sur la proposition du médecin chef de service. Cette permission ne peut être refusée à l'homme de troupe marié dont la femme a été autorisée à résider au corps.

Les hommes admis au régime spécial de l'infirmerie continuent de compter à l'ordinaire pour l'inscription aux recettes de toutes les allocations qui leur sont dues. Ces allocations sont ensuite portées en dépenses et versées à la masse de l'infirmerie. Le médecin-major émarge sur le livret d'ordinaire pour cette dépense.

Pendant les transports stratégiques, l'alimentation des officiers, sous-officiers et soldats est assurée par les soins de l'administration militaire, et le fonctionnement des ordinaires est suspendu après l'achat, au lieu de la garnison, des denrées (charcuterie, fromage, etc.), nécessaires aux repas complémentaires que la troupe aura à faire en cours de route, en sus de ceux qui lui seront donnés dans les haltes-repas.

Art. 3. L'action des officiers et des gradés sur le service des ordinaires s'exerce de la manière suivante :

Le chef de corps a la haute surveillance des ordinaires du régiment; il détermine le mode de gestion à suivre, suivant les circonstances locales et dans les limites des articles 15 et 16 ci-après.

Il approuve les cahiers des charges; il établit de sa main les prix-limites pour les adjudications, en se renseignant auprès du président de la commission des ordinaires et, s'il y a lieu, des commandants d'unités.

Il approuve ou refuse d'approuver les résultats des adjudications et des marchés. En cas d'insuccès des adjudications, en particulier lorsque les offres des soumissionnaires sont supérieures au prix-limite, il autorise la passation de marchés de gré à gré, avec appel à la concurrence ou les modes d'achat énumérés à l'article 29 ci-après.

Lorsque, par suite de coalition ou de collusion, les ordinaires éprouvent des difficultés qu'ils ne peuvent surmonter par l'emploi des moyens qui viennent d'être indiqués, le chef de corps peut recourir à l'intervention des autorités municipales, du sous-préfet et du préfet.

Il nomme les membres de la commission des ordinaires.

Art. 4. Le chef de bataillon ou d'escadron a la surveillance des ordinaires des unités placées sous ses ordres. Il visite fréquemment les cuisines, et s'assure que le matériel de toute nature est au complet et en bon état, que la nourriture est bonne, que les quantités réglementaires sont données et que les commandants d'unités apportent, dans la direction du service, la prévoyance et la sollicitude qu'il exige.

Il vérifie et vise les livrets d'ordinaire au moins une fois par mois, s'assure qu'ils sont tenus régulièrement et avec soin, que les dépenses réglementaires y sont seules inscrites, que la mention y est faite du dépôt chez le trésorier de l'excédent du boni et qu'on y a fait figurer également les retraits.

Il est responsable disciplinairement, mais non pécuniairement, des irrégularités dont il n'a pas prescrit le redressement.

Art. 5. Le capitaine gère l'ordinaire ou les ordinaires formés dans chaque unité administrative; il désigne alternativement, pour le service de l'ordinaire, un caporal ou brigadier.

Le capitaine commandant l'unité administrative est pécuniairement responsable :

a) Des fonds qu'il a reçus pour être versés à l'ordinaire, jusqu'à ce qu'il en ait justifié l'emploi ;

b) De tout payement illégal ou non autorisé par le présent règlement, des omissions de recettes, erreurs de calculs, doubles emplois, surcharges ou altérations d'écritures dans la tenue des livrets d'ordinaire.

Dans les détachements commandés par des sous-officiers et faisant ordinaire, la surveillance, qui incombe dans les corps de troupe aux commandants d'unités, est exercée par un officier de la garnison désigné à cet effet par le commandant d'armes. Il est pécuniairement responsable.

Lorsque la fourniture de toutes les denrées de l'ordinaire est assurée par les soins d'une commission, le capitaine fixe chaque jour la quantité des denrées à prendre pour la journée du lendemain, et signe la note indicative de ces denrées. Si, après les distributions, il a des observations à faire sur leur qualité, il s'adresse au président de la commission.

Les officiers, membres de la commission des ordinaires, sont dégagés de toute responsabilité pécuniaire en ce qui concerne leurs fonctions dans cette commission. Toutefois, le secrétaire de la commission est pécuniairement responsable des fonds qu'il a reçus du trésorier pour payer des achats au comptant dans les cas exceptionnels prévus aux articles 29 et 44, jusqu'à ce qu'il en ait justifié l'emploi, ainsi que des fausses certifications qu'il donnerait ou laisserait donner et qui aboutiraient à des détournements de fonds, sauf partage de cette responsabilité avec le trésorier, s'il y a lieu.

Lorsqu'il n'y a pas de commission des ordinaires, ou lorsque cette commission n'assure pas l'achat de toutes les denrées, le capitaine prend les mesures nécessaires pour approvisionner l'ordinaire de toutes les denrées ou seulement de celles qui ne sont pas fournies par la commission.

Il provoque la concurrence entre les fournisseurs, passe des marchés ou, s'il le juge préférable, fait acheter de la main à la main par le caporal ou brigadier d'ordinaire. Il profite de toutes les circonstances pour améliorer la nourriture, tout en ménageant les dépenses de manière à conserver un excédent de recettes.

La ration de viande est de 320 grammes par jour, au minimum; mais elle peut être réduite proportionnellement à l'importance des achats faits en denrées de substitution (poisson, porc salé, conserves, etc.).

La ration de poisson est d'environ 125 grammes par repas; la ration du pain de soupe est habituellement de 125 grammes par repas.

Le capitaine veille à ce que le pain de guerre soit effectivement consommé; à cet effet il a recours, s'il y a lieu, à des préparations variées (voir l'instruction relative à la préparation des repas variés annexée au présent règlement, p. 192).

Il empêche, par tous les moyens dont il dispose, les abus qui pourraient s'introduire dans l'emploi et l'achat des denrées; il vérifie le livret d'ordinaire, veille à ce que les recettes diverses soient portées et exclusivement employées aux dépenses réglementaires; il s'assure que le sergent-major ou le maréchal des logis chef tient note des sommes qu'il reçoit pour être transmises au caporal ou brigadier d'ordinaire, quand les achats sont faits de la main à la main.

Le 1er du mois, il dépose dans la caisse du trésorier les fonds d'économie qui dépassent le maximum fixé. Il retire tout ou partie de ces fonds, quand les circonstances l'exigent.

Art. 6. Le plus ancien lieutenant a la surveillance directe de l'ordinaire. Dans la cavalerie, ce soin incombe au capitaine en second.

Lorsque l'unité forme plusieurs ordinaires, chaque officier surveille celui de sa fraction.

Quand il n'y a point de commission, l'officier d'ordinaire veille à tous les détails d'achat, de réception et de distribution, d'après les ordres donnés par le capitaine.

Il s'assure, en tout temps, que le sergent-major ou le maréchal des logis chef inscrit chaque jour, sur le livret d'ordinaire, les dépenses de la journée; que les achats de la main à la main sont payés, s'il y a lieu, chaque jour par le caporal ou le brigadier d'ordinaire, et que les fournisseurs en ont donné quittance sur le livret.

Il vérifie et arrête le livret le premier jour de chaque prêt, s'assure, quand une commission des ordinaires opère, que le secrétaire de la commission a constaté, par sa signature sur le livret, les dépenses qui donnent lieu au paiement des fournisseurs; il fait porter au nouveau prêt l'excédent de recettes.

Il passe tous les jours dans les cuisines pour se rendre compte de la préparation des aliments et de l'état du matériel, dont l'unité est responsable. La propreté des ustensiles, le nettoyage des gamelles individuelles et du matériel de table, la tenue des cuisiniers, l'égale répartition des aliments entre les parties prenantes sont l'objet de son attention; il fait connaître au capitaine les besoins des cuisiniers en ce qui concerne les effets de cuisine.

Art. 7. Le sergent-major ou le maréchal des logis chef tient le livret d'ordinaire; il y fait, au jour le jour, l'inscription des recettes et des dépenses.

Il établit chaque jour, suivant le mode de gestion, soit la note indicative des denrées à prendre le lendemain pour la remettre à l'officier secrétaire de la commission, soit la note des achats à faire de la main à la main par le caporal ou le brigadier d'ordinaire.

Les notes à remettre à l'officier secrétaire de la commission sont signées par le capitaine.

Tous les jours de prêt, après la signature de l'officier secrétaire de la commission s'il y a lieu, le sergent-major ou le maréchal des logis chef présente le livret à la vérification de l'officier d'ordinaire.

Lorsque les achats de denrées se font de la main à la main, il reçoit, chaque jour, du capitaine la somme nécessaire pour les dépenses du lendemain; il la remet au caporal ou au brigadier d'ordinaire et en tient note; il s'assure que toute dépense payée par le caporal ou le brigadier d'ordinaire est quittancée par les fournisseurs, dans la colonne d'émargement du livret.

Art. 8. Le caporal ou le brigadier d'ordinaire est chargé de tous les détails du service de l'ordinaire; il est nommé par le capitaine et ne peut y être employé plus de trois mois consécutifs.

Il fait connaître chaque matin au sergent ou au maréchal des logis de semaine le nombre d'hommes nécessaires pour les corvées.

Lorsque la commission des ordinaires assure l'achat des denrées, le caporal ou le brigadier reçoit chaque jour, du sergent-major ou du maréchal des logis chef, une note indiquant les denrées à prendre; accompagné des hommes de corvée, il se présente, à l'heure fixée, aux locaux où se font les distributions; il assiste aux pesées, s'assure que les quantités demandées sont exactement remises, prend livraison et devient responsable.

Pour les achats de la main à la main, il reçoit, chaque jour, du sergent-major ou du maréchal des logis chef, la note des denrées à acheter et la somme nécessaire pour les payer; il passe chez les fournisseurs accompagné de soldats de corvée. Ceux-ci ont le droit de débattre les prix et d'aller chez d'autres fournisseurs offrant de meilleures conditions de prix et de qualité.

Il est interdit d'acheter à crédit; les fournisseurs sont toujours payés au comptant, en présence des hommes de corvée.

Lorsque les fournisseurs sont payés de la main à la main, le payement s'effectue comme il est dit à l'article 38.

Toute remise, tout arrangement illicite entre les fournisseurs et le caporal ou le brigadier d'ordinaire entraîne le changement des premiers; quant au caporal ou au brigadier, il est déféré au conseil de guerre.

Le caporal ou le brigadier d'ordinaire a la surveillance des cuisiniers. Il est responsable de la propreté des locaux particuliers, du matériel de table et des ustensiles affectés à la cuisine de son unité, de l'emploi des denrées et de la préparation des repas.

Il s'assure qu'il est fait une répartition égale des aliments. Il fait conserver chauds ceux des hommes de service et de corvée et fait mettre de côté les gamelles des détenus. Si, par suite de permission ou d'abandon volontaire, des gamelles préparées ne sont pas retirées, il en fait distribuer le contenu entre les hommes qui le demandent.

Art. 9. Il est commandé chaque jour un caporal ou brigadier de planton aux cuisines et au percolateur. Ce caporal ou brigadier prend son service en même temps que les gardes.

Le matin, à l'heure indiquée, il fait l'appel des cuisiniers et s'assure qu'ils se conforment aux ordres donnés pour la préparation des aliments.

Il veille à la stricte exécution des consignes affichées dans les cuisines et dans le local des percolateurs. Il ne laisse pénétrer dans les cuisines, en dehors des heures des repas, que les officiers, les adjudants, les sergents-majors ou maréchaux des logis chefs, les sous-officiers, les caporaux ou brigadiers de semaine, les caporaux ou brigadiers d'ordinaire et les corvées.

Il veille à ce que les cuisiniers ne commencent pas à remplir les gamelles plus de vingt-cinq minutes avant l'heure du repas, et à ce qu'aucun aliment ne soit emporté avant l'heure prescrite.

Il s'assure que les cuisiniers ne distrayent de l'ordinaire aucune espèce de denrées pour leur usage particulier; que les tonneaux d'os et d'eaux grasses sont toujours garnis de leur couvercle et fermés; que toutes les ordures et matières de rebut sont toujours portées immédiatement hors de la cuisine, à l'emplacement désigné. Il exige que les cuisines soient aérées le plus possible et tenues toujours proprement.

Après la soupe du soir et la corvée de propreté, il fait tout disposer pour le service du lendemain, ferme les cuisines et remet les clefs au sous-officier de garde.

Art. 10. Dans chaque unité ou fraction d'unité formant ordinaire, un homme est désigné, à tour de rôle, pour être chargé de la préparation et de la cuisson des aliments. Le même homme ne peut remplir les fonctions de cuisinier pendant plus de trois mois consécutifs et il ne peut y être appelé plus de deux fois dans la même année.

Toutefois, dans chaque cuisine ou chaque groupe de cuisines voisines servant à plusieurs unités, un cuisinier de profession remplit les fonctions de cuisinier-chef et peut être maintenu en permanence. Il est chargé de guider et de former les autres cuisiniers tout en concourant lui-même à l'exécution du service. Il est désigné en plus des cuisiniers des unités.

Chaque commandant d'unité peut, s'il le juge utile, récompenser le zèle du cuisinier par l'allocation d'une indemnité journalière de 0 fr. 50 au maximum, payable sur les fonds de l'ordinaire. Pour le cuisinier-chef, l'indemnité journalière fixée par le chef de corps peut être portée à 0 fr. 75 au maximum. Elle est payée mensuellement par les soins du trésorier.

Le cuisinier est responsable de l'entretien et de la propreté du matériel, des ustensiles et des effets de cuisine, ainsi que du lavage des gamelles individuelles et de la vaisselle, immédiatement après chaque repas.

Il est secondé par un aide de cuisine qui est relevé tous les quinze jours.

Un ou plusieurs soldats sont, en outre, désignés par le chef de corps pour la préparation du café au moyen des percolateurs. Ils ont la responsabilité de l'entretien et de la propreté du matériel qui leur est confié.

Les cuisiniers, leurs aides et les chauffeurs-mécaniciens sont exempts de tout service.

Les soldats chargés des percolateurs sont exempts des parties du service fixées par le chef de corps.

Le cuisinier-chef porte une toque en toile blanche, et, pardessus ses effets de cuisine, un tablier à bavette également en toile blanche. Les cuisiniers et les aides de cuisine portent, de la même manière, un tablier à bavette et une toque en toile bleue. Les hommes chargés des percolateurs portent un tablier et une toque en toile cachou.

Chaque cuisinier, aide-cuisinier ou soldat chargé du percolateur doit être pourvu d'une collection de trois tabliers et de trois toques.

Ces effets, conformes au modèle-type, sont fournis par la masse d'habillement.

CHAPITRE II.

FONDS DE L'ORDINAIRE. — RECETTES. — DÉPENSES.

Art. 11. Les fonds de l'ordinaire servent à l'achat des denrées alimentaires que l'Etat ne fournit pas gratuitement.

Ils se divisent en fonds courants, fonds d'économie et fonds de réserve (1).

Les *fonds courants* sont fournis par les recettes journalières de toute nature; ils ont pour but d'assurer, concurremment avec les denrées fournies par l'Etat, la subsistance de la troupe, et de pourvoir aux dépenses d'alimentation que l'ordinaire doit supporter.

Les *fonds d'économie* proviennent de l'excédent des recettes sur les dépenses; ils servent à améliorer l'ordinaire dans des circonstances exceptionnelles et à former, s'il y a lieu, le fonds de réserve. On les désigne communément sous le nom de boni.

Le *fonds de réserve* est destiné à subvenir aux premiers besoins des ordinaires des unités formées au moment de la mobilisation. Il est constitué par prélèvements sur les économies réalisées lors des convocations de réservistes ou de territoriaux.

Dans les sections et unités formant corps, il est constitué, pour les hommes de la réserve, un fonds de réserve de un franc par homme destiné à assurer certaines dépenses d'alimentation nécessaires à la mobilisation.

La constitution de ce fonds de réserve ne s'effectue que progressivement d'après les ressources du boni des unités intéressées et de manière à ne pas nuire à la bonne alimentation du temps de paix.

Il n'est pas fixé de limite à l'importance du boni (2), mais il appartient au chef de corps de veiller à sa formation judicieuse. Celui-ci détermine le taux maximum du boni qui peut être conservé par les commandants d'unités administratives. Le 1er de chaque mois, le capitaine dépose le surplus dans la caisse du trésorier ; il peut retirer tout ou partie des sommes

(1) La répartition des fonds des ordinaires des unités supprimées est assurée directement par le Conseil d'administration. (Instruction du 18 janvier 1916, *B. O.*, p. 189.)

(2) D'après l'annexe n° 3 du règlement du 10 janvier 1912, vol. 88, ce boni ne peut être inférieur à 2 francs par homme.

versées quand il le juge nécessaire (1). Toutes les opérations concernant les dépôts et les retraits de boni sont inscrites sur le tableau spécial annexé au livret d'ordinaire.

En principe, il n'est pas fait de répartition du boni. Cependant, si, à la suite de circonstances particulières, telles que la présence des réservistes, quelques unités d'un corps ont réalisé des bonis d'une importance exceptionnelle, le chef de corps peut prescrire, indépendamment des prélèvements nécessaires pour la formation du fonds de réserve, la répartition de ces bonis entre toutes les unités du corps de troupe. Cette répartition ne doit porter que sur les sommes économisées grâce aux circonstances dont il s'agit, en laissant toujours aux unités qui les ont fournies un boni supérieur à celui qui existait avant que ces circonstances se soient produites (2).

Si, à la fin d'une période d'instruction d'unités constituées de la réserve ou de l'armée territoriale, il reste, après formation complète de leur fonds de réserve, une somme disponible aux ordinaires de ces unités, cette somme sert à la constitution d'un fonds de réserve pour les autres unités du corps qui doivent se former à la mobilisation. Lorsque le fonds de réserve a atteint un avoir de 1 franc pour chaque homme des unités non constituées en temps de paix et réellement inscrit sur les répertoires de ces unités (3), le reliquat du boni doit être partagé en-

---

(1) *Circulaire interprétative du huitième alinéa de l'article 11 du décret du 22 avril 1905 portant règlement sur la gestion des ordinaires.*

Paris, le 20 décembre 1906.

Le huitième alinéa de l'article 11 du décret du 22 avril 1905 portant règlement sur la gestion des ordinaires, dans le but de limiter la responsabilité pécuniaire des commandants d'unité, leur prescrit de reverser, dans la caisse du trésorier, le 1er de chaque mois, les sommes qui excèdent le taux maximum du boni fixé par le chef de corps.

En ce qui concerne l'importance du versement, le chiffre ainsi fixé n'est qu'un minimum et les commandants d'unité ont la faculté de déposer dans la caisse du trésorier, et en sus de ce minimum, tout ce qui excède le montant de la portion de boni qu'ils croient devoir conserver.

En ce qui concerne la date, le 1er du mois est jour de dépôt obligatoire. Mais il est entendu que les versements peuvent être effectués, facultativement, à toute époque, quand le commandant d'unité estime que les circonstances ou l'importance du boni motivent cette mesure.

(2) Modifié par décret du 28 mars 1908.

(3) *Circulaire relative aux fonds de réserve des unités à créer à la mobilisation.*

Paris, le 17 février 1906.

L'effectif, qui doit servir de base à la constitution de l'avoir de 1 franc pour chaque homme des unités non constituées en temps de paix et réellement inscrit sur les répertoires de ces unités, doit être pris à l'époque de l'année où cet effectif est le plus élevé, et la fixation ainsi établie est valable pour une période de douze mois.

tre les unités du corps actif qui a la garde du fonds de réserve, par le chef de ce dernier corps et avec l'autorisation du commandant du corps d'armée. Les bonis des corps actifs qui viendraient à être licenciés sont répartis, dans chaque unité, entre les hommes présents ayant vécu à l'ordinaire.

Le chef de corps peut égaliser les fonds de réserve des diverses unités du même corps et reporter l'excédent du fonds de réserve des regiments de réserve d'abord sur le dépôt commun, puis, s'il y a lieu, sur le régiment territorial et sur son dépôt.

En cas de suppression d'une formation en vue de laquelle un fonds de reserve aurait été constitué, ce fonds peut être, suivant les ordres du Ministre, attribue à une autre formation ou réparti entre les unités du corps actif qui en a la garde.

Les fonds de réserve sont deposés dans la caisse du corps.

Quand, par suite de circonstances particulières, une unité administrative cesse momentanément de former un ordinaire, le chef de corps peut autoriser des prélèvements sur les bonis, pour faciliter à chaque homme les moyens de subsister isolément. Ces prélèvements ne doivent pas excéder, dans leur ensemble, la moitié du montant du boni qui existait au moment où l'ordinaire a cessé de fonctionner.

Art. 11 *bis*. En temps de guerre, les chefs de corps et le commandant de dépôt peuvent allouer des secours aux ordinaires des unités placées sous leurs ordres et dont la situation l'exige.

Ces secours sont prélevés sur les bonis des unités dont les ordinaires sont dans une situation plus prospère.

Les généraux commandant les corps d'armée et les généraux commandant les régions, les généraux commandant les armées et le Ministre, peuvent opérer les mêmes prélèvements dans les corps ou dépôts placés sous leur autorité, pour allouer des secours aux ordinaires d'autres corps ou d'autres dépôts relevant de leur commandement.

Des prélèvements peuvent être opérés dans les mêmes conditions sur les bonis des masses d'infirmerie pour recevoir la même destination que ci-dessus, et exceptionnellement, pour secourir d'autres masses d'infirmerie.

Les prélèvements ne doivent jamais faire descendre les bonis des ordinaires ou de la masse d'infirmerie au-dessous des sommes qu'il est jugé nécessaire de conserver en vue des éventualités auxquelles ces bonis sont destinés à faire face.

Le taux de ces minima ainsi que les détails d'application des dispositions du présent article seront fixés par des instructions ministérielles (1).

Art. 12. Les recettes de l'ordinaire sont :

---

(1) Décret du 5 décembre 1916 (*B. O.*, p. 1313).

1° La prime fixe destinée à faire face à l'achat de toutes les denrées autres que la viande;

2° La prime de viande calculée sur le taux de 320 grammes par ration;

3° Les primes éventuelles allouées dans certaines circonstances : *a*) en temps d'épidémie; *b*) à l'occasion des revues ou au moment de certains travaux particulièrement pénibles; *c*) pendant les marches et manœuvres; *d*) à l'occasion de la Fête nationale; *e*) les indemnités spéciales à certaines places;

4° Le versement à faire par tout homme de l'unité (sous-officiers compris) qui, ne vivant pas à l'ordinaire, y prend néanmoins le café. Le taux de ce versement est fixé par le chef de corps ou de détachement;

5° Les allocations en remplacement de vivres en nature pour les hommes admis au régime spécial de l'infirmerie;

6° La solde des caporaux (ou brigadiers) et soldats punis de prison ou de cellule ou incarcérés pour quelque motif que ce soit. Toutefois, lorsque les militaires ont été incarcérés sur de simples présomptions et que leur punition est levée, ou lorsqu'il il y a eu refus d'informer, non-lieu ou acquittement, leur solde leur est restituée; en cas de mouvement de troupe, la recette est suspendue pendant les journées de route (1);

.... (2)

8° Le produit de la vente des issues diverses (os, eaux grasses, débris de pain et de pain de guerre, boîtes de conserves vides, balayures non utilisées comme engrais, etc.) provenant de l'ordinaire. Toutefois, il pourra être réservé, chaque jour, un certain nombre de gamelles pour être distribuées aux indigents; cette réserve devra toujours figurer au cahier des charges relatif à l'enlèvement des eaux grasses;

9° La moitié de la valeur des moins-perçus en pain constatés en fin d'exercice après balance avec les trop-perçus;

---

(1) *Circulaire relative au droit à la solde pour les hommes sortis de prison avant l'expiration normale de leur punition.*

Paris, le 30 novembre 1905.

L'alinéa numéroté 6 de l'article 12 du décret du 22 avril 1905 sur la gestion des ordinaires dispose que la solde des caporaux (ou brigadiers) et soldats punis de prison, ou incarcérés pour quelque cause que ce soit, est versée à l'ordinaire.

Toutefois, lorsque les militaires ont été incarcérés sur de simples présomptions et que leur punition est levée ou lorsqu'il y a refus d'informer, non-lieu ou acquittement, leur solde leur est restituée.

Par analogie avec ces dispositions, la solde des hommes punis, admis à sortir de prison avant l'expiration normale de leur punition, cessera d'être versée à l'ordinaire à partir du jour où leur incarcération aura cessé.

(2) Paragraphe abrogé. (Décret du 15 juin 1917, *B. O.*, p. 1673.)

10° Dans les compagnies de discipline et dans les sections disciplinaires pour les corps qui en comportent, la moitié du prélèvement effectué sur le produit de chaque journée de travail, l'autre moitié étant versée à la masse d'habillement;

11° Les indemnités allouées dans les circonstances extraordinaires lorsque les ordinaires fonctionnent;

12° Les retenues encourues par les fournisseurs des ordinaires;

13° Eventuellement, en temps de guerre, les secours alloués par prélèvement sur les bonis d'autres ordinaires ou de masses d'infirmerie et prévus à l'article 11 *bis* ci-dessus (1).

L'ordinaire profite, en outre, des ressources que donnent les jardins potagers et des produits qui, par suite de circonstances exceptionnelles, peuvent lui être attribués (versements par les sociétés de courses, les comités de fêtes, etc.) et des économies de combustibles (art. 5 du règlement du 8 février 1907, volume 5).

Dans les unités ne faisant pas ordinaire ou pour les hommes ne vivant pas à l'ordinaire, les allocations personnelles aux hommes (celles comprises sous les nos 1°, 2°, 3° et 11°) leur sont comptées en même temps que la solde.

Toute recette ayant son origine en dehors de l'unité doit être constatée par l'émargement du débiteur ou par celui du trésorier, après encaissement sur pièce régulière (2).

Art. 13. Les dépenses de l'ordinaire sont de deux sortes : les dépenses *normales* et les dépenses *accidentelles*. Ces dernières ne peuvent être engagées qu'avec l'autorisation des chefs de corps, suivant l'état des bonis.

Les dépenses *normales* sont :

1° L'achat de pain de soupe, de viande fraîche, de condiments, de légumes frais ou secs, de vin, de boissons hygiéniques (telles que la glyzine et le thé, dont la cession peut être demandée au service de santé) et de toutes denrées (autres que le pain de repas) nécessaires à la nourriture des hommes;

2° Le remboursement du prix du café, du sucre et de toutes autres denrées perçues à titre remboursable. (Le Ministre peut fixer, pour chacune des denrées, un minimum ou, s'il

---

(1) Décret du 5 décembre 1916.

(2) *Exemples :* Le trésorier, pour le produit de la vente des issues, le montant de la moitié des moins-perçus en pain, le remboursement d'un repas par une unité d'un autre corps. Dans ce dernier cas, si le trésorier n'a pas servi d'intermédiaire, la recette est certifiée par le commandant de l'unité qui a effectué le payement. S'il n'existe pas de commission des ordinaires, le montant du produit de la vente des issues est certifié par l'adjudicataire.

y a lieu, un maximum des quantités à demander par les corps au service des vivres);

3° Le versement à la masse de l'infirmerie de toutes les perceptions faites pour les hommes admis au régime spécial;

4° La part proportionnelle du prix d'achat des registres tenus par la commission des ordinaires, le prix du livret d'ordinaire;

5° La part proportionnelle, par compagnie, escadron ou batterie, des dépenses faites pour les jardins potagers;

6° L'achat de pain pour les soldats faméliques, en cas d'insuffisance des économies de pain réalisées;

7° Supprimé (1);

8° Les frais de toute nature que peut entraîner la passation des marchés, à l'exception des droits de timbre et, le cas échéant, des droits d'enregistrement.

Les chefs de corps et les capitaines veillent à ce que les ordinaires profitent effectivement des économies à réaliser sur la nourriture des hommes qui, comptant à l'ordinaire, n'y prennent pas leurs repas, par suite d'abandon volontaire ou de permissions.

Les dépenses *accidentelles* sont :

1° Les versements à la masse de l'infirmerie, en cas d'insuffisance, avec l'autorisation du général de brigade;

2° Le payement, au cuisinier, de l'indemnité fixée par le commandant d'unité, jusqu'à concurrence de 0 fr. 50 par jour et, au cuisinier-chef, la quote-part incombant à l'unité de l'indemnité fixée par le chef de corps.

3° En temps de guerre, les versements à d'autres ordinaires d'une partie des bonis prévus à l'article 11 *bis* ci-dessus (2).

4° Aux armées, sur l'autorisation expresse du chef de corps, la répartition entre les cuisiniers, à titre de primes au rendement, d'une partie des sommes acquises à l'ordinaire par la récupération des os et issues de cuisine. Le chef de corps fixe, dans la limite maxima de 50 p. 100 desdites sommes, la quotité des primes qui peuvent ainsi être allouées.

Ces dispositions ne s'appliquent pas, bien entendu, au cas où la vente des os et issues de cuisine ferait l'objet d'un forfait (3).

Art. 14. Il est formellement interdit d'imputer à l'ordinaire, en dehors des dépenses prévues à l'article précédent, une dépense quelconque n'ayant pas pour objet l'achat de denrées ou de liquides. L'achat de cigares est cependant autorisé à l'occasion de la Fête nationale et de la fête du régiment.

---

(1) Décret du 2 juillet 1907.
(2) Décret du 5 décembre 1916 (*B. O.*, p. 1313).
(3) Décret du 25 octobre 1917 (*B. O.*, p. 3134).

Toute imputation, non prévue par le présent règlement, faite aux fonds courants, aux bonis ou aux fonds de réserve, engage la responsabilité de l'officier qui l'a prescrite ou tolérée.

CHAPITRE III.

MODES DE GESTION (1).

Commission des ordinaires. — Sa composition. — Ses attributions.

Art. 15. Les corps peuvent se procurer les denrées nécessaires à l'alimentation des hommes vivant à l'ordinaire :

1° Par des achats effectués pour toutes les unités du corps ou du détachement, par une commission dite des ordinaires (gestion par la commission);

2° Par des achats effectués directement, pour chaque compagnie, escadron ou batterie, à la diligence du capitaine ou de ses agents (gestion par le capitaine).

On ne doit avoir recours à ce dernier mode de gestion que si le premier ne peut être appliqué.

Cependant, les deux modes peuvent parfois être employés simultanément, certaines denrées étant achetées directement par les capitaines, les autres par la commission.

La commission des ordinaires peut elle-même opérer de deux manières différentes, suivant les ordres donnés, sur sa proposition, par le chef de corps ou de détachement :

1° Elle se borne à servir d'intermédiaire entre les ordinaires et les fournisseurs pour la passation des marchés et la réception des denrées (fourniture simple) ;

2° Elle se procure les denrées en gros, à l'aide de marchés de livraison ou d'achats directs, et les emmagasine pour les distribuer ensuite aux ordinaires, au fur et à mesure des demandes (gestion directe).

On peut d'ailleurs faire simultanément usage des deux procédés.

Art. 16. Une commission des ordinaires est constituée dans chaque corps de troupe ou détachement, sauf dans les compagnies formant corps et dans les détachements ne comptant pas trois officiers, outre le chef de détachement.

---

(1) La fabrication, par les corps, du pain de soupe et du pain de repas est formellement interdite, sauf les exceptions spécialement autorisées par le Ministre.

Elle est nommée par le chef de corps ou de détachement et composée comme il suit :

Dans un régiment :

Un chef de bataillon ou d'escadron, président ;

Quatre capitaines, membres ;

Un lieutenant ou sous-lieutenant, secrétaire, avec voix consultative, secondé par un sous-officier.

Dans un bataillon ou escadron formant corps et dans les détachements :

Trois officiers, y compris le président ;

Un lieutenant ou sous-lieutenant secrétaire, avec voix consultative, secondé par un sous-officier.

Le médecin chef de service du corps ou du détachement fait partie de la commission avec voix consultative. Dans les troupes à cheval, le vétérinaire chef de service est également membre consultatif; il doit être convoqué comme le médecin.

Le chef de corps ou de détachement n'en fait jamais partie.

Les chefs de bataillon ou d'escadron sont appelés à la présidence de la commission d'après leur rang d'ancienneté; les capitaines, membres, sont pris à tour de rôle d'après l'ordre des compagnies et batteries.

Dans la cavalerie, les commandants des quatre escadrons actifs sont en permanence membres de la commission des ordinaires du régiment.

Le secrétaire de la commission est chargé de la tenue de la comptabilité et de toutes les écritures. Il a droit à ce titre à une allocation pour frais de bureau, fixée à 6 francs par mois et payable sur les fonds de la solde. Il n'a pas de caisse et ne peut être dépositaire de fonds que pour un temps très court (vingt-quatre heures au maximum), seulement pour payer des achats faits au comptant dans les cas exceptionnels prévus à l'article 29.

Le sous-officier adjoint au secrétaire est chargé, sous la surveillance de ce dernier, des écritures, de l'emmagasinement des denrées et de leur distribution, ainsi que de la surveillance des jardins potagers et des percolateurs. Il est dispensé de tout service.

Lorsque dans une même place se trouvent réunis plusieurs détachements trop peu importants pour que chacun constitue une commission des ordinaires ou plusieurs unités administratives isolées, le général commandant le corps d'armée peut, sur la proposition du commandant d'armes, autoriser la formation d'une commission des ordinaires appelée à agir pour le compte de ces différentes fractions. En principe, cette commission est composée comme celles qui sont instituées dans les bataillons ou escadrons formant corps; le nombre des membres en est cependant augmenté, s'il est nécessaire, de manière que chaque fraction de corps soit autant que possible représentée dans la commission.

Art. 17. La commission des ordinaires est constituée au 1er janvier de chaque année. Toutefois, dans les corps d'infanterie et d'artillerie comprenant au moins six unités administratives, les membres autres que le président et le secrétaire sont replacés par moitié quatre fois par an, le 1er janvier, le 1er avril, le 1er juillet et le 1er octobre.

En dehors des renouvellements périodiques et en cas de mutation ou d'empêchement, le chef de corps pourvoit au remplacement du membre absent ou empêché, en se conformant aux dispositions générales qui sont prescrites dans l'article précédent.

Le chef de corps peut, s'il le juge utile, désigner l'officier d'approvisionnement du corps pour remplir en permanence les fonctions de secrétaire de la commission des ordinaires. Dans les corps de cavalerie, ces fonctions sont toujours remplies par le porte-étendard.

Art. 18. La commission se réunit sur la convocation de son président.

Lorsque le président est empêché, le membre le plus ancien le supplée.

La commission peut délibérer au nombre de trois membres, y compris l'officier qui la préside.

En cas de partage des voix, celle du président est prépondérante.

Art. 19. La commission réclame des fonctionnaires de l'intendance et des autorités civiles toutes les informations qu'elle juge utiles au succès de ses opérations.

Art. 20. Si plusieurs corps stationnent dans la même place, les présidents de commission sont autorisés, par le commandant d'armes, à se réunir en conférence aux époques qu'ils jugent les plus convenables. Ces réunions sont obligatoires, de toute façon, aux époques où il y a lieu de préparer le renouvellement des marchés.

Les présidents de commissions se communiquent alors les renseignements qu'ils ont pu réunir sur les cours des denrées et ils échangent leurs vues au sujet de la fixation des prix-limites. Cette dernière réunion a lieu sur la convocation du sous-intendant militaire chargé du service des subsistances et sous sa présidence.

Art. 21. Lorsque les commissions éprouvent des difficultés provenant de coalitions ou de collusions, elles cherchent tout d'abord à les surmonter, avec l'autorisation du chef de corps, au moyen de la passation de marchés de gré à gré ou des modes d'achat indiqués à l'article 29 ci-après. Si elles n'y réussissent pas, le général commandant le corps d'armée, sur le rapport du chef de corps, recourt à l'intervention des fonctionnaires municipaux, des préfets et des sous-préfets, et, au besoin, à l'autorité judiciaire. Il en réfère, s'il y a lieu, au Ministre.

Art. 22 (1). La commission des ordinaires a pour mission de provoquer la concurrence entre les fournisseurs, d'acheter, de recevoir et de distribuer les denrées ou objets nécessaires aux ordinaires; mais, elle n'a pas à s'immiscer dans l'administration et la comptabilité des ordinaires des compagnies, escadrons ou batteries, dont la surveillance appartient aux chefs de bataillon ou d'escadron de qui dépendent les unités administratives.

Art. 23. Le président de la commission des ordinaires s'assure que les poids et les instruments de pesage employés par les corps de troupe et les fournisseurs sont vérifiés et poinçonnés chaque année.

CHAPITRE IV.

PASSATION DES MARCHÉS. — ACHATS.

Art. 24. A l'intérieur, tous les fournisseurs de l'ordinaire doivent être Français ou naturalisés Français. De même il ne doit être admis en livraison que des produit indigènes, des colonies françaises et des pays de protectorat, sauf une autorisation spéciale du général commandant le corps d'armée.

En Algérie et en Tunisie, le commandement reste juge des tempéraments qui doivent être apportés à ces dispositions.

Art. 25. En principe, les fournitures de denrées dont l'achat incombe aux commissions des ordinaires sont mises en adjudication publique. Il en est de même de la vente des issues.

Les délais de publicité sont, à moins de circonstances spéciales imposant une réduction des délais réglementaires, de vingt jours francs, comptés entre l'apposition des affiches et le jour du dépôt des soumissions, ou, en cas de séance préparatoire, la fin du délai indiqué pour l'envoi des demandes à soumissionner.

Lorsqu'une adjudication a été annoncée par voie d'affiches et portée à la connaissance des tiers, il ne peut plus être traité de gré à gré, même en prévenant les intéressés que l'adjudication est supprimée.

L'adjudication a lieu en présence de la commission, réunie comme il est dit à l'article 18.

Art. 26. Il est procédé aux adjudications en observant, autant que possible, les formalités usitées pour la passation des marchés administratifs du Département de la guerre (2). Il

(1) Modif. par décret du 2 juillet 1907.
(2) Volume 25 de l'édition méthodique.

convient, en tout cas, de se conformer exactement aux indications suivantes :

1° Les conditions de chaque marché sont énoncées dans un cahier des charges que la commission rédige en s'inspirant des dispositions contenues dans l'instruction relative aux principales dispositions à insérer dans les cahiers des charges pour la fourniture des denrées ou l'exécution des services ressortissant aux ordinaires, annexée au présent règlement, et qu'elle modifie selon la nature des denrées, les circonstances et les exigences locales. Les cahiers des charges sont signés par les membres de la commission et soumis à l'approbation du chef de corps.

Les cahiers des charges ne sont pas renouvelés à chaque adjudication, mais seulement quand il a été reconnu nécessaire d'y apporter des modifications. On évite, en conséquence, d'y introduire des dispositions qui peuvent varier à chaque renouvellement des marchés; on les désigne, dans les pièces contenant les engagements des fournisseurs ou entrepreneurs, par la date de leur approbation par le chef de corps.

Les cahiers des charges stipulent toujours que le fournisseur s'engage à servir, pendant la durée de son marché, le corps mobilisé, quel qu'en soit l'effectif, et à continuer ledit marché jusqu'à son expiration, avec le corps territorial qui, en temps de guerre, se mobiliserait dans la place où se trouvait le corps actif, et qu'il est procédé alors à une revision amiable des prix, sauf recours, en cas de non-entente, aux tribunaux de l'ordre judiciaire.

Les cahiers des charges stipulent en outre que, dans le cas où l'ordre de mobilisation serait donné dans le dernier mois du marché, ce marché sera, de plein droit, prorogé d'un mois.

Les cahiers des charges pour la fourniture de la viande fraiche, dans les places fortes, portent, au contraire, que les marchés sont résiliés de plein droit à compter du jour fixé par le gouverneur pour le commencement du service en gestion directe ;

2° Les opérations d'adjudication doivent être annoncées par la voie des affiches, des journaux et autres moyens de publicité. Les placards font connaître sommairement l'objet et la durée de la fourniture, le lieu où l'on peut prendre connaissance du cahier des charges, le lieu, le jour et l'heure fixés pour l'adjudication, les conditions à remplir pour y prendre part. Ils indiquent, à titre de simple renseignement, le montant des fournitures ou services faits pendant la durée du ou des marchés précédents, en mentionnant expressément que le corps ne pourra pas être engagé par ce renseignement envers l'adjudicataire. Ils fixent un délai pour faire connaître l'intention de soumissionner;

3° Les titres des candidats sont examinés dans une séance

préparatoire et les intéressés sont informés de leur admission à concourir. Quand il existe des motifs d'exclusion à l'égard d'un candidat, ce dernier doit, au préalable, être entendu dans ses observations, et, si l'exclusion est décidée, avis doit lui être donné que ses offres ne seront pas admises, vingt-quatre heures au moins avant le jour fixé pour l'adjudication (1);

4° Une fois admis, les soumissionnaires formulent leurs offres en toutes lettres d'après un modèle de soumission qui leur est fourni par la commission, et ils lui présentent, autant que possible, les échantillons des denrées proposées (2). Les soumissions, étant adressées au président de la commission des ordinaires, sont établies sur papier libre. Les soumissionnaires peuvent adresser leurs offres par lettres recommandées sous deux plis cachetés dont l'un indiquera qu'il s'applique au deuxième concours, sans que les corps puissent être rendus responsables des erreurs qui se produiraient par suite d'indications inexactes ou incomplètes portées sur les enveloppes;

5° Au jour fixé pour l'adjudication, en séance, le président dépose sur le bureau, s'il y a lieu, le pli cacheté contenant les prix-limites; puis, une fois l'identité des candidats établie et leurs offres déposées sous pli cacheté, le président ouvre les plis et donne lecture des soumissions, à haute voix. Toutes les communications sont également faites à haute voix, en présence de tous les candidats réunis.

Le président ouvre ensuite le pli cacheté renfermant les prix-limites, communique ces prix aux membres de la commission en rappelant qu'ils doivent rester secrets et déclare adjudicataire le moins disant, si les offres sont inférieures ou égales aux prix-limites, et sous réserve de l'approbation par le chef de corps. Il recachette ensuite le pli renfermant les prix-limites (3).

Si toutes les offres sont supérieures aux prix-limites, le

---

(1) Il est interdit aux cantinières de soumissionner des fournitures quelconques mises en adjudication.

(2) En cas de concours sur échantillons (pour la fourniture du vin, par exemple) la dégustation doit toujours précéder l'ouverture des soumissions.

(3) *Circulaire précisant les conditions dans lesquelles doivent être fixés les prix-limites pour les marchés des ordinaires.*

Paris, le 19 mai 1908.

Lorsqu'un marché à passer pour les ordinaires comporte un ou plusieurs lots, il peut être établi un prix-limite distinct pour chacune des denrées qui constituent un lot; mais il n'est tenu compte, pour l'adjudication, que du prix-limite global du lot, calculé comme il est indiqué dans l'instruction sur la passation des marchés du Département de la guerre. (Vol. 25[1].)

président appelle à un nouveau concours tous les candidats admis; les nouvelles offres peuvent être formulées sur les soumissions primitives;

6° En cas d'égalité de prix entre plusieurs soumissionnaires, la commission, sur les nouvelles offres qu'ils déposent, doit adjuger la fourniture à celui qui est descendu au prix le plus bas, sous les mêmes réserves que ci-dessus. Si, à cette seconde épreuve, il y a encore égalité de prix, ou que les moins disants aient refusé de faire de nouvelles offres, on procède alors par voie de tirage au sort entre les moins disants.

Il est dressé procès-verbal des séances préparatoires et d'adjudication. Ces procès-verbaux sont inscrits sur un registre spécial (modèle nº 3).

Les marchés sont rédigés suivant une formule spéciale (modèle n° 4). Les originaux sont établis sur papier timbré.

Art. 27. Pour la viande fraîche, les commissions des ordinaires, tout en procédant par adjudication, peuvent diviser la fourniture par groupe d'unités, ou même par unité administrative.

Le chef de corps peut même, s'il doit en résulter des avantages, autoriser l'achat direct pour chaque unité administrative, par les soins du commandant de cette unité, ainsi qu'il est prévu à l'article 15.

Enfin, dans certains cas, la viande est fournie par une boucherie militaire fonctionnant pour toute une garnison, en vertu d'ordres du Ministre.

Art. 28. En cas d'insuccès des adjudications, ou quand il est reconnu désavantageux de procéder par cette voie, la commission des ordinaires peut traiter de gré à gré, avec l'autorisation du chef de corps.

En principe elle doit, dans ce cas, faire appel à la concurrence. A cet effet, elle invite, par correspondance, à lui faire des offres, par la même voie, non seulement les fournisseurs qui se sont présentés à l'adjudication, mais encore tous ceux qui lui paraissent offrir les garanties nécessaires en leur donnant tous renseignements utiles. Elle leur fait connaître, en même temps, le délai donné pour l'envoi des offres et le jour fixé pour leur dépouillement en les invitant à y assister s'ils le désirent. Au jour indiqué, la commission dépouille les offres ainsi reçues et adjuge la fourniture au moins disant si les offres lui paraissent acceptables et sous réserve de l'approbation du chef de corps.

Les intéressés sont informés aussitôt de la décision prise à leur égard.

Une copie des prix des marchés est affichée dans la principale chambre de chaque unité administrative.

Art. 29. Lorsqu'il doit en résulter une réelle économie, la commission des ordinaires, toujours avec l'agrément du chef de corps, peut encore opérer à la halle, traiter directement avec le producteur, acheter sur facture, en gros, ou en demi-gros, enfin prendre dans les magasins militaires les denrées et les liquides dont l'administration de la guerre consent la cession à titre remboursable.

Pour la fourniture du poisson il peut être avantageux de traiter directement avec des sociétés de pêche.

Lorsqu'il est entretenu des approvisionnements de pommes de terre, le chef de corps prescrit de faire procéder à des visites périodiques, et, dès que l'on constatera que les pommes de terre commencent à germer, il conviendra d'en arracher les gemmules pour arrêter l'altération spontanée du tubercule.

Il appartient au chef de corps de prescrire, sous sa responsabilité disciplinaire, toutes les mesures qu'il juge nécessaires pour assurer la garde des denrées achetées par la commission des ordinaires, et qui sont emmagasinées, jusqu'à leur distribution, à l'intérieur des casernements occupés par le corps.

Art. 30. Lorsque le corps est chargé d'assurer lui-même la constitution et l'entretien d'une partie des approvisionnements de mobilisation, il est tenu de passer avec les fournisseurs des marchés d'une certaine durée, un an par exemple.

Art. 31. Dans les corps où fonctionne une commission des ordinaires, les marchés ne deviennent définitifs qu'après l'approbation soit du chef de corps, soit de l'officier commandant le groupe des unités détachées de la portion principale.

Dans les corps où il n'y a pas de commission des ordinaires, dans les unités formant corps et dans les détachements, c'est au capitaine ou au chef de détachement qu'il appartient de prendre toutes les mesures nécessaires pour approvisionner l'unité ou le détachement qu'il commande sous la direction de l'officier supérieur ou chef de service qui a la haute autorité sur l'unité ou le détachement. Il doit provoquer par tous les moyens la concurrence entre les fournisseurs, passer lui-même des marchés, ou, s'il le juge préférable, faire acheter de la main à la main.

Dans ce dernier cas, le caporal ou le brigadier d'ordinaire opère comme il a été dit à l'article 8.

Les marchés ne deviennent définitifs qu'après leur approbation par l'officier supérieur ou le chef de service dont dépend l'unité ou le détachement.

Art. 32. Dans les marches à l'intérieur, en temps de manœuvres et en campagne, les ordinaires sont gérés par compagnie, escadron ou batterie, en dehors de tout concours de la commission des ordinaires. La préparation des aliments est faite, dans chaque escouade, sous la surveillance du caporal ou du brigadier. Dans les marches à l'intérieur cette préparation a lieu, autant que possible, dans les logements des caporaux ou brigadiers.

CHAPITRE V.

LIVRAISONS. — RÉCEPTIONS. — DISTRIBUTIONS.

Art. 33. Hors des cas prévus aux articles 27, 2ᵉ alinéa, et 31, les cahiers des charges stipulent que les livraisons seront faites à la caserne, dans des locaux mis à cet effet à la disposition des commissions des ordinaires.

Il peut cependant être dérogé à cette règle, avec l'autorisation du chef de corps, en cas d'impossibilité reconnue ou s'il doit en résulter une économie sensible.

Art. 34. Chaque jour, à l'issue du rapport, chaque capitaine commandant fait remettre au secrétaire de la commission une note indicative des quantités de denrées nécessaires pour le lendemain. Le capitaine doit signer cette note, de même que toutes celles qu'il est tenu de faire remettre au secrétaire de la commission.

Le secrétaire inscrit les quantités accusées par chaque note sur un carnet qu'il tient à cet effet, et il avise les fournisseurs de l'importance des livraisons à effectuer le lendemain à l'heure qu'il leur indique.

Art. 35. Un membre de la commission est délégué chaque semaine, par le président, d'après l'ordre d'ancienneté, pour la réception des denrées de l'ordinaire; si la commission comprend des officiers de grades différents, les membres concourent pour ce service, sans distinction de grade. Le médecin et, dans les troupes à cheval, le vétérinaire, sont exempts de ce service; mais ils doivent être appelés pour se prononcer sur la qualité des denrées, quand elle fait naître des doutes. Quel que soit le mode de fourniture, le médecin passe fréquemment dans les locaux de distribution et dans les cuisines pour examiner la qualité des denrées et notamment de la viande.

Le membre délégué de la commission assiste aux livraisons. Il refuse les denrées qu'il ne juge pas de bonne qualité et en exige le remplacement dans les délais prévus par le cahier des charges. En cas de contestation, il en rend compte au président, qui convoque la commission. Celle-ci prononce et, s'il y a lieu, fait acheter au compte des fournisseurs les quantités de denrées nécessaires. La commission procède de même en cas de retards dans les livraisons lorsqu'ils sont supérieurs aux limites fixées par les cahiers des charges. Ces dispositions doivent faire l'objet de stipulations spéciales dans ces derniers documents.

C'est en exigeant la stricte application des dispositions énoncées dans les marchés qu'on assurera, pour l'avenir, la sincérité des soumissions.

La commission des ordinaires est également chargée de recevoir et de distribuer aux unités les denrées livrées à titre remboursable par le service des vivres, les conserves de viande et le porc salé.

Art. 36. Suivant le procédé prescrit par le chef de corps, les distributions sont faites aux ordinaires :

Par les soins des fournisseurs (fourniture simple);
Ou par la commission elle-même (gestion directe).

Art. 37. Dans tous les cas, les distributions se font dans l'ordre et aux heures qui sont déterminés à l'avance par le chef de corps, sur la proposition du président de la commission des ordinaires.

Le membre de la commission, délégué pour les réceptions, surveille aussi, personnellement, les distributions. Il peut, avec l'autorisation du chef de corps, être assisté par un ou plusieurs officiers désignés, à tour de rôle, parmi ceux qui sont chargés de la direction des ordinaires.

Chaque unité administrative est, à son tour, servie la première.

CHAPITRE VI.

PAYEMENT.

Art. 38. Quand les achats sont effectués directement par le capitaine, celui-ci donne chaque jour au sergent-major ou au maréchal des logis chef la somme nécessaire pour les achats du lendemain. A son tour, ce sous-officier remet au caporal ou brigadier d'ordinaire le détail et le montant des achats à effectuer de la main à la main. Le payement des denrées doit avoir lieu, au jour le jour, en présence des hommes de corvée. Les fournisseurs donnent quittance, séance tenante, dans la colonne d'émargement du livret d'ordinaire. Pour faciliter cet émargement, on a soin de ne pas inscrire sur une même ligne horizontale les achats de même nature qui seraient faits chez des fournisseurs différents.

Exceptionnellement, quand les fournisseurs ne sont pas sur les lieux, la quittance peut être donnée sur une note séparée, qui est conservée à l'appui du livret d'ordinaire.

Dans certains cas (manœuvres, achat direct sur le marché, etc.), s'il n'est pas possible de faire émarger les fournisseurs ou de se procurer des factures acquittées par eux, le payement est effectué en présence des hommes de corvée et deux d'entre eux certifient la dépense, le jour même, par l'apposition de leur signature. Dans ce cas, l'officier supérieur qui a la surveillance des ordinaires doit donner son visa pour certifier la dépense.

Les fournitures des ordinaires ne donnent pas lieu à l'application du timbre de quittance.

Art. 39. Quand les achats sont effectués par les soins d'une commission des ordinaires, le capitaine fait présenter la veille du jour du prêt, à heure fixe, au secrétaire de la commission, le livret d'ordinaire portant indication des dépenses effectuées dans le prêt courant.

Après vérification contradictoire, l'officier secrétaire signe sur les livrets d'ordinaire les dépenses de chaque compagnie.

Art. 40. Si la commission emploie le mode de fourniture simple, le secrétaire établit, en deux expéditions, le bordereau général des sommes dues aux fournisseurs (modèle nº 9) et remet ces deux expéditions au trésorier qui, pour effectuer lui-même le paiement, retient, sur le prêt du lendemain, à chaque compagnie, escadron ou batterie, la somme représentant sa quote-part de dépenses.

Le trésorier en fait recette.

Art. 41. Les fournisseurs sont payés, le jour du prêt, par le trésorier. Ils doivent, à cet effet, se présenter eux-mêmes au bureau de cet officier ou y envoyer une personne dûment autorisée à les représenter.

Ils donnent quittance en marge des deux expéditions du bordereau.

Le trésorier conserve l'une de ces expéditions pour appuyer à la fois la recette et la dépense inscrites à son registre-journal. Il rend l'autre, après émargement des fournisseurs, au secrétaire de la commission, qui la renvoie au président de la commission des ordinaires.

Quand un fournisseur néglige de se faire payer pendant quinze jours, le trésorier est tenu de verser, sans aucun avis préalable, à la Caisse des dépôts et consignations toutes les sommes dont il est en ce moment détenteur pour le compte de ce fournisseur.

Toutefois, dans le cas où le trésorier va toucher la solde en dehors de sa résidence, il doit, afin de faire coïncider l'époque des versements à la Caisse des dépôts et consignations avec son déplacement bi-mensuel, conserver exceptionnellement pendant vingt ou vingt-cinq jours les sommes que, lors de son dernier voyage, il ne détenait pas depuis assez longtemps pour en effectuer régulièrement le dépôt. Le major s'assure que le trésorier se conforme à ces prescriptions.

Les dispositions qui intéressent les fournisseurs leur sont notifiées lors de la passation des marchés. Elles font l'objet d'une clause spéciale, insérée dans les cahiers des charges.

Art. 42. Quand certaines denrées sont achetées par la commission, et d'autres directement par les capitaines, le chef de corps ou de détachement peut, s'il le juge convenable, prescrire que certaines denrées achetées directement par les capitaines seront néanmoins payées par le trésorier, suivant le mode indiqué aux articles 39 et 40.

Dans ce cas, les capitaines doivent faire parvenir directement au trésorier la note indicative des sommes à payer.

Dans les compagnies formant corps et dans les compagnies, escadrons ou batteries détachés n'ayant pas un conseil d'administration, si, au lieu de faire opérer par achat de la main à la main à la diligence du caporal ou brigadier d'ordinaire, le capitaine a passé des marchés, il doit payer lui-même les fournisseurs tous les cinq jours, en observant les formalités imposées au trésorier pour le payement des achats faits par les commissions des ordinaires.

Art. 43. Pour les achats en gros effectués par la commission des ordinaires (gestion directe), l'avance des fonds nécessaires est faite par la caisse du corps. Elle ne doit pas, en principe, dépasser le montant total des bonis déposés.

Ces achats sont payés par le trésorier, pour le compte de la commission des ordinaires.

La caisse du corps en est remboursée au moyen de retenues effectuées sur le prêt des unités, d'après la répartition faite par la commission des ordinaires, au fur et à mesure des distributions.

Les recettes et dépenses de cette nature font l'objet d'un chapitre spécial du registre des fonds divers.

Art. 44. Enfin, lorsque la commission opère à la halle, ou achète de la main à la main, des avances, dont l'importance est fixée par le président, sont faites par le trésorier au secrétaire, qui en donne reçu.

Dans le délai de vingt-quatre heures, le secrétaire règle avec le trésorier le compte de ces avances, en lui remettant soit les factures acquittées, soit une note des achats effectués sans facture, certifiée par lui et visée par le président de la commission.

Le trésorier opère alors comme il est dit à l'article 43.

CHAPITRE VII.

LOCAUX.

Art. 45. Une cuisine, une laverie et un magasin au combustible sont affectés à chaque bataillon, à chaque demi-régiment de cavalerie, à chaque groupe de batteries et à tout détachement isolé.

Art. 46. Un cabinet aux provisions est affecté à chaque ordinaire.

Ces cabinets doivent se trouver à proximité des cuisines.

Art. 47. Dans les casernes ou quartiers où fonctionnent une ou plusieurs commissions des ordinaires, il est mis à la disposition de chacune d'elles :

1° Un bureau pour la commission ;

2° Un magasin de vivres et de distributions;

3° Une boucherie;

4° Une ou plusieurs caves.

Le magasin de vivres et de distributions reçoit les approvisionnements de pain de soupe, de légumes, d'épices et autres objets de consommation destinés aux ordinaires; il est affecté en même temps à la distribution journalière de ces denrées.

La boucherie est destinée à la réception, à l'examen et, s'il y a lieu, au dépècement et à la répartition de la viande, ainsi qu'à l'emmagasinement des parties qui ne doivent pas être employées immédiatement à la préparation des repas.

La cave est destinée à recevoir la réserve de légumes frais, les liquides, et, en général, toutes les denrées ou objets qui, par leur encombrement, ne pourraient trouver place dans le magasin, ou que, en raison de leur nature, il importe de mettre à l'abri de la gelée et des grandes chaleurs.

A défaut de cave, on y supplée par un local offrant les mêmes garanties de conservation.

Art. 48. En principe, des salles spéciales organisées pour servir de réfectoires sont mises à la disposition de la troupe.

A défaut de réfectoires organisés à titre définitif, les corps sont autorisés à affecter à cet usage des locaux disponibles de leur casernement. Mais, dans ce cas, les salles utilisées conservent la destination qui leur est donnée par l'état d'assiette, ainsi que les inscriptions placées au-dessus de la porte d'entrée. Elles sont rendues à leur affectation normale si le besoin s'en fait sentir.

CHAPITRE VIII.

MOBILIER ET OBJETS DIVERS (1).

Art. 49. Il est mis à la disposition des corps, pour l'organisation et le fonctionnement des ordinaires, un certain nombre d'objets mobiliers et de menus objets ou ingrédients, qui sont fournis par le service du génie ou achetés par les corps sur les fonds de la masse d'habillement et d'entretien ou de la masse de chauffage.

Art. 50. Les objets mobiliers fournis, entretenus et renouvelés par le service du génie sont énumérés ci-après.

(Lorsque les corps ont l'entretien de leur casernement, ces objets, fournis, une première fois, par le service du génie, sont entretenus et renouvelés au titre du casernement. Toutefois, pour les objets marqués d'un *, l'entretien et le renouvellement sont à la charge du service du génie, aussi bien que la première fourniture.)

A) Cuisines.

Le mobilier des cuisines comprend :

1° Les fourneaux * ;

2° Les marmites : une ou plusieurs par compagnie, escadron ou batterie ; plus, dans chaque cuisine, deux marmites de rechange, installées sur leur fourneau ;

3° Les appareils * pour la préparation du café et un moulin * à café grand modèle ;

4° Un tisonnier, une raclette et une pelle à charbon par fourneau ;

5° Des tables de 0m,90 de largeur, d'un développement suffisant, calculé sur 0m,17 de longueur pour cinq gamelles ;

6° Des tablettes de 0m,30 de largeur, placées à 0m,50 au-dessus des tables et ayant à peu près le même développement ;

7° Un chevalet pour scier le bois ;

8° Un billot en bois, placé en dehors et à portée de chaque cuisine, enfoncé en terre de manière à y rester à demeure. Il est défendu de fendre du bois ailleurs que sur ce billot ;

9° Des étagères-égouttoirs au-dessus des éviers.

---

(1) Se reporter aux volumes 5 (annexe A, p. 99) et 9 (tableau A, p. 63) pour le mobilier et les objets qui appartiennent maintenant à la masse de chauffage et d'éclairage et à la masse de couchage et d'ameublement.

B) Cabinets aux provisions.

Les cabinets servant de dépôts de provisions sont garnis de tablettes-étagères et de crochets pour la viande.

C) Bureau de la commission et magasin de vivres et de distributions.

Le mobilier du bureau et des magasins mis à la disposition des commissions des ordinaires pour la réception, la conservation et la distribution des denrées comprend :

1° Des étagères à pain, doubles ;
2° Des étagères pour les denrées ;
3° Une table de troupe pour le pesage et le débit des denrées ;
4° Une planche à rebords pour déposer les poids de la balance ;
5° Une table à tiroir fermant à clef pour le sous-officier adjoint au secrétaire ;
6° Un banc ;
7° Une potence ou crochet en fer pour suspendre la balance à fléau.

D) Boucherie.

Le mobilier de la boucherie comprend, lorsque la viande est livrée en quartiers :

1° Un étal ;
2° Des tables de troupe pour dépecer et débiter la viande ;
3° Des tringles en fer, scellées dans le mur, portant des crochets doubles et fixes pour suspendre la viande ; des numéros de série sont tracés d'une manière apparente au-dessus de chaque crochet ;
4° Un crochet fixé au plafond pour suspendre la balance ;
5° Une planche pour déposer les gros poids de la balance ;
6° Un râtelier pour ustensiles et outils de boucherie ;
7° Une table à tiroir fermant à clef.

Les commissions des ordinaires imposent toujours aux bouchers l'obligation de fournir et de remplacer l'outillage nécessaire au dépècement et au débit de la viande.

E) Réfectoires.

Les réfectoires organisés à titre définitif sont garnis de tables de 0m,70 environ de largeur et de bancs, en quantité suffisante, à raison de 0m,50 par homme vivant à l'ordinaire.

Art. 51. La masse d'habillement et d'entretien pourvoit à l'achat et à l'entretien des divers effets, ustensiles et ingrédients nécessaires aux divers besoins (cuisines, réfectoires, chambrées, etc.), sauf en ce qui concerne le matériel imputable à la masse de chauffage et d'éclairage (1).

---

(1) Volume n° 3 de l'édition méthodique. (Art. 5 de l'instruction et nomenclature des principales dépenses de la masse d'habillement.)

Art. 52. Lors d'un changement de garnison, les corps ou fractions de corps sont autorisés à céder à ceux qui les remplacent les ustensiles dont ils sont détenteurs au titre des masses (habillement, chauffage).

Dans ce cas, la remise et la reprise sont effectuées comme il suit :

Si l'arrivée du nouveau corps coïncide avec le départ de l'autre, la cession est faite à l'amiable. Dans le cas contraire, les ustensiles, après avoir été lavés et nettoyés avec soin, sont laissés sur inventaire à la garde du service du génie. Le nouveau corps les reprend à son arrivée et sur le vu de l'inventaire.

Quant aux rallonges de table, tabourets, seaux, baquets, balances de magasin, ustensiles lourds et encombrants, ils seront laissés sur place et repris ensuite, sur inventaire, par le corps arrivant.

Les contestations qui pourraient s'élever, au sujet des ustensiles et objets laissés sur place, seront résolues par le général commandant la subdivision.

CHAPITRE IX.

REGISTRES. — COMPTABILITÉ

Art. 53. Le livret d'ordinaire (modèle n° 1) est la base de la comptabilité de l'ordinaire. Il en est ouvert un chaque année par unité administrative (compagnie, escadron, batterie, section formant corps, etc.) et, s'il y a lieu, par fraction d'unité administrative faisant ordinaire à part. Ce livret doit être tenu même dans le cas où aucun homme ne mangerait à l'ordinaire. On n'y inscrit alors que les recettes diverses et les dépenses extraordinaires.

Lorsque plusieurs unités font ordinaire ensemble, l'unité qui gère l'ordinaire ajoute à ses recettes les versements que lui font les autres unités, et elle porte en dépense le détail de tous les achats qu'elle effectue. Les autres unités continuent de tenir leur livret, en inscrivant aux dépenses, en bloc, la part contributive versée à l'unité qui gère l'ordinaire, et, s'il y a lieu, le détail des achats effectués sur la portion du boni laissée à la disposition de chaque commandant d'unité.

Le livret d'ordinaire est tenu au jour le jour par le sergent-major ou le maréchal des logis chef. Il est vérifié et arrêté le premier jour de chaque prêt, pour le prêt précédent, par l'officier chargé de la surveillance de l'ordinaire.

En campagne, il est fait usage d'un carnet d'ordinaire (modèle n° 2), n'embrassant qu'une période de trois mois.

Les unités formant corps ou les détachements s'administrant isolément, qui effectuent des achats en gros, tiennent, pour les denrées formant approvisionnement, un carnet auxiliaire des entrées et sorties, d'une contexture analogue à celle du modèle n° 7.

Art. 54. Les opérations de la commission des ordinaires sont constatées au moyen des registres et du carnet spécifiés ci-après :

Registre des procès-verbaux de la commission (modèle n° 3) destiné à l'inscription des procès-verbaux des séances préparatoires et d'adjudication;

Répertoire des marchés contenant l'analyse des principales dispositions des marchés (modèle n° 5);

Les marchés en vigueur et les cahiers des charges qui les régissent constituent un dossier qui reste annexé au répertoire des marchés;

Registre des distributions faites aux compagnies par la commission ou par son intermédiaire (modèle n° 6);

Registre des entrées et des sorties en matières (modèle n° 7);

Registre du jardin potager (modèle n° 8), si le corps dispose d'un jardin potager (voir instruction sur la gestion des jardins potagers pour l'ordinaire des troupes, annexée au présent règlement);

Carnet d'enregistrement du produit de la vente des issues diverses (os et eaux grasses, débris de pain et de pain de guerre, balayures, boîtes vides de conserves, etc., art. 12, § 8). Ce carnet est tenu de manière à donner par mois tous les renseignements à inscrire au modèle n° 10.

Art. 55. Les registres modèles n°s 6 et 7, ainsi que le carnet d'enregistrement mentionnés à l'article précédent sont arrêtés par le secrétaire de la commission le dernier jour de chaque mois; le registre du jardin potager n'est arrêté que tous les trois mois.

Dans les cinq premiers jours de chaque mois, la commission se réunit pour procéder à la vérification des écritures se rapportant aux opérations du mois précédent. Le président vise ensuite les registres.

Art. 56. Pour le produit de la vente des issues, la commission des ordinaires établit mensuellement et remet au trésorier un état de répartition par unité des sommes dues par les adjudicataires (modèle n° 10). Le trésorier en vérifie l'exactitude au moyen des marchés correspondants dont il lui est donné communication. Il fait seul recette du payement de ces sommes, remet aux unités leur quote-part lors du payement du prêt, déduction faite de la quote-part afférente au payement de l'indemnité du cuisinier-chef, et constate cette remise en émargeant en face de la recette portée sur le livret d'ordinaire de chaque unité.

L'état de répartition appuie à la fois la recette et la dépense inscrites au registre-journal du trésorier.

La même règle est observée, le cas échéant, pour les recettes et les payements résultant de la vente ou de la cession du matériel ou des produits des jardins potagers.

Art. 57. Les livrets d'ordinaire ainsi que les registres et documents divers ayant trait à la gestion des ordinaires sont versés aux archives du corps et y sont maintenus pendant dix années. Les livrets d'ordinaire y sont versés au commencement de la deuxième année qui suit celle de leur clôture, les autres registres ou documents au commencement de la première année. Toutefois, la commission des ordinaires conserve ceux qu'elle estime pouvoir lui être utiles. Elle en donne reçu au trésorier sur le catalogue des archives.

CHAPITRE X.

DISPOSITIONS DIVERSES.

Art. 58. Il appartient aux chefs de corps ou de détachement de régler les questions de détail se rattachant à l'exécution du service des ordinaires, dans la limite des prescriptions qui précèdent.

Art. 59. Les contestations auxquelles donne lieu l'exécution des marchés ou conventions passés pour le service des ordinaires sont du ressort des tribunaux civils. Les actions qui s'y rapportent sont exercées par le chef de corps comme ayant la haute surveillance des ordinaires. Les frais, dépens, dommages-intérêts, etc., sont supportés, s'il y a lieu, par les ordinaires.

Art. 60. Le présent règlement sera applicable à partir du 1er mai 1905.

Toutes les dispositions antérieures relatives à la gestion des ordinaires sont et demeurent abrogées.

Fait à Paris, le 22 avril 1905.

ÉMILE LOUBET.

Par le Président de la République :

Le Ministre de la guerre,

Maurice BERTEAUX.

MODÈLES

Nota. — Les indications qui figurent sur les modèles ci-contre s'appliquent, en général, à des régiments d'infanterie. Dans les éditions commerciales, il y aura lieu d'apporter à ces modèles les modifications convenables, suivant les armes auxquelles ils seront destinés.

En ce qui concerne l'état B du modèle n° 1, l'édition commerciale devra comporter deux ou trois feuilles intercalaires.

FORMAT DU PAPIER :
Haut. 330mm ; larg. 210mm.

JUSTIFICATION :
Haut. 320mm ; larg. 200mm (2).

MODÈLE N° 1.

Art. 53 du Règlement

(*) Indiquer le corps.
(**) Indiquer la compagnie, l'escadron ou la batterie.

(*)

(**)

LIVRET D'ORDINAIRE

TENANT LIEU, LE CAS ÉCHÉANT, DE CAHIER DE QUITTANCES

Le présent livret, contenant feuillets, celui-ci compris, a été coté et paraphé par nous, chef de bataillon (*ou* d'escadron) (1), pour servir du 1er janvier au 31 décembre 19 .

A le 19 .

(1) *ou* chef de service.
(2) 320 et 250 pour les troupes coloniales.

LIVRET D'ORDINAIRE

RECETTES.

1° La prime fixe destinée à faire face à l'achat de toutes les denrées autres que la viande;

2° La prime de viande calculée sur le taux de 320 grammes par ration;

3° Les primes éventuelles allouées dans certaines circonstances : *a*) en temps d'épidémie; *b*) à l'occasion des revues ou au moment de certains travaux particulièrement pénibles; *c*) pendant les marches et manœuvres; *d*) à l'occasion de la Fête nationale; *e*) les indemnités spéciales à certaines places;

4° Le versement à faire par tout homme de l'unité (sous-officier compris) qui, ne vivant pas à l'ordinaire, y prend néanmoins le café; le taux de ce versement est fixé par le chef de corps ou de détachement;

5° Les allocations en remplacement de vivres en nature pour les hommes admis au régime spécial de l'infirmerie;

6° La solde des caporaux (ou brigadiers) et des hommes punis de prison ou de cellule ou incarcérés pour quelque motif que ce soit. Toutefois, lorsque les militaires ont été incarcérés sur de simples présomptions, et que leur punition est levée, ou lorsqu'il y a eu refus d'informer, non-lieu ou acquittement, leur solde leur est restituée. En cas de mouvement de troupe, la recette est suspendue pendant les journées de route;

7° La solde des caporaux (ou brigadiers) et des hommes irrégulièrement absents le dernier jour du prêt ou au moment de son payement, et de ceux décédés dans le courant du prêt;

8° Le produit de la vente des issues diverses (os, eaux grasses, boîtes vides de conserves, balayures non utilisées comme engrais, outils du jardin potager hors service, etc.) provenant de l'ordinaire; toutefois, il pourra être réservé, chaque jour, un certain nombre de gamelles pour être distribuées aux indigents;

9° La moitié de la valeur des moins-perçus en pain, constatés en fin d'exercice après balance avec les trop-perçus;

10° Dans les compagnies de discipline et dans les sections disciplinaires pour les corps qui en comportent la moitié du prélèvement effectué sur le produit de chaque journée de travail, l'autre moitié étant versée à la masse d'habillement;

11° Les indemnités accordées dans des circonstances particulières lorsque les ordinaires fonctionnent;

12° Les amendes et retenues encourues par les fournisseurs des ordinaires.

L'ordinaire profite, en outre, des ressources que donnent les jardins potagers et des produits qui, par suite de circonstances exceptionnelles, peuvent lui être attribués;

13° Eventuellement, en temps de guerre, les secours alloués par prélèvement sur les bonis d'autres ordinaires ou de masses d'infirmerie et prévus à l'article 11 *bis* du décret (1).

---

(1) Décret du 5 décembre 1916.

DÉPENSES.

Dépenses normales.

1° L'achat de pain de soupe, de viande fraîche, de condiments, de légumes frais ou secs, de vin et boissons hygiéniques et de toutes denrées (autres que le pain de repas) nécessaires à la nourriture des hommes;

2° Le remboursement du prix du café, du sucre et de toutes autres denrées, perçus à titre remboursable;

3° Le versement à la masse de l'infirmerie de toutes les perceptions faites pour les hommes admis au régime spécial;

4° La part proportionnelle du prix d'achat des registres tenus par la commission des ordinaires, le prix du livret d'ordinaire;

5° La part proportionnelle, par compagnie, escadron ou batterie, des dépenses faites pour les jardins potagers;

6° L'achat de pain pour les soldats faméliques, en cas d'insuffisance des économies de pain réalisées;

7°...

8° Les frais de toute nature que peut entraîner la passation des marchés, à l'exception des droits de timbre et, le cas échéant, des droits d'enregistrement.

Dépenses accidentelles.

1° Les versements à la masse de l'infirmerie en cas d'insuffisance;

2° Le payement, au cuisinier, de l'indemnité fixée par le commandant d'unité, jusqu'à concurrence de 0 fr. 50 par jour, et au cuisinier-chef de l'indemnité fixée par le chef de corps jusqu'à concurrence de 0 fr. 75 par jour.

La dépense n° 1 n'est engagée que sur l'ordre du chef de corps, avec l'autorisation du général commandant la brigade et lorsque l'état des bonis le permet;

3° En temps de guerre, les versements à d'autres ordinaires d'une partie des bonis prévus à l'article 11 *bis* du décret (1).

Nota. — Le capitaine commandant la compagnie, l'escadron ou la batterie veille à ce que les indications qui précèdent soient complétées ou modifiées à la main, s'il y a lieu, en mentionnant la date des dispositions réglementaires nouvelles qui auraient créé ou supprimé certaines recettes, autorisé ou interdit certaines dépenses au titre des ordinaires.

TENUE DU LIVRET.

Prescriptions générales (2).

I. Le livret d'ordinaire forme un cahier qui sert pour une année, du 1er janvier au 31 décembre. Il est coté et paraphé par le chef de bataillon ou d'escadron. Dans les unités formant corps et dans les déta-

(1) Décret du 5 décembre 1916.

(2) Paragraphes II et V modifiés par la circulaire du 3 décembre 1906 (*B. O.*, p. 1510) et tous les quinze jours pour les troupes coloniales (circulaire du 16 juin 1913, *B. O.*, p. 751).

chements, cette formalité est remplie par l'officier supérieur ou le chef de service qui a la haute autorité sur ces unités ou détachements.

II. Il est arrêté tous les 10 jours (ou en fin de mois). Dans les unités administratives recevant des denrées de la commission des ordinaires, le capitaine fait remettre par le sergent-major ou le maréchal des logis chef le livret d'ordinaire au secrétaire de la commission, la veille du jour du prêt, à heure fixe.

III. Dès la réception de tous les livrets d'ordinaire, le secrétaire de la commission établit en deux expéditions le bordereau général des sommes dues aux fournisseurs. Il remet ces deux expéditions au trésorier qui, pour effectuer lui-même le paiement, retient sur le prêt du lendemain, à chaque compagnie, escadron ou batterie, la somme représentant sa quote-part de dépense.

IV. Lorsqu'une portion du corps se sépare de la portion centrale et que l'effectif de ses officiers est insuffisant pour constituer une commission des ordinaires, les unités qui composent cette portion du corps pourvoient elles-mêmes à leurs besoins et les achats continuent à être inscrits au livret dont la formule est préparée de manière à se prêter à cette éventualité.

Dans ce cas, ainsi que dans le cas prévu à l'article 27 du règlement sur les ordinaires, les acquits des fournisseurs sont donnés par ceux-ci dans la colonne à ce réservée, qui tient lieu de cahier de quittances. L'officier commandant le détachement ou le capitaine commandant l'unité administrative et l'officier chargé de la surveillance de l'ordinaire tiennent la main à la rigoureuse exécution des dispositions des décrets du 5 août 1913, ainsi conçus :

« Il est interdit d'acheter à crédit ; les fournisseurs sont toujours payés au comptant, en présence des hommes de corvée. Quand les fournisseurs sont payés de la main à la main, leur émargement immédiat sur le livret d'ordinaire doit justifier chaque jour des paiements qui leur sont faits. Toute remise, tout arrangement illicite entre les fournisseurs et le caporal (ou brigadier) d'ordinaire entraîne le changement des premiers ; quant au caporal ou brigadier, il est déféré au conseil de guerre. »

V. Si, l'achat de certaines denrées étant fait directement par chaque unité administrative, le chef de corps a néanmoins décidé que le paiement aurait lieu comme pour les denrées achetées par la commission des ordinaires, selon les dispositions de l'article 42 du règlement sur les ordinaires, il appartient au capitaine d'adresser tous les 10 jours (1) au trésorier la note indicative des sommes à retenir sur le prêt pour le paiement du lendemain.

Quand, dans les compagnies formant corps ou dans les unités détachées, le capitaine a passé des marchés, au lieu de faire opérer par achats de la main à la main, c'est lui qui doit payer les fournisseurs, conformément aux prescriptions du même article 42.

VI. Lorsqu'un homme prend momentanément ses repas dans une autre compagnie ou un autre corps, toutes les perceptions sont faites pour lui par l'unité à laquelle il appartient ; celle-ci porte aux dépenses les sommes remboursées à l'unité qui fournit les repas. Cette inscription est émargée par le capitaine qui reçoit. Dans l'unité qui fournit la nourriture, l'homme n'est pas compris parmi ceux comptant à l'ordinaire ; mais les sommes reçues pour lui sont portées aux recettes et émargées par le capitaine qui paye, ou par le trésorier du corps, si celui-ci sert d'intermédiaire.

---

(1) Voir le renvoi de la page 43.

VII. Le cuisinier chef ou le cuisinier en pied ainsi que les chauffeurs mécaniciens des cuisines à vapeur comptent à l'ordinaire, et il est fait recettes de toutes les sommes leur revenant. On porte ensuite aux dépenses, le cas échéant, le montant des indemnités accordées aux cuisiniers. Cette dépense est émargée en regard, par l'ayant droit, le jour du payement du prêt, sauf exception pour le cuisinier-chef dont l'indemnité est payée mensuellement par les soins du trésorier, comme il est dit à l'article 10 du règlement.

VIII. Pour les hommes admis au régime spécial de l'infirmerie, l'unité à laquelle ils appartiennent porte en recette et en dépense toutes les allocations revenant à ces hommes. Le montant en est versé à la masse de l'infirmerie, et le médecin chargé d'administrer cette masse donne quittance, sur le livret d'ordinaire, des sommes qu'il reçoit.

IX. Pour le paiement des achats à faire de la main à la main, le capitaine remet chaque jour au sergent-major ou au maréchal des logis chef, pour être versée au caporal ou au brigadier d'ordinaire, la somme devant permettre de parer à toutes les dépenses du lendemain. Lorsque, en fin de prêt, le total de ces versements partiels excède le produit des primes, le capitaine retient de la main à la main le montant de la différence sur le premier paiement qui est fait à la compagnie, à l'escadron ou à la batterie.

Page des recettes.

Tableau n° 1. — Ce tableau a pour objet de justifier le montant des primes fixes d'alimentation versées à l'ordinaire. Les hommes ne vivant pas à l'ordinaire y sont inscrits numériquement.

Toutefois, les noms des caporaux, brigadiers et soldats ne vivant pas à l'ordinaire sont inscrits sur un contrôle particulier ouvert à la fin du registre; ceux qui, au cours de l'année, cessent d'être compris dans cette catégorie sont rayés du contrôle et on inscrit, dans la colonne spéciale, la date du retrait de l'autorisation; inversement, on y porte les noms de ceux nouvellement autorisés à ne pas vivre à l'ordinaire. Les mutations survenues dans ladite catégorie sont enregistrées à leur date dans une colonne *ad hoc* du contrôle particulier, aussi bien celles qui affectent l'effectif que celles qui modifient seulement le nombre des journées de présence.

Tableau n° 2. — Lorsqu'il n'y a pas de distributions en nature, les nombres des journées de primes à inscrire sont égaux à ceux des journées d'ordinaire. Lorsqu'il y a des distributions en nature, le nombre à inscrire à la première ligne est celui des primes de viande perçues pour les hommes admis au régime spécial et pour les hommes vivant à l'ordinaire non compris dans les distributions en nature.

Les renseignements donnés pour mémoire sous accolade ont pour but de justifier les inscriptions portées à la 1re ligne du tableau pour les jours où il est perçu de la viande en nature.

Tableau n° 3. — Les nombres à inscrire sont ceux des feuilles de journées pour les hommes vivant à l'ordinaire.

Tableau n° 4. — Le taux de remboursement du sucre et café par les hommes ne vivant pas à l'ordinaire est fixé par le chef de corps ou de détachement sur la proposition de la commission des ordinaires.

Tableau n° 5. — Indemnité en remplacement de pain pour les hommes admis au régime spécial de l'infirmerie.

Tableau n° 6. — Les inscriptions relatives aux caporaux, brigadiers et soldats punis de prison se vérifient au moyen du livret matricule et du folio de punitions. Lorsqu'une cause fait cesser ou suspendre la punition, on l'inscrit à la suite du nom (punition levée, mise en route, changement d'unité).

Il n'est pas établi d'état nominatif des hommes qui, comptant à l'ordinaire, n'y ont pas mangé. Les économies qui résultent des permissions ou des abandons volontaires se traduisent par une diminution dans les quantités de denrées achetées.

NOTA. — Toute inscription faite dans un cas qui n'aurait pas été prévu par le règlement doit être justifiée dans la colonne « Observations ».

Page des dépenses.

I. — Lorsqu'il n'y a pas de commission des ordinaires, les inscriptions sont faites au livret par livranciers (boulanger, boucher, épicier, etc.) et par catégories de denrées, en se conformant, autant que possible, à la nomenclature ci-après :

Pain de soupe.	Légumes secs. { Haricots. Lentilles. Pois.
Viande { de bœuf, de vache, de taureau. de mouton ou de veau.	Vermicelle ou macaroni.
Porc.	Sel.......... { blanc. gris.
Petit salé.	Poivre.
Saindoux.	Girofle.
Conserves de viande.	Laurier sec.
Conserves de potage.	Oignons brûlés.
Pommes de terre.	Huile fine.
Choux.	Vinaigre.
Carottes.	Sucre.
Navets.	Café.
Oignons.	Vin.
Poireaux.	Bière.
Beurre.	Cidre.
Riz.	

II. — Lorsque des denrées appartenant à l'une des catégories ci-dessus sont fournies par un livrancier dans la spécialité duquel elles ne rentrent pas habituellement, on les inscrit, soit avant, soit après la catégorie qui le concerne, selon l'ordre qu'elles occupent dans la nomenclature.

III. — Lorsqu'il y a une commission des ordinaires, on inscrit tout d'abord les denrées fournies par la commission elle-même, s'il y a gestion directe, totale ou partielle ou, par son intermédiaire, si l'on emploie le mode de fourniture simple. Il n'y a pas lieu dans ce dernier cas d'indiquer sur le livret le nom des fournisseurs avec lesquels la commission a passé des marchés. Les denrées achetées directement par l'unité font l'objet d'inscriptions distinctes à la suite des livraisons de la commission. On suit, autant que possible, pour ces inscriptions, l'ordre indiqué ci-dessus.

IV. — Les denrées reçues de l'administration à titre remboursable sont inscrites distinctement après les autres dépenses et l'inscription est certifiée par le trésorier, pour quittance, dans la colonne d'émargement, au moment du payement des feuilles de prêt.

V. — En cas de routes à l'intérieur, de séjour dans des camps d'instruction, de grandes manœuvres, etc., il peut arriver que, par suite de changement journalier de fournisseurs, il ne soit pas possible de faire figurer toutes les dépenses d'un même prêt sur une seule page du livret. Dans ce cas, on portera les dépenses du prêt sur deux ou plusieurs pages consécutives en ayant soin de barrer les pages des recettes correspondant aux pages supplémentaires employées.

Inventaire permanent du matériel détenu par l'unité pour le service de l'ordinaire (*cuisines, réfectoires, chambres et divers*).

A.

DATES DES ENTRÉES et DES SORTIES ainsi que des remises du service.	DÉSIGNATION DES MOUVEMENTS. Motifs des entrées et des sorties.	DÉTAIL DES OBJETS EN SERVICE. SERVICE DU GÉNIE. Chevalet pour le bois.	Table de cuisine.					ÉMARGEMENT du caporal ou brigadier d'ordinaire.
1er janvier...	Report des existants.....							LOUIS.
1er avril.....	Remise de service.......							PIERRE.
3 mai.......	Achat							PIERRE.
6 mai.......	Mis hors de service.....							
	RESTE......							PIERRE.
1er juillet...	Remise de service.......							ANDRÉ.
18 novembre.	Achat..............							JEAN.
	TOTAL......							JEAN.
31 décembre..	Existant................							JEAN.

NOTA. — La situation s'établit : au 1er janvier par le report des existants au 31 décembre précédent ; successivement, à chaque remise de service d'un caporal ou brigadier d'ordinaire à son successeur, et enfin au 31 décembre. En outre, la situation de chaque objet en particulier est établie chaque fois qu'un mouvement l'a modifiée, de façon que le dernier chiffre de chaque colonne représente, à tout moment, l'existant réel en objets correspondants.

Le caporal ou brigadier d'ordinaire émarge : 1° au report des existants ; 2° à chaque entrée ou sortie de matériel ; 3° à chaque reprise de service ; 4° au 31 décembre.

Les remplacements par suite de réforme s'inscrivent pour mémoire, sans modifier la situation.

B.

DATES DES ENTRÉES et DES SORTIES ainsi que des remises du service.	DÉSIGNATION DES MOUVEMENTS. Motifs des entrées et des sorties.	DÉTAIL DES OBJETS EN SERVICE. MASSE D'HABILLEMENT. Blouses de cuisine.	Pantalons de cuisine.	Sabots, galoches.	Tabliers à bavette.	Toques.		ÉMARGEMENT du caporal ou brigadier d'ordinaire.
1er janvier..	Report des existants.							LOUIS.
1er avril.....	Remise de service....							PIERRE.
3 mai.......	Achat...............							PIERRE.
6 mai.......	Mis hors de service ..							
	RESTE.....							PIERRE.
1er juillet...	Remise de service....							ANDRÉ.
20 juillet....	Remplacement....... (*Pour memoire*)							ANDRÉ.
1er octobre .	Remise de service ...							JEAN.
18 novembre.	Achat...............							
	TOTAL.....							JEAN.
31 décembre.	Existant							JEAN.

NOTA. — La situation s'établit : au 1er janvier par le report des existants au 31 décembre précédent ; successivement, à chaque remise de service d'un caporal ou brigadier d'ordinaire à son successeur, et enfin au 31 décembre. En outre, la situation de chaque objet en particulier est établie chaque fois qu'un mouvement l'a modifiée, de façon que le dernier chiffre de chaque colonne représente, à tout moment, l'existant réel en objets correspondants.

Le caporal ou brigadier d'ordinaire émarge : 1° au report des existants ; 2° à chaque entrée ou sortie de matériel ; 3° à chaque reprise de service ; 4° au 31 décembre.

Les remplacements par suite de réforme s'inscrivent pour mémoire, sans modifier la situation.

C.

DATES DES ENTRÉES et DES SORTIES ainsi que des remises de service.	DÉSIGNATION DES MOUVEMENTS. Motifs des entrées et des sorties.	DÉTAIL DES OBJETS EN SERVICE. MASSE DE CHAUFFAGE ET D'ÉCLAIRAGE. Lampes.						ÉMARGEMENT du caporal ou brigadier d'ordinaire.
1er janvier..	Report des existants .							LOUIS.
1er avril....	Remise de service ...							PIERRE.
3 mai......	Achat...............							PIERRE.
6 mai......	Mis hors de service..							
	RESTE.....							PIERRE.
1er juillet...	Remise de service ...							ANDRÉ.
20 juillet....	Remplacement....... (*Pour mémoire.*)							ANDRÉ.
1er octobre .	Remise de service ...							JEAN.
18 novembre.	Achat.....							
	TOTAL							JEAN
31 décembre.	Existant.............							JEAN.

NOTA. — La situation s'établit : au 1er janvier par le report des existants au 31 décembre précédent ; successivement, à chaque remise de service d'un caporal ou brigadier d'ordinaire à son successeur, et enfin au 31 décembre. En outre, la situation de chaque objet en particulier est établie chaque fois qu'un mouvement l'a modifiée, de façon que le dernier chiffre de chaque colonne représente, à tout moment, l'existant réel en objets correspondants.

Le caporal ou brigadier d'ordinaire émarge : 1° au report des existants ; 2° à chaque entrée ou sortie de matériel ; 3° à chaque reprise de service ; 4° au 31 décembre.

Les remplacements par suite de réforme s'inscrivent pour mémoire, sans modifier la situation.

MOIS D 19 DU AU

NATURE ET PROVENANCE DES RECETTES.	DATES ET NOMBRE DE JOURNÉES.											DÉCOMPTE.			OBSERVATIONS, émargements, etc.
	Le	Le	Le	Le	Le	Le	Le	Le	Le	Le	Le	Total des journées.	Taux.	Montant.	
1 *Primes fixes d'alimentation.*															
Effectif présent d'après les feuilles de journées..... de l'unité. Hommes de l'armée active..........															
Réservistes et territoriaux..........															
Subsistants d'autres corps..........															
TOTAUX..........															
Effectif des hommes de troupe ne vivant pas à l'ordinaire (y compris les subsistants)...... Sous-officiers..........															
Caporaux ou brigadiers et soldats..........															
TOTAUX..........															
Reste en journées d'ordinaire.......															
2 *Primes de viande.*															
Prime de viande pour l'effectif vivant à l'ordinaire (y compris les hommes admis au régime spécial)......															
Pour mémoire. Rations perçues en nature. Conserves de viande..															
Porc salé..........															
Primes perçues pour l'effectif ne vivant pas à l'ordinaire..................															
TOTAL ÉGAL à l'effectif présent.....															
3 *Primes éventuelles.*															
Prime n° 1 (hygiène)............................															
Prime n° 2 (revues ou travaux pénibles)..............															
Prime n° 3 (ou 4) (manœuvres)................															
4 Versement fait par les hommes qui, ne vivant pas à l'ordinaire, y prennent le café..................															
5 Indemnité en remplacement de pain pour les hommes admis au régime spécial de l'infirmerie......															
6 Solde des militaires punis de prison, irrégulièrement absents ou décédés....... — NOMS. — GRADES.															

7 Remboursement par 1 pour repas à ....
— par 1 pour repas à ....
— par 1 pour repas à ....
— par 1 pour repas à ....

Produit de la vente des issues....

Prestations diverses.............

Recettes exceptionnelles.........

TOTAL DES RECETTES..
A ajouter l'excédent des recettes de la période précédente ....
TOTAL GÉNÉRAL DES RECETTES..........................
Les dépenses s'élèvent pendant les jours à...............................
Partant, il y a excédent de { recettes dont { entre les mains du capitaine..... / dans la caisse du corps.......... ; dépenses.......................................

CERTIFIÉ :	ARRÊTÉ :	VÉRIFIÉ :
Le Sergent-major ou Le Maréchal des logis chef,	*L'Officier chargé de l'ordinaire,*	*Le Capitaine,*

Modèle donné par la circulaire du 3 décembre 1906 (*B. O.*, p. 1549). Mettre 16 colonnes au lieu de 11 pour le livret des troupes coloniales. (Circulaire du 16 juin 1913.)

DÉSIGNATION des DENRÉES.	PRIX des denrées.	DÉPENSES DU AU 19 (1). QUANTITÉS. Le	Le	Le	Le	Le	Le	Le	Le	Le	Le	Le	TOTAL des quantités.	TOTAL de la dépense.	ÉMARGEMENTS pour QUITTANCE.
														(2)	
Commission des ordinaires.															
Versement à pour															
Paiement à la masse de l'infirmerie pour journées à .															
Paiement des cuisiniers......															
Vivres remboursables. Haricots.........															
Riz.............															
Sucre............															
Café.............															
Potage condensé.															
....															
TOTAL DES DÉPENSES......................															

NOMS DES HOMMES DE CORVÉE EN CAS D'ACHAT DIRECT DE LA MAIN A LA MAIN. Le	Le	Le	Le	Le	Le	Le	Le	Le	Le	Le	*Le Chef d'ordinaire,*

(1) Voir le renvoi 1 de la page précédente.

(2) En vue d'éviter les altérations d'écritures qui pourraient être faites, sur le livret d'ordinaire, après émargement pour quittance, soit par la surcharge à l'encre des chiffres portés primitivement au crayon dans les colonnes de dépense, soit par la transformation de chiffres déjà portés à l'encre, il convient de prescrire que le total de la dépense, pour laquelle un émargement doit être donné sur le livret, soit arrêté en toutes lettres en regard du montant en chiffres, avant l'émargement pour quittance. (Circulaire du 8 février 1907, *B. O.*, p. 121.)

Contrôle particulier des caporaux (ou brigadiers) et soldats autorisés à ne pas vivre à l'ordinaire.

NOMS.	GRADES	EMPLOIS.	DATES de l'autorisation	DATES du retrait.	MUTATIONS.	
PIERRE...	Caporal.	1er ouvrier tailleur.	15 sept. 1904.	»	4 février	Philippe parti en permission.
JEAN.....	Soldat.	Cantine.	1er janv. 1905.	»	8 id.	Philippe rentré de permission.
PHILIPPE.	Id.	Mess des sous-off.	Id.	10 février 1905	2 mars.	Jean parti en congé.
JOSEPH...	Id.	Ordonnance.	Id.	»		
ROBERT..	Id.	Cantine.	3 mars 1905.	»		

Tableau des dépôts et retraits de boni.

DATES ET NATURE des PERCEPTIONS.	SOMMES versées.	SOMMES retirées.	ÉMARGEMENT du capitaine commandant.	ÉMARGEMENT du trésorier.	OBSERVATIONS
En dépôt au premier jour de l'année............					

Format du papier :
Hauteur, 260mm.
Largeur, 180mm.

TRIMESTRE 19

MODÈLE N° 2.

Art. 53 du Règlement

(1) Indiquer le corps.
(2) Indiquer la compagnie, l'escadron ou la batterie.

ARMÉE DE

(1)

(2)

M. , Capitaine.

CARNET D'ORDINAIRE DE CAMPAGNE

TENANT LIEU DE CAHIER DE QUITTANCES.

Le présent carnet, contenant feuillets, celui-ci compris, a été coté et paraphé par nous, chef de bataillon (ou d'escadron).

A , le 19 .

RECETTES. *Prêt du au*

ÉNUMÉRATION DES RECETTES.	MONTANT des RECETTES.
(a) Le , journées à........	
Le , —	
Le , —	
Le , —	
Le , —	
Le , —	
Recettes diverses.	
TOTAL des recettes du au ...	
A ajouter l'excédent de recettes de la période précédente	
TOTAL général des recettes........	
Les dépenses pendant les jours s'élèvent à.....	
Partant, il y a excédent de { Recette............	
Partant, il y a excédent de { Dépense............	
Le Commandant de l'unité administrative,	

(a) Les chiffres doivent être les mêmes que ceux qui figurent à la colonne : « Total des

19 DÉPENSES.

DATES.	ÉNUMÉRATION des DÉPENSES.	MONTANT des DÉPENSES.	QUITTANCES des SOMMES PAYÉES.
	TOTAL des dépenses du		

présents » du Chapitre III du carnet de comptabilité de l'unité administrative.

Modèle n° 3.

Article 54 du Règlement.

Désignation du corps.

COMMISSION DES ORDINAIRES.

REGISTRE

DES PROCÈS-VERBAUX DES SÉANCES D'ADJUDICATION.

(Le registre doit être coté et paraphé par le chef de corps.)

DATES DES SÉANCES.

PROCÈS-VERBAUX.

Séance préparatoire à l'adjudication de la fourniture de la viande fraîche.

Le

L'an mil le la Commission des ordinaires se réunit.

Sont présents :

MM. *Président.*

Membres.

Le Président fait connaître qu'à la suite de l'avis au public annonçant la prochaine adjudication de viande fraîche, candidats ont, dans le délai fixé par l'affiche, fait connaître leur intention de soumissionner, savoir :

M.

La Commission examine successivement les titres de chacun de ces candidats.

Elle décide d'accepter les soumissions de MM.

Et elle propose d'exclure celles de MM. , qui seront, au préalable, entendus dans leurs explications à la séance du 19 .

(Les motifs d'exclusion ne figurent pas aux procès-verbaux, mais les dossiers des exclus sont conservés sous pli fermé dans les archives de la Commission.)

A (les jour, mois et an que dessus).

DATES DES SÉANCES.

PROCÈS-VERBAUX.

Séance d'adjudication de la fourniture de la viande fraîche.

Le

L'an mil le
la Commission des ordinaires se réunit.

Sont présents :

MM. Président.

Membres.

A heures du , le Président déclare la séance ouverte ; il dépose sur le bureau : l'avis au public, le règlement sur la gestion des ordinaires, l'instruction du 15 juin 1903 pour la passation des marchés du Département de la guerre, autres que ceux relatifs aux travaux de constructions militaires, le cahier des charges, la formule de soumission et le pli cacheté renfermant les prix-limites.

Le Président invite les personnes qui désirent prendre part à l'adjudication à se faire connaître, à établir leur identité, ou à produire le titre en vertu duquel elles se présentent pour un tiers.

Se conforment à cette invitation les personnes désignées ci-après :

NOMS, PRÉNOMS et qualités DES CONCURRENTS.	DOMICILE.	OBSERVATIONS.

Le Président invite les concurrents à déposer leurs soumissions.

Ces soumissions sont déposées au nombre de .
Le Président les décachette successivement, les date, les vise ; puis il examine, de concert avec les autres membres de la Commission, si elles satisfont aux conditions déterminées à l'article 26 du règlement.

DATES

DES SÉANCES.

Toutes les soumissions sont reconnues régulières. (S'il n'en est pas ainsi, indiquer ici les soumissions écartées comme irrégulières, et, s'il y a lieu, les difficultés survenues et les solutions données.)

Le Président donne ensuite lecture, à haute voix, des soumissions qui ont été reconnues régulières en la forme. Après quoi le secrétaire établit un tableau présentant les résultats du dépouillement des différentes soumissions.

Ces résultats sont consignés ci-après :

NOMS des SOUMISSIONNAIRES.	PRIX SOUMISSIONNÉ par KILOGRAMME DE			OBSERVATIONS.
	bœuf.	mouton	veau.	
1°				
2°				
3°				

Puis le Président ouvre le pli cacheté renfermant les prix-limites, communique ces prix aux membres de la Commission, en rappelant qu'ils doivent rester secrets.

(Relater ici, quand il y a lieu, les incidents qu'a pu faire naître l'absence d'offres au plus égales aux prix-limites ou bien l'égalité des offres de deux ou plusieurs soumissionnaires (art. 26 du règlement), ainsi que la solution qui y a été donnée. Etablir, s'il y a lieu, un tableau présentant les nouvelles offres.)

Ces opérations terminées, le Président déclare adjudicataire M. , sous réserve de l'approbation du chef de corps, et lui fait signer le cahier des charges et le marché.

(Dans le cas où toutes les offres auraient été supérieures aux prix-limites, le Président déclare qu'il n'y a pas lieu à adjudication.) Le Président recachette ensuite le pli renfermant les prix-limites.

(Enoncer, s'il y a lieu, le résultat des incidents qui se sont produits ; sinon, faire connaître que les opérations n'ont soulevé aucune réclamation.)

De tout quoi a été rapporté le présent procès-verbal qu'ont signé après lecture les membres de la Commission et l'adjudicataire (ainsi que, s'il y a lieu, l'auteur de la réclamation).

A (les jour, mois et an que dessus).

MODÈLE N° 4.
Article 28
du Règlement

MARCHÉ [1]

Passé à la suite d'un concours conformément aux dispositions des articles 24, 25 et 26 du règlement sur les ordinaires ou de gré à gré en exécution des dispositions de l'article 28 dudit règlement.

Je soussigné, demeurant à rue , n° , où je fais élection de domicile pour l'exécution du présent marché m'engage , envers la commission des ordinaires (2) à effectuer le service déterminé par le cahier des charges en date du dans la place de et depuis le jusqu'au , avec faculté, pour le corps seulement, de proroger le marché de deux périodes de quinze jours chacune au plus. en prévenant chaque fois huit jours à l'avance, sans préjudice des dispositions de l'article 9 dudit cahier des charges.

J'effectuerai les livraisons en viande fraiche, *en quartiers entiers* (ou) *en morceaux débités* (3).

Les fournitures faites me seront payées au prix de le kilogramme de viande livré ou distribué.

Je me soumets à toutes les clauses du cahier des charges susmentionné et signé par moi, aux prescriptions de l'instruction sur le contrôle et l'inspection de la viande ainsi qu'aux dispositions du règlement sur les ordinaires qui peuvent me concerner, clauses et dispositions dont je déclare avoir pris pleine et entière connaissance.

Je m'engage à verser, pour sûreté et garantie de l'exécution de mes obligations, un cautionnement de (en toutes lettres).

Le présent marché ne sera définitif et exécutoire qu'après l'approbation du chef de corps et après notification du taux de l'indemnité de viande allouée pour la période d'exécution du marché.

Fait double, à , le 19

L'Entrepreneur,

Les Membres de la commission des ordinaires,

APPROUVÉ :

A , le 19 .

Le Chef de corps,

---

(1) Les marchés passés pour les besoins des ordinaires de la troupe constituent de simples conventions verbales qui sont assujetties au timbre, mais qu'il n'y a point lieu de soumettre à l'enregistrement. Cette formalité ne devient nécessaire que s'il y a lieu de recourir à une instance judiciaire.

(2) Indiquer le corps et, s'il y a lieu. la fraction de corps à servir.

(3) Le choix du mode de livraison peut être laissé au fournisseur qui l'indiquera dans sa soumission. La préférence, à prix égal, pourrait alors être donnée à la fourniture par quartiers; suivant le cas, on biffera les mots inutiles.

FORMAT DU PAPIER :
Tellière.

Désignation du corps.

MODÈLE N° 5.
Art. 54 du Règlement

COMMISSION DES ORDINAIRES.

RÉPERTOIRE DES MARCHÉS.

OUVERT, le 19 .
CLOS, le 19 .

I. Les marchés passés par les corps de troupe sont considérés comme étant de *simples conventions verbales.*

II. Comme conséquence, les personnes avec lesquelles les corps traitent ne sont pas soumises à la juridiction administrative.
Les marchés sont soumis au timbre; ils ne sont pas sujets à l'enregistrement : cette formalité ne deviendrait nécessaire que s'il y avait lieu de recourir à une instance judiciaire.

III. Lorsque le corps est fractionné, le répertoire des marchés est tenu à la portion qui est commandée directement par le chef de corps.
Les portions détachées envoient à la portion où se trouve le chef de corps, copie des marchés qu'elles ont passés, et dont elles conservent l'original ; la date de la réception est inscrite au répertoire des marchés et les copies sont placées dans un dossier annexé au répertoire.

IV. Les cahiers des charges ne sont pas copiés au répertoire; quant aux marchés, ils sont inscrits comme l'indique le tableau mis au verso.

V. Les transcriptions sont faites jour par jour, sans lacune, grattage ou surcharge; les corrections sont approuvées en marge. Chaque transcription reçoit un numéro d'ordre qui est suivi sans discontinuité jusqu'à la fin du répertoire.

VI. Le répertoire est précédé d'une table ouverte par nature de denrées. L'énonciation en est faite par ordre alphabétique.
Cette table mentionne les noms des fournisseurs, la place où le marché a été passé, la date et la durée du marché, la page et le numéro d'ordre. Exemple :

VIANDE.

NOMS des FOURNISSEURS	PLACES.	DATES DES MARCHÉS.	DURÉE DES MARCHÉS.	PAGE.	NUMÉRO.	OBSERVATIONS
François.	Versailles.	1904. 15 novemb.	1er janvier 1905 au 30 juin 1905.	10	54	

VII. Le répertoire des marchés doit être relié. Il embrasse une période de temps indéterminée; il est coté et paraphé par le chef de corps, qui l'arrête lorsqu'il est terminé. On le dépose ensuite aux archives du corps.

NUMÉROS D'ORDRE	NATURE et OBJET.	DURÉE.	NOMS des FOURNISSEURS.	PLACES	DATE du CAHIER des charges.	CAUTIONNEMENT.	PRIX et DISPOSITIONS essentielles.	DATE de la PASSATION du marché.	DATE de L'APPROBATION par le chef de corps ou de détachement.	OBSERVATIONS.

FORMAT DU PAPIER
Hauteur. .... 380mm.
Largeur......... 240mm.

JUSTIFICATION :
Hauteur......... 365mm
Largeur......... 230mm.

MODÈLE N° 6.

Art.54 du Règlement.

Désignation du corps,
de la compagnie, de l'escadron
ou de la batterie.

COMMISSION DES ORDINAIRES (1).

REGISTRE DES DISTRIBUTIONS.

OUVERT, le 19 .
CLOS, le 19 .

I. Un compte est ouvert au présent registre à chaque compagnie, escadron ou batterie. Ce compte forme, sous une feuille de titre, un cahier séparé, de manière que le compte puisse suivre chaque partie détachée si le corps se divise.

II. Le compte de chaque compagnie, escadron ou batterie est ouvert, coté et paraphé par le président de la commission. A la fin du mois de décembre on réunit, sous une feuille de titre, tous les comptes séparés; on en forme ainsi le registre qui est déposé aux archives du corps.

III. Chacune des colonnes ouvertes au registre reçoit l'indication :
De la nature d'une des denrées fournies;
De l'espèce d'unité qui lui est propre.
On se conforme, pour le classement des denrées par colonnes, à l'ordre observé sur le livret d'ordinaire.

IV. Toutes les distributions faites dans la même journée à la compagnie sont inscrites *sur une seule ligne* dans les colonnes ouvertes au registre.
On indique dans chaque colonne, *avant la quantité*, lors de la première inscription, le nom du livrancier (*Fournisseur. — Commission*). Ce nom n'est pas reproduit aux dates suivantes si le livrancier reste le même; le nom est changé aux dates où il y a changement de livrancier.

V. Les quantités inscrites dans chaque colonne sont totalisées par période de 10 jours (1) (*ou de fin de mois*). On indique ensuite le prix ou les prix applicables à l'unité de chaque espèce de denrées ; on porte immédiatement au-dessous le montant, par nature de denrée, des sommes acquises à chacun des fournisseurs et à la commission, puis on groupe par accolades les sommes revenant à chaque créancier et celles formant la dépense totale de la période.
Ces divers totaux doivent concorder avec ceux du livret d'ordinaire.

(1) Modifié par la circulaire du 3 décembre 1906. (*B. O.*, p. 1549), et quinze jours pour les troupes coloniales. (Circulaire du 16 juin 1913, *B. O.*, p. 751.)

DATES des DISTRIBUTIONS.	DÉSIGNATION, PAR NATURE DES DENRÉES, DES QUANTITÉS FOURNIES,														
	Pain pour la soupe	VIANDE													
		de bœuf.	de mouton.	de veau.											
	k.	k.	k.	k.											
1er															
2 —															
3 —															
4 —															
5 —															
6 —															
7 —															
8 —															
9 —															
10 —															
TOTAUX........															
Prix de chaque unité...															
Montant des dépenses...															
Sommes acquises à chaque créancier........															
TOTAL GÉNÉRAL...															
11															
12 —															
13 —															
14 —															
15 —															
16 —															
17 —															
18 —															
19 —															
20 —															
TOTAUX........															
Prix de chaque unité...															
Montant des dépenses...															
Sommes acquises à chaque créancier........															
TOTAL GÉNÉRAL...															
21															
22 —															
23 —															
24 —															
25 —															
26 —															
27 —															
28 —															
29 —															
30 —															
31 —															
TOTAUX........															
Prix de chaque unité...															
Montant des dépenses...															
Sommes acquises à chaque créancier........															
TOTAL GÉNÉRAL...															

DICATION DES LIVRANCIERS. — (FOURNISSEURS. — COMMISSIONS.)	OBSERVATIONS.
	NOTA. — Pour les troupes coloniales, modifier la contexture pour que les totalisations puissent être effectuées par périodes de quinze jours (ou en fin de mois). (Circulaire du 16 juin 1913, *B. O.*, p. 751.)

FORMAT DU PAPIER :
Hauteur......... 380mm.
Largeur......... 245mm.

JUSTIFICATION :
Hauteur......... 365mm.
Largeur......... 230mm.

MODÈLE Nº 7.

Art. 54 du Règlement.

Désignation du corps

GESTION DIRECTE PAR LA COMMISSION DES ORDINAIRES.

REGISTRE DES ENTRÉES ET DES SORTIES EN MATIÈRES

OUVERT, le

CLOS, le

I. Les écritures sont passées au registre des entrées et des sorties en matières, conformément aux règles indiquées ci-après :

II. Chaque entrée ou sortie reçoit un numéro d'ordre.
Les numéros doivent se suivre sans interruption.
Il y a deux séries annuelles distinctes de numéros : l'une pour les entrées et l'autre pour les sorties.

ENTRÉES

INSCRIPTION JOURNALIÈRE.

On mentionne, au moyen d'un seul article, toutes les quantités reçues dans la journée d'un même fournisseur ; on désigne nominativement chaque livrancier, et on rappelle la date du marché.

SORTIES

INSCRIPTION MENSUELLE.

Les quantités remises aux ordinaires sont inscrites mensuellement pour l'ensemble des compagnies, escadrons, batteries.
Cette inscription est conforme aux résultats des inscriptions faites et totalisées à la fin du mois au registre des distributions (denrées reçues de la commission).

III. Le registre des entrées et des sorties en matières est totalisé à la fin de chaque mois ; on établit la balance des entrées et des sorties, et l'on fait ressortir les restants en magasin.
Les restants de fin de mois forment le premier article d'entrée du mois suivant.

IV. Le registre des entrées et des sorties est relié avant d'être ouvert.
Il est coté et parafé par le président de la commission des ordinaires. A la fin du mois de décembre, le registre est déposé dans les archives du corps.

REGISTRE des entrées et des sorties.

NUMÉROS D'ORDRE d'enregistrement.	DATES DES ENTRÉES.	CAUSES DES ENTRÉES.	DÉSIGNATION, PAR NATURE DE DENRÉES, des quantités entrées en magasin. NOTA. — Les inscriptions sont faites dans l'ordre suivi au registre des distributions.												
					Pommes de terre.	Choux.	Poireaux.								
	Novembre. 1er														
430	26....	Livré par M. Jerôme, maraîcher........	»	»	200k	100k	75k	»	»	»	»	»	»	»	»
437	26....	Livré par M. Louis, épicier.	»	»	»	»	»	»	»	»	»	»	»	»	»
		TOTAUX des entrées pendant le mois de novembre....	»	»	200	100	75	»	»	»	»	»	»	»	»
		SORTIES d'après l'état récapitulatif des quantités distribuées aux ordinaires par la commission, et justifiées par le registre des distributions............	»	»	190	90	60	»	»	»	»	»	»	»	»
		RESTANT en magasin le 1er décembre...............	»	»	10	10	15	»	»	»	»	»	»	»	»

ÉTAT récapitulatif des quantités de denrées distribuées aux ordinaires par la Commission pendant le mois de novembre.

DATES DES SORTIES	CAUSES DES SORTIES.	DÉSIGNATION, PAR NATURE DE DENRÉES, des quantités entrées en magasin. NOTA. — Les inscriptions sont faites dans l'ordre suivi au registre des distributions.												
				Pommes de terre.	Choux.	Poireaux.								
Novembre. —	DISTRIBUTIONS FAITES AUX DIVERS ORDINAIRES DU RÉGIMENT.													
Mois entier	1re compagnie..............	»	»	»	»	»	»	»	»	»	»	»	»	»
1er au 15...	2e compagnie..............	»	»	»	»	»	»	»	»	»	»	»	»	»
Mois entier	3e compagnie..............	»	»	»	»	»	»	»	»	»	»	»	»	»
15 au 30...	4e compagnie..............	»	»	»	»	»	»	»	»	»	»	»	»	»
26 au 30...	5e compagnie..............	»	»	50k	50k	25k	»	»	»	»	»	»	»	»
Idem	6e compagnie	»	»	60	30	20	»	»	»	»	»	»	»	»
Idem......	7e compagnie..............	»	»	80	10	15	»	»	»	»	»	»	»	»
	TOTAUX des sorties pendant le mois de novembre....	»	»	190	90	60	»	»	»	»	»	»	»	»

Format du papier :
Hauteur....... 380mm.
Largeur....... 245mm.

Justification :
Hauteur........ 365mm.
Largeur........ 230mm.

MODÈLE N° 8.

Art. 54 du Règlement.

Désignation du corps.

COMMISSION DES ORDINAIRES.

REGISTRE DE GESTION DU JARDIN POTAGER.

I. — *Enregistrement des prélèvements successifs*

DATES.	1re compagnie.	2e compagnie.	3e compagnie.	4e compagnie.	5e compagnie.	6e compagnie.	7e compagnie.	8e compagnie.	9e compagnie.	10e compagnie.	11e compagnie.	12e compagnie.	13e compagnie.	14e compagnie.	15e compagnie.	16e compagnie
TOTAUX au 31 décembre.......																

ARRÊTÉ, par l'Officier directeur, le présent chapitre s'élevant à la somme de

A , le 31 décembre 19 .

opérés sur les fonds des ordinaires des compagnies.

S. H. R.	TOTAUX.	ARRÊTÉS et VÉRIFICATIONS.

VÉRIFIÉ :
Les Membres de la Commission des ordinaires,

II. — *Enregistrement*

DATES des DÉPENSES.	NUMÉROS des PIÈCES JUSTIFICATIVES.	NATURE DES DÉPENSES.	MONTANT EN ARGENT.
		TOTAL au 31 décembre.....	

ARRÊTÉ, par l'Officier directeur, le présent chapitre s'élevant à la somme de

A , le 31 décembre 19 .

des dépenses.

ARRÊTÉS ET VÉRIFICATIONS.

VÉRIFIÉ :
Les Membres de la Commission des ordinaires,

VII. — *Relevé numérique des hommes pour lesquels des légumes ont*

DATES.	1re compagnie.	2e compagnie.	3e compagnie.	4e compagnie.	5e compagnie.	6e compagnie.	7e compagnie.	8e compagnie.	9e compagnie.	10e compagnie.	11e compagnie.	12e compagnie.	13e compagnie.	14e compagnie.	15e compagnie.	16e compagnie.
TOTAUX au																

ARRÊTÉ par l'Officier directeur.

A le 19

été touchés au jardin de la troupe et totaux des bons des capitaines.

S. H. R.	TOTAUX DES BONS DES CAPITAINES.									ARRÊTÉS et VÉRIFICATIONS.
	Pommes de terre.	Choux.	Carottes.							

VÉRIFIÉ :
Les Membres de la Commission des ordinaires,

IV. — *Inventaire du ma*

ENTRÉES.

DATES.	DÉNOMINATION DES OBJETS.												OBSERVATIONS.
	Bêches.	Pioches.	Pelles.	Fourches.	Râteaux.	Binettes.	Arrosoirs.	Plantoirs.	Crocs.	Brouettes.	Ratissoires.	Châssis.	
	1 25	2 »	» 80	1 50	» 70	» 75	4 »	» 10	0 50	4 »	» 75	1 »	
Existant au 1er janvier.......	3	2	3	1	»	1	»	1	»	1	2	4	
1er mars.......	»	»	»	2	»	»	»	»	»	»	»	»	
1er avril.......	»	»	»	»	3	6	»	»	»	»	»	»	
1er mai........	»	»	»	»	»	»	1	2	»	»	»	»	
Totaux....	3	2	3	3	3	7	1	2	»	1	2	4	
Totaux des sorties..........	»	»	»	1	3	1	1	»	»	»	»	»	
Reste.....	3	2	3	2	»	6	»	2	»	1	2	4	
Prix moyen...	»	»	»	»	»	»	»	»	»	»	»	»	
Décompte du matériel existant..........	3 75	4 »	2 40	3 »	»	4 50	»	» 20	»	4 »	1 50	4 »	

Arrêté par l'Officier directeur.

A , le 19

ériel d'exploitation.

SORTIES

DATES.	DÉNOMINATION DES OBJETS.												OBSERVATIONS.
	Bêches.	Pioches.	Pelles.	Fourches.	Râteaux.	Binettes.	Arrosoirs.	Plantoirs.	Crocs.	Brouettes.	Ratissoires.	Châssis.	
	1 25	2 »	» 80	1 50	» 70	» 75	4 »	» 10	» 50	4 »	» 75	1 »	
' avril........	»	»	»	»	3	»	»	»	»	»	»	»	
' mai.........	»	»	»	1	»	1	1	»	»	»	»	»	
otaux des sorties..........	»	»	»	1	3	1	1	»	»	»	»	»	

VÉRIFIÉ :
Les Membres de la Commission des ordinaires,

V. — *Résumé des*

		1re compagnie.	2e compagnie.	3e compagnie.	4e compagnie.	5e compagnie.	6e compagnie.	7e compagnie.	8e compagnie.	9e compagnie.	10e compagnie.	11e compagnie.	12e compagnie.	13e compagnie.	14e compagnie.	15e compagnie.	16e compagnie.
TOTAUX des prélèvements...																	
Parts proportionnelles des compagnies....																	
Différence entre les prélèvements et les parts proportionnelles	en moins																
	en plus.																

ARRÊTÉ **par** l'Officier directeur :

A , le 19 .

opérations de la gestion.

S. H. R.	TOTAL.	RÉSULTAT DE LA GESTION.			
		ESPÈCES de légumes.	QUANTITÉS distribuées.	PRIX d'après les marchés.	
		Pommes de terre........	....	....	....
		Choux..........	....	....	....
		Carottes........	....	....	....
				TOTAL de la valeur.....	
				Le montant des dépenses a été de...	
				Economie réalisée......	

VÉRIFIÉ :
Les Membres de la Commission des ordinaires,

VU :
Le Chef de corps,

TRIMESTRE 19 .

N° des recettes..... } au registre
N° des dépenses.... } journal.

RÉGIMENT d

MODÈLE N° 9.

Art. 40 du Règlement.

FORMAT DU PAPIER :
Hauteur........ 320mm
Largeur......... 210mm

COMMISSION DES ORDINAIRES.

BORDEREAU général des sommes dues aux fournisseurs par les unités.

NOMS ET QUALITÉS des FOURNISSEURS.	S. H. R.	1re compagnie.	2e compagnie.	3e compagnie.	4e compagnie.	5e compagnie.	6e compagnie.	7e compagnie.	8e compagnie.	9e compagnie.	10e compagnie.	11e compagnie.	12e compagnie.	13e compagnie.	14e compagnie.	15e compagnie.	16e compagnie.	TOTAL.	Émargement des fournisseurs.
M. boucher.																			
M. boulanger.																			
M. maraicher.																			
M. épicier.																			
M.																			
M.																			
M.																			
TOTAUX...........																			

CERTIFIÉ le présent bordereau à la somme de

A , le 19 .

Le Secrétaire de la Commission,

VU ET VÉRIFIÉ :

Le Président de la Commission,

Le Trésorier soussigné déclare avoir retenu aux unités, sur le prêt du au , les sommes indiquées au recto, montant ensemble à

A , le 19

Le Trésorier soussigné certifie avoir payé aux fournisseurs ou versé à la Caisse des dépôts et consignations les sommes indiquées au recto montant ensemble à

A , le 19 .

VÉRIFIÉ :
Le Major,

VU :
Le Sous-Intendant militaire,

TRIMESTRE 19 .

N° des recettes..... } au registre journal.
N° des dépenses.... }

RÉGIMENT D

MODÈLE N° 10.

Art. 56 du Règlement.

FORMAT DU PAPIER :
Hauteur........ 330mm
Largeur........ 210mm

ÉTAT indiquant la répartition entre les unités du produit de la vente des issues de toute sorte pendant le mois de 19 et le montant de l'indemnité mensuelle payée au cuisinier chef.

ISSUES.		H. E.	.	.	.	.	.	.	.	.	.	.	.	TOTAL.	Émarg. des adjudicataires et du cui. chef
Nombre de journées d'ordinaire..															
Os et eaux grasses.	Prix par homme et par mois : 0f .... Montant.............														
Débris de pain.	Quantités............ Prix : f le quintal... Montant......														
Débris de pain de guerre.	Quantités............ Prix : f le quintal.. Montant.............														
Boîtes de conserves vides.	Quantités............ Prix : f le quintal.. Montant.............														
SOMMES TOTALES (à porter au verso en recette et en dépense).......															
A DÉDUIRE : Indemnité au cuisinier chef......															
DIFFÉRENCE (à payer aux unités, à porter en bloc au livret d'ordinaire)........................															

CERTIFIÉ le présent état s'élevant à la somme de

A , le 19 .

Le Secrétaire de la Commission des ordinaires,

VU ET VÉRIFIÉ :

Le Président de la Commission des ordinaires,

Le Trésorier soussigné certifie que les décomptes portés au recto sont bien ceux résultant des marchés et reconnaît avoir reçu des adjudicataires les sommes indiquées, montant ensemble à

A , le 19 .

Le Trésorier soussigné déclare avoir payé aux commandants d'unités et au cuisinier chef les sommes indiquées au recto, montant ensemble à

A , le 19 .

VÉRIFIÉ
Le Major,

VU :
Le Sous-Intendant militaire.

TABLE DES MATIÈRES

RÈGLEMENT.

Chap.		Pages
I.	Formation de l'ordinaire. — Son fonctionnement	7
II.	Fonds de l'ordinaire. — Recettes. — Dépenses	15
III.	Modes de gestion. — Commission des ordinaires. — Sa composition. — Ses attributions	21
IV.	Passation des marchés. — Achats	24
V.	Livraisons. — Réceptions. — Distributions	29
VI.	Payement	30
VII.	Locaux	33
VIII.	Mobilier et objets divers	34
IX.	Registres. — Comptabilité	36
X.	Dispositions diverses	38

MODÈLES.

Nos		
1.	Livret d'ordinaire	41
2.	Carnet d'ordinaire de campagne	55
3.	Registre des procès-verbaux des séances préparatoires et d'adjudication	59
4.	Modèle de marché	63
5.	Répertoire des marchés	65
6.	Registre des distributions	67
7.	Registre des entrées et des sorties en matières	71
8.	Registre de gestion du jardin potager	73
9.	Bordereau général des sommes dues aux fournisseurs	85
10.	État indiquant la répartition de la vente des issues et le montant de l'indemnité mensuelle payée au cuisinier chef	87

IIe PARTIE

Fourniture de la viande fraîche aux corps de troupe.

Instruction relative à la saisie des viandes provenant d'animaux atteints de tuberculose.

Paris, le 27 mai 1906.

Lorsque les vétérinaires militaires constatent la tuberculose sur des animaux livrés vivants à l'armée et abattus en dehors d'un établissement placé sous la surveillance d'un vétérinaire civil (usines de fabrication de viande de conserve, boucheries militaires, manœuvres), ils se conforment aux dispositions ci-après :

Quelle que soit l'étendue des lésions, ils établissent un procès-verbal d'estimation et de saisie, comportant les renseignements suivants :

a) Nom et adresse du propriétaire.

b) Signalement complet de l'animal (marque du propriétaire, qui est généralement appliquée sur la corne et sur le côté droit de l'encolure) ;

c) Nature de la maladie (localisée ou généralisée) ;

d) Valeur de l'animal (poids de la viande nette et prix d'adjudication au kilogr., valeur du cuir).

Si la saisie n'est que partielle, on fait connaître, en plus des renseignements donnés au paragraphe *d*, les parties rejetées de la consommation, et le poids de la viande acceptée, ainsi que sa valeur. On indiquera, en outre, si le cuir est acheté avec la viande ou s'il reste au propriétaire.

Ce procès-verbal (unique pour l'estimation et la saisie) est établi en double. L'un des exemplaires est remis au propriétaire de l'animal; l'autre est adressé immédiatement par le commandant d'armes ou du cantonnement au préfet du département dans lequel le propriétaire est domicilié.

La saisie totale a lieu :

1° Quand les lésions tuberculeuses, mêmes peu importantes, sont accompagnées de maigreur ;

2° Quand les lésions tuberculeuses existent dans les muscles, dans les ganglions intra-musculaires ou les os ;

3° Quand il y a tuberculose miliaire aiguë, ou qu'il existe des éruptions miliaires de tous les parenchymes et notamment de la rate ;

4° Quand il existe des lésions tuberculeuses importantes à la fois sur les organes des cavités thoracique et abdominale.

La saisie est partielle :

1° Quand la tuberculose est localisée soit à la cavité thoracique, soit à la cavité abdominale ;

2° Quand les lésions tuberculeuses bien qu'existant à la fois dans la cavité thoracique et la cavité abdominale, sont peu étendues.

Dans ce cas, la saisie ne porte que sur les portions de viande (parois costales ou abdominales), qui sont directement en contact avec les parties malades de la plèvre ou du péritoine.

Lorsque les vétérinaires militaires, opérant comme inspecteurs dans les conditions sus-indiquées (usines de fabrication de viande de conserve, boucheries militaires, manœuvres), auront saisi des viandes tuberculeuses ils les feront dénaturer et enfouir. Les frais de cette opération incomberont au corps ou à l'établissement auquel l'animal était destiné.

Si un animal, livré vivant à l'armée, est reconnu atteint de l'une des maladies contagieuses autres que la tuberculose énoncées à l'article 29 de la loi du 21 juin 1898 sur le Code rural (*B. O.*, É. M., vol. 93), il est de suite abattu, et il est établi un procès-verbal d'estimation donnant les renseignements rubriques : *a*, *b*, *c*, *d*, à l'exception du poids de la viande nette qui est remplacé par le poids de l'animal.

Cet acte est établi en deux expéditions qui reçoivent la destination indiquée à l'alinéa 8 ci-dessus.

L'action en rescision ou en réduction du prix de la vente à l'État d'un animal atteint de maladie contagieuse est intentée selon les dispositions de l'instruction ministérielle du 20 juillet 1906. (*B. O.*, vol. n° 25.)

Circulaire relative à la réception de la viande dans les corps de troupe.

Paris, le 27 février 1907.

La qualité de la viande, qui entre dans la ration quotidienne du soldat, laisse à désirer, dans certains cas, et cette constatation n'eût pas été motivée si l'on s'était conformé partout, pour l'établissement des cahiers des charges et pour leur application, aux instructions qui font suite au décret du 22 avril 1905 sur la gestion des ordinaires de la troupe.

Il convient d'observer que la valeur des denrées présentées en livraison par un fournisseur est fonction surtout de la vigilance et de la compétence de l'officier de distribution. Il est donc indispensable de s'assurer que celui-ci remplit rigoureusement sa mission et qu'il possède les connaissances nécessaires pour la mener à bien.

En conséquence, les chefs de corps et de détachements sont invités à veiller avec le plus grand soin à la stricte exécution des prescriptions réglementaires, qui seront complétées et précisées comme il suit :

I. — Il sera ouvert dans tous les corps et détachements un registre de visite, qui sera déposé à demeure dans le local où s'effectue la réception de la viande. Les officiers de distribution, ainsi que les médecins et vétérinaires, qui interviennent pour la réception, seront tenus d'y mentionner chaque jour leur avis suivi d'un émargement daté. Les commandants d'unité qui auraient des observations à formuler seront admis à les y consigner.

II. — Des expériences de rendement seront effectuées inopinément sur l'ordre des chefs de corps ou spontanément par les commandants d'unité ; elles feront ressortir le rapport entre le poids de la viande bouillie et désossée et celui de la viande à l'état cru. Les résultats de ces expériences devront obligatoirement être inscrits sur le registre de visite, à la date de la distribution correspondante. Si l'on a des raisons de croire que le minimum indiqué au cahier des charges ne soit pas atteint, le fournisseur sera convoqué à l'expérience et, dans le cas de déficit constaté, les sanctions prévues lui seront appliquées.

III. — Les chefs de corps prendront des mesures pour que « l'instruction technique pour la reconnaissance et l'examen de la viande sur pied et abattue », qui fait suite au règlement sur les ordinaires, soit complétée par des démonstrations pratiques indispensables, auxquelles on fera participer le plus grand nombre possible d'officiers et de gradés. Elles seront confiées aux médecins ou vétérinaires, ainsi qu'aux militaires idoines, dont dispose le chef de corps.

En outre, on pourra faire appel à la compétence et au dévouement du personnel civil chargé de l'inspection des viandes. Ces démonstrations auront lieu, de préférence, à l'abattoir ; elles préciseront les idées de chacun, sur la valeur relative des divers morceaux au point de vue alimentaire et commercial, sur les caractères des viandes saines, douteuses ou malsaines, ainsi que sur les conséquences de la mise en consommation de ces dernières.

Cette question doit attirer l'attention de tous les chefs, à tous les degrés de la hiérarchie, car nul ne doit ignorer que l'alimentation est le facteur essentiel de la santé et de l'endurance du soldat en temps de paix et en campagne.

Le Sous-Secrétaire d'Etat,
HENRY CHÉRON.

Circulaire relative à l'inspection et à la réception des viandes destinées à l'alimentation des troupes.

Paris, le 28 mars 1908.

Le Sous-Secrétaire d'Etat à la guerre à MM. les Généraux gouverneurs militaires de Paris et de Lyon ; les Généraux commandant les corps d'armée ; le Général commandant la division d'occupation de Tunisie.

Les constatations que j'ai eu l'occasion de faire ces jours derniers dans diverses garnisons de l'Est démontrent que la qualité de la viande fournie aux troupes laisse trop souvent à désirer et que les précautions prévues pour éviter la distribution de viandes malsaines sont ou insuffisantes ou insuffisamment observées.

Il est superflu de dire qu'il n'y a pas de question plus grave que celle du contrôle de l'alimentation du soldat ; toute négligence en cette matière entraîne des résultats déplorables. Il importe donc de faire preuve, à l'égard des fournisseurs, d'une surveillance constante et de la plus rigoureuse sévérité.

Les instructions en vigueur font un devoir aux corps de troupe de procéder à un examen minutieux des viandes destinées à l'alimentation du soldat.

Il y aura lieu, pour éviter le renouvellement des faits qui ont été constatés, d'exiger à l'avenir les précautions suivantes :

1° Aucune viande ne pourra être livrée à un corps de troupe sans que, préalablement, l'animal dont elle provient ait été visité sur pied par un vétérinaire de l'armée ou, à son défaut, par un médecin délégué par le corps.

2° Le marquage des animaux s'effectuera dans des conditions telles qu'aucune substitution ne puisse se produire. Le marquage au timbre humide est absolument insuffisant. On utilisera, de préférence, le marquage au fer rouge sur la corne ou le pied et, en outre, le sciage de l'extrémité de la corne, la partie détachée restant entre les mains du vétérinaire ou du médecin inspecteur et constituant un moyen de contrôle.

3° Si l'animal est refusé, on le marquera à la croupe de la lettre « *R* » apposée au fer rouge et signifiant « refusé » ; de la sorte, on évitera que les animaux écartés par les vétérinaires militaires puissent être frauduleusement livrés à d'autres corps de troupe.

4° Lorsque l'animal aura été abattu, il sera, à l'abattoir même, présenté au vétérinaire ou au médecin délégué par le corps, la peau restant adhérente au sommet de la tête et les poumons à la trachée ; les autres organes thoraciques et abdominaux seront placés à proximité.

Le vétérinaire ou médecin marquera alors la viande abattue avec un timbre à date dont le modèle va être adressé aux corps.

5° En aucun cas il ne pourra être suppléé aux formalités ci-dessus par la vérification d'un vétérinaire municipal.

6° Un gradé désigné par le corps et qui aura assisté au marquage de la viande abattue l'accompagnera de l abattoir au quartier sans qu'aucun arrêt puisse avoir lieu en route. Il sera porteur d'un certificat délivré par le vétérinaire ou médecin, placé sous enveloppe cachetée et portant les indications nécessaires sur la viande vérifiée pour que l'officier de distribution puisse la reconnaître et la contrôler.

7° Le vétérinaire ou médecin d'une part, l'officier de distribution d'autre part, pourront refuser la viande non seulement pour cause d'insalubrité, mais pour défaut de qualité. Il est rappelé aux vétérinaires que l'acceptation d'un animal sur pied ne les oblige nullement à l'acceptation de la viande abattue.

8° Les vétérinaires principaux des corps d'armée feront très fréquemment des visites inopinées dans les abattoirs et tueries, ainsi que dans les quartiers au moment de la distribution.

9° Toute fraude sera immédiatement constatée, donnera lieu à une plainte établie par le chef de corps et il m'en sera référé télégraphiquement.

Il y a fraude, non seulement lorsqu'il y a livraison ou tentative de livraison de viande impropre à la consommation, mais encore lorsqu'il y a tromperie ou tentative de tromperie par rapport aux conditions du cahier des charges.

10° Des instructions complémentaires vont être adressées dans quelques jours à tous les corps :

1° Sur l'application des principes ci-dessus posés sous le régime des cahiers des charges actuels ;

2° Pour la rédaction de nouveaux cahiers des charges en remplacement de ceux qui prennent fin le 30 juin prochain ;

3° Sur la manière de procéder dans les petites unités qui n'ont ni vétérinaire ni médecin et qui prennent la viande par morceaux séparés ;

4° Sur la procédure à suivre pour la constatation des fraudes.

Il est indiqué dès maintenant qu'aux termes de la jurisprudence établie par la Cour de cassation (arrêt du 28 février 1908) il ne résulte pas, de ce que l'article 12 de la loi du 1er août 1905 a prescrit des expertises contradictoires, que ces expertises soient le mode unique de preuve du délit dans tous les cas et à l'exclusion des autres preuves du droit commun.

Que, d'autre part, si l'article 4 du décret du 31 juillet 1906 prescrit qu'il soit opéré un prélèvement sur les denrées qui paraissent corrompues, ce prélèvement n'est indispensable que si la preuve du délit ne résulte pas des autres modes de preuve prévus par la loi et s'il y a lieu à expertise.

Le Sous-Secrétaire d'Etat,
au ministère de la guerre,
Henry Chéron.

Instruction relative aux principales dispositions à insérer dans les cahiers des charges pour la fourniture de la viande aux corps de troupe.

Paris, le 22 avril 1908 (1).

Suivant le mode de fourniture qui aura été reconnu le plus avantageux en raison des circonstances locales : fourniture par bêtes entières, demi-bêtes, quartiers, fourniture par morceaux débités, les cahiers des charges seront rédigés en s'inspirant des indications contenues dans les modèles ci-après :

A. — *Modèle de cahier des charges pour la fourniture de la viande de boucherie en bêtes entières, demi-bêtes ou quartiers.*

Objet du service.

Art. 1er. Le service consiste à fournir la viande fraîche nécessaire aux ordinaires du ......

Les sous-officiers et autres hommes de troupe non nourris à l'ordinaire, y compris les gendarmes, peuvent être admis, quand ils le demandent, à prendre part aux distributions.

Les distributions ont lieu habituellement sur le taux de 320 grammes par homme et par jour. Le corps peut cependant modifier ce chiffre en plus ou en moins. Il peut, en outre, sauf avis donné au fournisseur deux jours à l'avance, suspendre les distributions de viande fraîche, soit pour consommer les viandes salées, congelées ou conservées et même, dans certains cas, la viande fraîche distribuée par l'administration militaire, soit pour se pourvoir directement, comme il l'entend, d'autres aliments.

Le fournisseur pourra être admis, sous la réserve des dispo-

---

(1) Complétée par les circulaires des 22 juin 1911 et 26 août 1915 (*B. O.*, p. 711 et 548).

sitions suivantes, à distribuer de la viande congelée en remplacement de viande fraîche.

En principe, il ne sera pas fait de fourniture de cette viande plus d'un jour sur deux. Le chef de corps appréciera la convenance de déroger à cette règle dans le cas où le fournisseur proposerait d'en augmenter l'importance et notamment dans le cas où la proposition serait avantageuse pour les ordinaires.

Quand le corps ou détachement devra, d'après les ordres donnés par le commandement, participer aux distributions de viande conservée faites par l'administration (viande congelée, viande salée ou conserves de viande), ainsi qu'il est dit plus haut, les distributions de viande congelée qu'est autorisé à effectuer le fournisseur seront réduites en conséquence et même supprimées si cette mesure est indispensable.

Le fournisseur ne pourra élever aucune réclamation à ce sujet, pourvu qu'il ait été avisé quarante-huit heures à l'avance de cette interruption.

Si cette dernière condition n'est pas observée, la viande congelée ne pourra être refusée pour ce motif.

En cas de grandes manœuvres et de déplacements temporaires du corps, la fourniture est suspendue pour l'effectif qui a quitté la garnison et pendant la durée de son absence.

La durée de la fourniture s'étendra du...... au.....

Nature de la viande à fournir.

Art. 2. La viande à fournir est, en principe, celle de bœuf, de taureau, de vache et, éventuellement, sur demande du corps et dans les conditions qui seront indiquées plus loin, de mouton et de brebis ; les unes et les autres de provenance française, algérienne ou tunisienne.

Sont formellement exclues les viandes de veau, de bélier, de bouc et de chèvre.

La viande de zébu (bœuf ou vache de Madagascar) peut être admise sous les conditions indiquées à l'article 9 ci-après.

L'ensemble des livraisons devra se composer de $\frac{n}{N}$ au moins de bœuf ou de taureau et de $\frac{N-n}{N}$ de vache (1). La nature et la

(1) Pour fixer cette proportion, il conviendra de se renseigner auprès du service de l'octroi sur les quantités de bœuf, taureau et vache qui entrent dans la consommation générale de la localité.

On ne devra jamais exiger une proportion de bœuf supérieure à celle qui entre dans cette consommation.

quantité de la viande à fournir seront indiquées au moins quarante-huit heures à l'avance par le secrétaire de la commission des ordinaires.

L'adjudicataire ne sera pas tenu de livrer du mouton plus de un jour sur......... (1).

La viande congelée sera soit du bœuf, soit du mouton.

Qualité de la viande à fournir.

Art. 3. La viande doit provenir d'animaux bien conformés, parfaitement sains et bien en chair ; la viande désignée en boucherie sous le nom de viande troisième qualité est exclue de la fourniture.

Le bœuf et la vache doivent être âgés de plus de trois ans et de moins de dix ; le taureau de plus de deux ans et de moins de trois (2). Le poids minimum des animaux sur pied doit être de........ pour le bœuf, de........ pour le taureau, de........ pour la vache (3).

La proportion des os compris dans les pesées ne doit pas excéder le cinquième du poids total.

---

(1) Nombre à fixer suivant les circonstances locales et surtout suivant les ressources dont disposent les ordinaires.

(2) Les taureaux admis pour la fourniture des viandes de l'armée en Algérie ou en Tunisie, auront au moins quatre dents incisives de remplacement, et au plus six dents permanentes bien développées, soit deux ans et demi au moins et quatre ans au plus. (Notification du 22 juin 1908, *B. O.*, p. 1103.)

Toutefois, les cahiers des charges devront admettre une certaine tolérance, notamment en ce qui regarde la race du pays, de façon à ne pas exclure les animaux en bon état de graisse et de chair et présentant une fine ossature.

De plus, un poids minimum spécial sera fixé, s'il y a lieu, pour les animaux de provenance algérienne ou tunisienne. (Circ. du 26 octobre 1911, *B. O.*, p. 1406.)

(3) Le poids sera déterminé d'après le poids moyen des animaux abattus dans la région. En matière de poids-limite, une certaine tolérance pourra être admise, notamment en ce qui regarde la race du pays, lorsque les animaux seront en bon état de graisse et de chair et présenteront une fine ossature.

Les mentions nécessaires seront en conséquence portées, s'il y a lieu, au cahier des charges.

C'est ainsi que, dans les régions où il existe notoirement une race bovine de petite taille, il convient de déterminer le poids moyen des animaux abattus en établissant, d'une part, le poids moyen des animaux abattus appartenant à la race locale, et, d'autre part, le poids moyen des animaux abattus appartenant au bétail importé.

A Lorient, par exemple, où l'on consomme à la fois des animaux de race bretonne et du bétail importé, on aura soin de spécifier au cahier des charges deux séries de poids minima :

L'un applicable aux animaux de la race du pays (par exemple, 300 kilogr. pour le bœuf, 350 kilogr. pour le taureau, 250 kilogr. pour la vache);

L'autre applicable au bétail plus gros venant de l'extérieur (par exemple, 550 kilogr. pour le bœuf, 600 kilogr. pour le taureau, 400 kilogr. pour la vache). (Circulaire du 10 février 1911, *B. O.*, p. 101.)

Ne peuvent faire partie des distributions : la tête, à l'exception pour le bœuf, le taureau et la vache, des bajoues (limitées en bas par la commissure des lèvres et en haut par la paupière inférieure et entièrement désossées), toutes les issues, les mamelles, les suifs formant des masses ou des pelotes dans l'intérieur de l'animal (mais non les graisses adhérentes à la viande et étendues par couches à la surface) ; les jambes coupées au niveau des articulations du genou et du jarret.

La viande proviendra d'animaux sacrifiés à l'abattoir de (1) ....

Les animaux doivent avoir été abattus douze heures au moins avant la livraison ; les graisses et les moelles doivent être complètement figées et les veines vides de sang.

Quand, par exception, la viande sera livrée moins de douze heures après l'abat, le prix sera diminué de 3 p. 100.

Le soufflage est formellement interdit.

Pour la fourniture du bœuf, du taureau ou de la vache, le fournisseur a le droit de prélever à son profit l'aloyau, la langue, les rognons et les ris.

Toutefois, ces prélèvements ne doivent être faits qu'après réception de la viande à la caserne.

L'aloyau comprendra les régions limitées par les coupes suivantes perpendiculaires à la colonne vertébrale : en avant, par une section faite entre la troisième et la deuxième avant-dernière côte ; en arrière, par une coupe passant par le milieu de l'os de la hanche.

Les parties prélevées seront le faux filet, le romsteck et l'aiguillette d'aloyau, à l'exclusion de la bavette d'aloyau et des plates côtes.

Les graisses recouvrant les régions prélevées ne feront pas partie de la livraison.

S'il s'agit de viande congelée, les quartiers devront être livrés entiers, c'est-à-dire sans avoir subi aucun des prélèvements mentionnés ci-dessus. L'enlèvement du rognon et de la masse de suif adhérente, effectué avant la décongélation, sera exigé chaque fois que les circonstances le permettront.

Conditions que doivent présenter les animaux abattus.

Art. 4. Les animaux doivent présenter abattus les signes d'un bon engraissement moyen, c'est-à-dire avoir :

1° Les rognons couverts complètement par une graisse blanche, légèrement rosée ou jaunâtre ;

---

(1) Cet abattoir est toujours l'abattoir public communal ou intercommunal lorsque la localité en possède un ; dans le cas contraire, autant que possible, l'abattoir d'une localité voisine, convenablement choisi.

2° Le plat des cuisses garni d'une couche suffisante de graisse ondulée et un peu frisée ;

3° Les plèvres costales devront montrer un grappé nettement indiqué;

4° La graisse de couverture (sauf pour le taureau) ferme, blanche, rosée ou jaune, recouvrant complètement le dos et les côtes.

Fourniture par quartiers (1).

Art. 5. La proportion des quartiers de devant par rapport à ceux de derrière doit être de.................. (2).

Les quartiers doivent être livrés intacts sans aucune manipulation ayant porté sur la plèvre ou sur le péritoine.

En aucun cas, les ganglions ne devront être enlevés.

Le quartier de derrière comprend la culotte, la cuisse ou globe, la bavette d'aloyau, la pointe de flanchet et la paillasse.

Le quartier de devant comprend le collier et sa veine grasse adhérant au thorax, l'épaule avec la jambe coupée à l'articulation, le plat des côtes allant jusqu'à la deuxième ou au plus jusqu'à la troisième avant-dernière vertèbre dorsale.

Dans le quartier de devant, la graisse sera abondante sous l'épaule et dans les espaces intercostaux et intervertébraux.

Le grappé sera toujours attenant au quartier, le collier pourvu de sa veine grasse, l'épaule attenante au train de côtes et au collier.

Pour la viande congelée, il doit y avoir égalité entre le nombre des quartiers de devant et le nombre des quartiers de derrière, sans toutefois que l'inexécution de cette clause justifie le refus de la livraison. En pareil cas, il y aura lieu à réfaction de... par quartier de devant livré en trop.

Mouton.

Art. 6. Les moutons sont de bonne deuxième qualité ; ils doivent avoir les reins couverts de graisse blanche et ferme, le panicule charnu de couleur rouge vif, la viande d'un beau rouge foncé.

Ils doivent avoir au moins deux ans et pas plus de six et peser, dépecés et sans fressure, un minimum de 15 kilogr. (3).

---

(1) Article à insérer seulement en cas de fourniture par quartiers.

(2) Proportion à fixer suivant les conditions particulières de la fourniture.

(3) Ce poids pourra être ramené à 12 kilogrammes pour les moutons de petite race. En Tunisie, les ovins pouront être admis sans minimum de poids.

La graisse de couverture ne doit pas dépasser 3 à 4 millimètres au maximum.

Les brebis sont admises dans la proportion d'un cinquième, sauf en Tunisie, où elles peuvent être admises en totalité, et les béliers âgés d'un an à deux ans et demi, dans la proportion de la moitié (1).

Les livraisons se font de préférence par moutons entiers sans fressure ni toilette ou par demi-moutons.

Si, par exception, la viande de mouton est livrée en morceaux, la qualité sera la même que pour les animaux fournis en entier et le fournisseur sera tenu de livrer à tour de rôle :

1er lot : l'épaule ;

2e lot : la poitrine avec côtelettes découvertes ;

3e lot : le gigot entier.

Pour les fournitures de viande congelée, les moutons seront livrés en carcasses.

Examen des animaux sur pied et abattus.

Art. 7. Le fournisseur est toujours tenu de laisser examiner les animaux sur pied et après abat par les vétérinaires militaires ou médecins militaires désignés par les corps de troupe dans les conditions prévues par la circulaire du 28 mars 1908 et par l'instruction sur le contrôle et l'inspection de la viande fraîche.

L'acceptation et le marquage des animaux sur pied n'impliquent pas que forcément ces animaux seront reçus après abat.

Tout animal refusé sur pied comme dangereux pour la consommation sera marqué sur le côté gauche de la croupe, au niveau de la naissance de la queue, de la lettre « R » apposée au fer rouge ; cette marque aura $0^m,050$ de hauteur sur $0^m,040$ de largeur. Si l'animal est sain et refusé seulement pour non-convenance de la troupe, la marque ne sera pas apposée.

L'examen après abat a lieu à l'heure indiquée par le commandant d'armes ; il est effectué au double point de vue de la salubrité et de la qualité ; le vétérinaire militaire (ou le médecin militaire) appose une estampille spéciale sur les viandes qu'il juge bonnes.

Le transport des viandes de l'abattoir à la caserne est effectué comme il est prescrit dans les instructions précitées. Aucune viande ne peut être livrée dans un corps de troupe ou établissement militaire si elle ne porte d'une manière très apparente l'estampille d'inspection du vétérinaire militaire ou du médecin militaire.

Si la viande estampillée n'est pas transportée immédiatement à la caserne, elle ne peut être reçue qu'après un nouvel examen

(1) Paragraphe complété par la circulaire du 26 octobre 1911 (*B. O.*, p. 1406).

à la boucherie du corps par le vétérinaire militaire ou le médecin militaire.

La qualité de la viande congelée ne sera pas inférieure à celle exigée par les marchés passés par le Département de la guerre pour cette espèce de viande. La viande sera de la bonne qualité du pays d'origine.

Livraisons (1). — Réceptions.

Art. 8. Les livraisons doivent toujours être faites dans les casernes en quartiers entiers. Elles ont lieu une fois par jour dans un local affecté à cet usage, aux heures fixées par le chef de corps.

Elles peuvent être faites en deux fois pendant les fortes chaleurs.

La réception est opérée par un officier délégué de la commission des ordinaires.

En cas de contestations sur la fourniture, l'officier délégué de la commission des ordinaires avise le président qui convoque la commission. Celle-ci, réunie conformément aux dispositions de l'article 18 du règlement sur les ordinaires, statue aussitôt.

Sa décision est immédiatement exécutoire. S'il y a eu tentative de fraude ou de tromperie, le délit est, en outre, constaté dans les formes légales et réglementaires. Les quantités rejetées sont remplacées dans le délai de .... heures (1) par les soins du fournisseur. Toutefois, ce dernier peut saisir de la contestation les tribunaux ordinaires.

Si le fournisseur n'est pas en mesure de livrer dans le délai fixé les quantités nécessaires ou s'il présente de nouveau des denrées inacceptables, la commission des ordinaires pourvoit à la fourniture de la manière qu'elle juge convenable et aux risques et périls de l'entrepreneur.

La commission peut pourvoir de la même façon à la fourniture des quantités commandées quand la livraison n'en a pas été faite.................. (2) heures après celle fixée par le chef de

---

(1) *Circulaire relative au prélèvement opéré sur les denrées de l'ordinaire pour assurer les distributions destinées aux sous-officiers et autres parties prenantes ne vivant pas à l'ordinaire.*

Paris, le 1er décembre 1905.

Par analogie avec les prescriptions des cahiers des charges pour la fourniture du pain et des fourrages, les sous-officiers et autres parties prenantes qui ne vivent pas à l'ordinaire doivent verser directement, entre les mains des fournisseurs, la valeur des denrées qui leur sont distribuées, sans que la comptabilité des ordinaires serve d'intermédiaire à ces opérations.

Les denrées doivent, en outre, constituer un lot séparé et n'être pas prélevées sur celles qui sont destinées aux ordinaires.

(2) Ce délai est variable suivant les circonstances locales, mais il ne peut être inférieur à une heure.

corps et ce sans préjudice de la retenue pour retard, prévue à l'article ci-après.

D'ailleurs, la réception ne libère point le fournisseur ; si, en effet, au cours du débit de la viande, certaines parties sont reconnues impropres à la consommation, le fournisseur est tenu de les remplacer immédiatement. Il est procédé, le cas échéant, comme il est dit ci-dessus au sujet des contestations et de même tous délits de tromperie ou de fraude sont régulièrement constatés.

Quoique la viande congelée provenant de l'étranger ou des colonies françaises ait été soumise, à son arrivée au port de débarquement, à la visite sanitaire prescrite par les règlements du ministère de l'agriculture, elle fera l'objet d'un second examen avant réception, par les soins d'un vétérinaire ou d'un médecin militaire du corps.

Les dispositions qui précèdent sont, au surplus, applicables à la réception de la viande congelée.

Conditions spéciales à la viande de zébu.

Art. 9. Le bœuf et la vache doivent être âgés de plus de 5 ans et de moins de 8; exceptionnellement, pour des sujets de choix, les limites seront reportées entre 4 et 10 ans. Le poids minimum des animaux sur pied doit être de 300 kilogrammes pour le bœuf et de 250 kilogrammes pour la vache. Le taureau n'est pas admis.

Les animaux doivent présenter, abattus, les signes d'un bon engraissement moyen, c'est-à-dire avoir :

1° De la graisse de couverture le long de l'épine dorsale, sur la croupe, à la base de la queue, sur la fesse, au périné et en arrière de l'épaule. La couverture n'atteint 1 centimètre d'épaisseur sur le dos que sur les sujets très gras; ceux qui sont simplement bien en chair ont une graisse de couverture réduite à une mince lame courant le long du bord inférieur de l'ilio-spinal et s'étalant sur la croupe;

2° De la graisse intérieure autour des reins, dans la cavité pelvienne et sur le péritoine. Le rein n'est couvert que sur les sujets très gras, tandis que la graisse du bassin ne disparaît que sur les sujets maigres;

3° Une bosse bien remplie, consistante par suite de son envahissement par la graisse. Sur la croupe, elle doit être jaunâtre, marbrée de rose.

Ne peuvent faire partie des distributions, les morceaux énumérés au 4° alinéa de l'article 3 ci-dessus, et, en outre, la bosse.

En raison du caractère facultatif de la fourniture de viande congelée, les soumissions de la fourniture de la viande fraîche ne devront spécifier de prix que pour cette espèce de viande.

L'adjudicataire qui désire assurer partiellement la fourniture avec des livraisons de viande congelée en fera la demande au chef de corps, en lui soumettant les conditions de cette fourniture (espèce, provenance et qualité de la viande, importance des fournitures, prix, etc...).

Après avis de la commission des ordinaires, le chef de corps accepte ou rejette la demande.

Dans le premier cas, le marché est alors complété par un appendice stipulant les conditions dont il s'agit. L'économie qui peut résulter de l'acceptation des propositions du fournisseur sera partagée par moitié entre les ordinaires et l'Etat.

B. — *Modèle de cahier des charges pour la fourniture de la viande de boucherie en morceaux débités.*

Objet du service.

Art. 1er. Même rédaction que pour la fourniture en bêtes entières, demi-bêtes ou quartiers.

Nature de la viande à fournir.

Art. 2. Même rédaction que pour la fourniture des bêtes entières, demi-bêtes ou quartiers [y compris les renvois (1) et (2)].

Qualité de la viande.

Art. 3. La viande doit provenir d'animaux bien conformés, parfaitement sains, bien en chair et présentant, apres abat, les signes d'un bon engraissement moyen, c'est-à-dire avoir :

1° Les rognons couverts complètement par une graisse blanche, légèrement rosée ou jaunâtre ;

2° Le plat des cuisses garni d'une couche suffisante de graisse ondulée et un peu frisée ;

3° Les plèvres costales devront montrer un grappé nettement indiqué;

4° La graisse de couverture (sauf pour le taureau) ferme, blanche, rosée ou jaune, recouvrant complètement le dos et les côtes.

La viande désignée en boucherie sous le nom de viande de troisième qualité est exclue de la fourniture.

Le bœuf et la vache doivent être âgés de plus de trois ans et de moins de dix ; le taureau de plus de deux ans et de moins de trois (1).

Ces animaux doivent peser sur pied un poids minimum de .... (2) pour le bœuf, ... pour le taureau, ... pour la vache et avoir été sacrifiés au moins douze heures avant la livraison à l'abattoir public de......(3).

Nature et qualité des morceaux.

Art. 4. Les morceaux, du poids minimum de 5 kilogr., doivent représenter des coupes normales en boucherie, n'avoir subi aucune manipulation suspecte et posséder leurs revêtements aponévrotique et séreux intacts.

En aucun cas, les ganglions ne doivent être enlevés. Les coupes sont faites proprement et les gros os divisés à la scie.

Les morceaux désossés sont formellement exclus.

La proportion des os compris dans les pesées ne doit pas excéder le cinquième du poids total.

Les deux tiers de la fourniture se composent indifféremment : de l'épaule, du collier avec sa veine grasse, du train de côtes, du plat de côtes couvert, de la jambe, de la culotte ou d'un morceau quelconque de la cuisse.

Quand, par exception, la viande est livrée moins de douze heures après l'abat, le prix est diminué de 3 p. 100.

---

(1) Les taureaux admis pour la fourniture des viandes de l'armée en Algérie ou en Tunisie auront au moins quatre dents incisives de remplacement, et au plus six dents permanentes bien développées, soit deux ans et demi au moins et quatre ans au plus. (Notification du 22 juin 1908, *B. O.*, p. 1103.)

(2) Le poids sera déterminé d'après le poids moyen des animaux abattus dans la région. En matière de poids limite, une certaine tolérance pourra être admise, notamment en ce qui regarde la race du pays, lorsque les animaux seront en bon état de graisse et de chair et présenteront une fine ossature.

Les mentions nécessaires seront en conséquence portées, s'il y a lieu, au cahier des charges.

C'est ainsi que, dans les régions où il existe notoirement une race bovine de petite taille, il convient de déterminer le poids moyen des animaux abattus en établissant, d'une part, le poids moyen des animaux abattus appartenant à la race locale, et, d'autre part, le poids moyen des animaux abattus appartenant au bétail importé.

A Lorient, par exemple, où l'on consomme à la fois des animaux de race bretonne et du bétail importé, on aura soin de spécifier au cahier des charges deux séries de poids minima :

L'un applicable aux animaux de la race du pays (par exemple, 300 kilogr. pour le bœuf, 350 kilogr. pour le taureau, 250 kilogr. pour la vache);

L'autre applicable au bétail plus gros venant de l'extérieur (par exemple, 550 kilogr. pour le bœuf, 600 kilogr. pour le taureau, 400 kilogr. pour la vache). (Circulaire du 10 février 1911, *B. O.*, p. 101.)

(3) Cet abattoir est toujours l'abattoir public communal ou intercommunal lorsque la localité en possède un; dans le cas contraire, autant que possible, l'abattoir d'une localité voisine, convenablement choisi.

Le soufflage est formellement interdit.

Le dernier tiers comprend indifféremment : le gros bout, le milieu de poitrine, la surlonge et la joue désossée (ces deux derniers morceaux pouvant être d'un poids inférieur à 5 kilogr.).

Examen des animaux et de la viande.

Art. 5. Le fournisseur est tenu de laisser examiner ses animaux sur pied par les vétérinaires ou médecins militaires désignés par les corps de troupe.

Le marquage des animaux sur pied s'effectuera dans des conditions telles qu'aucune substitution ne puisse se produire. On utilisera, de préférence, le marquage au fer rouge sur la corne ou sur le pied ou le sciage de l'extrémité de la corne, la partie détachée restant entre les mains du vétérinaire ou du médecin.

Tout animal refusé sur pied comme dangereux pour la consommation sera marqué sur le côté gauche de la croupe, au niveau de la naissance de la queue, de la lettre « R », apposée au fer rouge. Si l'animal est sain et refusé seulement pour nonconvenance de la troupe, la marque ne sera pas apposée.

Le fournisseur est tenu également de laisser examiner ses animaux après abat, par des vétérinaires ou médecins militaires (1), conformément aux prescriptions de l'instruction sur le contrôle et l'inspection de la viande fraîche ; cet examen est effectué au double point de vue de la salubrité et de la qualité.

Le vétérinaire militaire ou médecin militaire, en procédant à cette inspection, apposera à l'aide d'un timbre-rouleau les estampilles qu'il jugera nécessaires pour éviter toute substitution.

Débit de la viande en morceaux. — Transport dans les casernes.

Art. 6. Le chef de corps, d'accord avec le vétérinaire militaire ou le médecin militaire, prendra toutes mesures nécessaires pour s'assurer que la viande débitée par le boucher est la même que celle qui a été vérifiée et qu'aucune substitution n'a lieu pendant le transport.

Le boucher fournisseur sera tenu, du reste, de laisser le vétérinaire ou le médecin assister, s'il le juge utile, au débit de la viande destinée à la distribution.

Lorsqu'elle sera parvenue à la caserne, à l'heure prescrite par le chef de corps, la viande sera, dans tous les cas, soumise à un nouvel examen du vétérinaire militaire ou du médecin militaire (1).

---

(1) A titre exceptionnel, dans les villes où le service d'inspection à l'abattoir est assuré par des vétérinaires auxquels toute clientèle est interdite, les corps peuvent, sous leur responsabilité, admettre les

Mouton.

Art. 7. Les moutons doivent être de bonne deuxième qualité, avoir le rein couvert de graisse blanche et ferme, le panicule charnu de couleur rouge vif, la viande d'un beau rouge foncé.

Ils doivent avoir au moins deux ans et pas plus de six et peser, dépecés et sans fressure, un minimum de 15 kilogr. (1).

La graisse de couverture ne doit pas dépasser 3 à 4 millimètres au minimum.

Les brebis sont admises dans la proportion d'un cinquième.

Quand la viande de mouton est livrée en morceaux, on exigera la même qualité que pour les animaux fournis en entier, et les corps auront la faculté d'exiger à tour de rôle et en poids égaux :

1er lot : l'épaule ;
2e lot : la poitrine avec côtelettes découvertes ;
3e lot : le gigot entier.

Livraisons. — Réceptions.

Art. 8. Même rédaction que pour la fourniture par bêtes entières, demi-bêtes ou quartiers.

C. — Modèle de cahier des charges pour la fourniture du porc frais.

Objet du service.

Art. 1er. Le service consiste à fournir le porc frais nécessaire aux ordinaires du............

Les sous-officiers et autres hommes de troupe non nourris à l'ordinaire, y compris les gendarmes, peuvent être admis, quand ils le demandent, à prendre part aux distributions.

Les distributions ont lieu à raison de (tant par semaine ou par mois) sur le taux de........ grammes par homme et par jour ; le corps peut cependant modifier ce chiffre en plus ou en moins.

En cas de grandes manœuvres et de déplacements temporaires

---

viandes débitées estampillées par le vétérinaire municipal, inspecteur de l'abattoir. Dans tous les cas, la viande doit être soumise, à la caserne, à l'examen d'un vétérinaire militaire ou, à défaut, d'un médecin militaire.

(1) Ce poids pourra être ramené à 12 kilogrammes pour les moutons de petite race.

du corps, la fourniture est suspendue pour l'effectif qui a quitté la garnison et pendant la durée de son absence.

Le marché commencera le........ et prendra fin le........

Nature de la viande à fournir.

Art. 2. La viande à fournir est celle de porc frais de provenance française, algérienne ou tunisienne.

Sont formellement exclues les viandes de verrat et de coche.

La quantité sera indiquée au moins quarante-huit heures à l'avance par le secrétaire de la commission des ordinaires.

Qualité de la viande.

Art. 3. La viande doit provenir d'animaux parfaitement sains, bien en chair sans être trop gras, pesant un minimum de 80 à 90 kilogr. ; ils devront avoir été sacrifiés au moins douze heures avant la livraison à l'abattoir de...... (1).

La chair sera ferme ; le grain fin et serré sera marbré dans les régions du tronc ; la graisse sera blanche, consistante, onctueuse, fondant entre les doigts, tachant le papier ; le lard (graisse de couverture) n'aura pas moins de deux centimètres d'épaisseur ni plus de trois ; la panne (graisse intérieure) sera abondante dans la cavité abdominale.

Modes de fourniture.

Art. 4. La fourniture se composera de porcs entiers, de demi-porcs ou du rein en entier ou en partie (2). Le rein doit comprendre l' « échinée » (région du cou), le « filet » (partie dorsale et lombaire), la « samorie » (partie lombo-sacrée) ; il est limité en avant par la section du cou, en arrière par la coupe oblique qui le sépare du jambon et latéralement, d'une part par la « fente », d'autre part par une coupe allant de l'entrée de la poitrine à la hanche.

Examen des animaux et de la viande.

Art. 5. Le fournisseur est tenu de laisser examiner ses animaux sur pied par les vétérinaires ou médecins militaires désignés par les corps de troupe.

Le marquage des animaux sur pied s'effectuera dans des

---

(1) Cet abattoir est toujours l'abattoir public communal ou intercommunal lorsque la localité en possède un ; dans le cas contraire, autant que possible, l'abattoir d'une localité voisine, convenablement choisi.

(2) Effacer celui des deux modes de fournitures qui ne sera pas adopté.

conditions telles qu'aucune substitution ne puisse se produire ; on utilisera la marque au fer rouge.

Tout animal refusé sur pied comme dangereux pour la consommation sera marqué sur les reins de la lettre « R » apposée au fer rouge. Si l'animal est sain et refusé seulement pour non-convenance de la troupe, la marque ne sera pas apposée.

Le fournisseur est également tenu de laisser examiner ses animaux après abat par les vétérinaires et médecins militaires conformément aux prescriptions de l'instruction sur le contrôle et l'inspection de la viande fraîche ; cet examen est effectué au double point de vue de la salubrité et de la qualité.

Le vétérinaire ou médecin, en procédant à cette inspection, apposera à l'aide du timbre-rouleau les estampilles qu'il jugera nécessaires pour éviter toute substitution.

Transport de la fourniture.

Art. 6. Le chef de corps, d'accord avec le vétérinaire militaire ou le médecin militaire, prendra toutes mesures nécessaires pour s'assurer que la viande débitée par le charcutier est la même que celle qui a été vérifiée et qu'aucune substitution n'a lieu pendant le transport.

Le charcutier fournisseur sera tenu, du reste, de laisser le vétérinaire ou le médecin assister, s'il le juge utile, au débit de la viande destinée à la distribution.

Lorsqu'elle sera parvenue à la caserne à l'heure prescrite par le chef de corps, la viande sera, dans tous les cas, soumise à un nouvel examen du vétérinaire militaire ou du médecin militaire (1).

Livraisons. — Réceptions.

Même rédaction que pour la fourniture par bêtes entières, demi-bêtes ou quartiers.

---

(1) A titre exceptionnel, dans les villes où le service d'inspection à l'abattoir est assuré par des vétérinaires auxquels toute clientèle est interdite, les corps peuvent, sous leur responsabilité, admettre les viandes débitées et estampillées par le vétérinaire municipal, inspecteur de l'abattoir. Dans tous les cas, la viande doit être soumise, à la caserne, à l'examen d'un vétérinaire militaire, ou, à défaut, d'un médecin militaire.

Instruction du 22 avril 1905.

(Les dispositions suivantes de l'instruction du 22 avril 1905 sont à maintenir en principe dans les cahiers des charges pour la fourniture de la viande fraîche (instruction du 22 avril 1908.)

Payement.

Art ... L'entrepreneur est payé de ses fournitures tous les cinq jours, et le premier jour du mois pour le dernier prêt du mois précédent, par les soins et dans le bureau même du trésorier du corps. Il est tenu de se présenter en personne à cet officier ou de faire prendre les sommes lui revenant par un fondé de pouvoirs dûment autorisé.

Si l'entrepreneur néglige de se faire payer pendant quinze jours, le trésorier, sans aucun avis préalable, verse à la Caisse des dépôts et consignations toutes les sommes dont il est à ce moment détenteur pour le compte du fournisseur, et ce versement libère entièrement le corps de troupe.

Il en est de même dans le cas d'opposition ou de saisie-arrêt des sommes dues au fournisseur.

En cas d'émission de traites par les fournisseurs et faute par eux de les faire présenter à la date fixée, le corps peut leur en expédier à leurs frais le montant par mandat-poste.

Retenues pour retard.

Art. ... Quand le fournisseur n'a pas livré les quantités commandées (1) ..... heure après celle qui a été fixée par le chef de corps, il est passible, sans aucune mise en demeure, d'une retenue, au profit des ordinaires, égale au 1/100e (2) du montant de la fourniture en souffrance. En outre, la commission des ordinaires peut pourvoir à cette fourniture aux risques et périls du fournisseur.

Cas de résiliation du marché.

Art. ... Le marché est résilié de plein droit si le corps change de garnison.

La résiliation peut encore résulter des diverses circonstances prévues par les dispositions légales de droit commun (inexécution, fraudes, etc.).

Enfin, elle peut être prononcée par la commission des ordi-

---

(1) Ce délai est variable suivant les circonstances locales, mais il ne peut être inférieur à une heure.

(2) Taux variable suivant les circonstances locales, mais qui ne peut être supérieur à 4 p. 100 de la fourniture en retard.

naires, après autorisation écrite du chef de corps dans les circonstances suivantes :

1° Si le fournisseur ne réalise pas son cautionnement dans le délai prévu à l'article ci-après (page 115);

Si la proportion des rejets globaux ou partiels par rapport aux livraisons dépasse 10 p. 100 (1) ;

3° Si des retards de plus d'une heure se produisent dans les livraisons plus de dix fois sur trente livraisons consécutives;

4° Si le fournisseur cède son marché en totalité ou en partie, sans l'autorisation du chef de corps;

5° S'il est présenté en livraison des fournitures déjà rejetées.

Dans les cas ci-dessus, et après une mise en demeure préalable dans la forme administrative, le chef de corps peut, soit autoriser la résiliation pure et simple, soit prescrire la passation d'un marché par défaut, ou les achats prévus au 3ᵉ alinéa de l'article ci-dessus (page 104);

L'excédent de dépenses pouvant résulter d'un marché ainsi passé par défaut ou d'achats ainsi effectués est à la charge du fournisseur défaillant. S'il y a économie, les ordinaires en profitent.

Nota (2). — Si la résiliation doit être prononcée pour fait délictueux ou manœuvres coupables, le chef de corps devra, au préalable, constater ces faits au moyen d'une enquête administrative et contradictoire qui fera l'objet d'un procès-verbal relatant *in extenso* les dépositions des témoins entendus et portant la signature desdits témoins.

Cas de mort, de faillite ou de liquidation judiciaire.

Art. ... En cas de décès du fournisseur, le chef de corps a le droit de résilier le marché dès qu'il a connaissance du décès, et cela nonobstant toute demande faite par les héritiers en vue de la continuation, pour leur compte, de l'exécution du contrat.

Si le marché n'est pas ainsi résilié, les héritiers sont d'abord tenus d'assurer le service pour leur propre compte pendant une période de deux mois, à partir du jour de la notification du décès au chef de corps. Faute par eux de se conformer à cette clause, il est procédé à leur égard comme il est dit à l'article ci-dessus.

Les héritiers peuvent, sur leur demande, être autorisés à continuer, pour leur compte, l'exécution complète du contrat.

S'ils préfèrent se dégager de toute obligation, ils adressent

---

(1) Proportion variable suivant les circonstances locales.
(2) Ce nota ne devra pas être inséré dans les cahiers des charges.

au chef de corps, dans les quinze jours qui suivent le décès, une demande de résiliation, appuyée de l'acte de décès, et le marché se trouve résilié de plein droit à l'expiration du délai de deux mois prévu précédemment.

La faillite du fournisseur entraîne le droit de résiliation du marché, sauf le cas où les ayants cause offrent d'en continuer l'exécution et sont agréés par le chef de corps.

En outre, si le fournisseur cesse ses payements et est admis au bénéfice de la liquidation judiciaire, telle qu'elle est réglée par la loi du 4 mars 1889, il continue l'exécution de son marché s'il est autorisé par le tribunal à continuer l'exploitation de son commerce ou de son industrie.

Dans le cas contraire, il est procédé comme pour la faillite.

Cas de prolongation du marché.

Art. ... Si le corps change de garnison, celui qui le remplace a le droit d'exiger à son profit l'exécution du marché pendant un mois, aux deux conditions suivantes :

1° Que la première colonne arrivera dans un délai de trente jours, compté de la date du départ de la dernière colonne du corps partant;

2° Que, dans les huit jours de l'arrivée de sa première colonne, le corps arrivant aura fait connaître au fournisseur l'intention d'user de la faculté qui lui est ouverte par le présent article.

En outre, le fournisseur est tenu de servir pendant la durée de son marché le corps mobilisé, quel qu'en soit l'effectif, et de continuer ledit marché, jusqu'à son expiration, avec le corps territorial qui, en temps de guerre et pendant la durée dudit marché, se mobiliserait dans la place où se trouvait le corps actif, sauf, toutefois, une revision amiable des prix, et, en cas de non-entente, un recours aux tribunaux de l'ordre judiciaire.

Dans le cas où l'ordre de mobilisation serait donné dans le dernier mois du marché, ce marché sera, de plein droit, prorogé d'un mois (1).

Dépenses à la charge de l'entrepreneur.

Art. ... Sont à la charge de l'entrepreneur :

Les frais quelconques se rattachant à l'exécution du ser-

---

(1) Dans les places fortes, il y aura lieu, au contraire, de prévoir que le marché sera résilié de plein droit, à compter du jour fixé par le gouverneur pour le commencement du service en gestion directe.

vice, jusques et y compris, si le marché l'indique, la distribution aux ordinaires;

Les frais de timbres du marché. Celui-ci ne sera pas enregistré, sauf en cas de contestation, s'il est nécessaire de le produire en justice. Dans ce cas, le payement des droits sera avancé par la partie requérante et définitivement supporté par la partie condamnée;

Le montant des dégradations ou des pertes provenant de son fait sur les ustensiles et objets mobiliers qui ont été mis à sa disposition pour le service. Les sommes ainsi payées sont versées aux masses qui ont fourni le matériel imputé.

Cas d'augmentation des droits d'octroi, d'abatage ou de douane.

Art. ... Si, postérieurement à la passation du marché, il est établi dans les localités occupées par la troupe de nouveaux droits d'octroi ou d'abatage dans les abattoirs publics, ou si les droits antérieurs sont augmentés, diminués ou supprimés, le prix de fourniture stipulé par le marché est augmenté ou diminué proportionnellement aux modifications apportées aux tarifs.

Les modifications qui peuvent être apportées aux tarifs des droits de douane, en plus ou en moins, ne sauraient entraîner aucune majoration ou diminution sur le prix du marché.

Cautionnement.

Art. ... Pour sûreté et garantie de l'exécution de ses obligations, l'entrepreneur est tenu de verser entre les mains du trésorier du corps un cautionnement en numéraire, dont l'importance est fixée par le chef de corps sur la proposition de la commission des ordinaires, mais qui ne peut excéder le vingtième du montant total présumé de la fourniture.

Ce cautionnement, réalisé dans les dix jours qui suivent l'approbation du marché par le chef de corps, est conservé dans la caisse du corps, et il est restitué au fournisseur, sur l'ordre du chef de corps, après l'expiration du marché quand le fournisseur a été reconnu quitte et libéré de toutes ses obligations.

En cas de marché par défaut, le cautionnement est appliqué à couvrir, jusqu'à due concurrence, l'excédent de dépense pouvant résulter dudit marché.

Dans les cas prévus à l'article, il est versé par le corps partant dans la caisse du corps arrivant ou dans celle du corps territorial, ou, en cas d'impossibilité, à la Caisse des dépôts et consignations.

Les décharges données par les fournisseurs des ordinaires,

auxquels on restitue leur cautionnement, sont revêtues du timbre-quittance de dix centimes (1) à la charge de ces fournisseurs.

Dispositions diverses.

Art. ... L'entrepreneur est soumis à toutes les dispositions du règlement sur les ordinaires, de la circulaire du 28 mars 1908 et des instructions sur l'inspection et le contrôle des viandes qui peuvent le concerner et qui ne sont pas contraires aux stipulations du présent cahier des charges.

Les contestations qui peuvent s'élever sur l'exécution du service ou sur l'interprétation des clauses du cahier des charges sont de la compétence des tribunaux ordinaires.

A , le 19 .

Le Président et les Membres
de la Commission des ordinaires,

APPROUVÉ :

A , le 19 .

Le Colonel commandant le .

---

(1) De 10 centimes jusqu'à 200 francs; 0 fr. 20, sommes supérieures à 200 francs; 0 fr. 30, au-dessus de 500 francs; 0 fr. 40, au-dessus de 1.000 francs; 0 fr. 50, au-dessus de 3.000 francs. (Art. 28 de la loi du 15 juillet 1914, *B. O.*, p. 1339.)

Circulaire relative aux dispositions à adopter pour la fourniture de la viande aux corps de troupe.

Paris, le 22 avril 1908.

Le Sous-Secrétaire d'Etat à MM. les Gouverneurs militaires de Paris et de Lyon; les Généraux commandant les corps d'armée; le Général commandant la division d'occupation de Tunisie.

En arrêtant, par ma circulaire du 28 mars 1908, les mesures à prendre à l'avenir pour assurer une inspection rigoureuse de la viande destinée aux corps de troupe, je vous faisais connaître que des instructions complémentaires vous seraient prochainement adressées :

1° Sur l'application des principes posés dans ladite circulaire sous le régime des cahiers des charges actuels ;

2° Sur la manière de procéder dans les petites unités qui n'ont ni vétérinaire ni médecin et qui prennent la viande par morceaux séparés ;

3° Pour la rédaction de nouveaux cahiers des charges en remplacement de ceux qui prennent fin le 30 juin prochain ;

4° Sur la procédure à suivre pour la constatation des fraudes.

I. — RÉGIME DES CAHIERS DES CHARGES ACTUELS.

Toutes les dispositions de la circulaire du 28 mars 1908 sont immédiatement applicables sous le régime des cahiers des charges actuels, sauf celles relatives à la marque au fer rouge de l'animal refusé (§ 3 de la circulaire) qui ne pourra être appliquée que sous le régime des futurs cahiers des charges.

II. — MANIÈRE DE PROCÉDER POUR L'INSPECTION DANS LES PETITES UNITÉS.

Les mesures suivantes seront prises pour assurer, dans les petites unités, l'inspection des viandes destinées à la consommation des corps de troupe :

1° Lorsqu'on sera à proximité d'une boucherie militaire et dans les conditions pratiques pour s'y approvisionner, les détachements s'approvisionneront à ladite boucherie ;

2° Lorsqu'on sera à proximité d'une agglomération militaire assez importante où il n'existe pas de boucherie militaire, mais où la circulaire du 28 mars 1908 reçoit son application, le détachement s'entendra, pour la fourniture de la viande, avec un des corps de troupe de cette agglomération.

S'il n'y a pas entente, le commandant d'armes déterminera le corps de troupe qui devra fournir le détachement ;

3° A l'égard des détachements absolument isolés de toute boucherie militaire et de toute agglomération militaire, les mesures suivantes seront prises :

Une instruction technique suffisante sera donnée à l'officier de distribution ou au gradé chargé du service, lequel se fera seconder par un boucher, charcutier ou cuisinier de profession effectuant son service militaire et qui sera placé au besoin dans le détachement.

De plus, avant tout marché avec le boucher fournisseur, une enquête sera faite sur les conditions dans lesquelles s'effectue l'abatage de ses animaux et inopinément, chaque semaine, le vétérinaire ou médecin militaire désigné par le général commandant la subdivision se rendra chez le boucher fournisseur pour vérifier l'installation et le fonctionnement de sa tuerie et la qualité du bétail sacrifié.

Des enquêtes seront faites sur l'origine de ce bétail.

III. — RÉDACTION DE NOUVEAUX CAHIERS DES CHARGES.

Je vous adresse ci-joint :

1° Un modèle de cahier des charges pour la fourniture de la viande de boucherie en bêtes entières, demi-bêtes ou quartiers ;

2° Un modèle de cahier des charges pour la fourniture de la viande de boucherie en morceaux débités.

Vous recevrez incessamment des instructions sur le contrôle et l'inspection des animaux et des viandes destinés à la consommation de l'armée.

IV. — PROCÉDURE A SUIVRE POUR LA CONSTATATION DES FRAUDES.

Dès que le Conseil d'Etat aura émis son avis sur un projet de décret qui lui est actuellement soumis et qui tend à donner qualité à diverses autorités militaires pour effectuer des prélèvements dans les conditions prévues par le décret du 31 juillet 1906, je vous adresserai des instructions nouvelles sur la procédure à suivre pour la constatation des tromperies ou fraudes et des tentatives de ces mêmes délits. Jusque-là, il y aura lieu de se conformer aux instructions actuellement en vigueur.

Le Sous-Secrétaire d'Etat
au ministère de la guerre,
Henry CHÉRON.

Circulaire relative à la passation des marchés pour la fourniture de la viande fraîche et à la fixation du taux de la prime de viande.

Paris, le 22 avril 1908.

Le système de fourniture de la viande fraîche aux corps de troupe adopté jusqu'à ce jour a donné des résultats défectueux qui tiennent :

1° A l'emploi trop exclusif du système de l'adjudication pure et simple qui conduit à admettre comme soumissionnaires des fournisseurs peu consciencieux dont les rabais excessifs ne peuvent être consentis qu'au détriment de la qualité même des fournitures ;

2° Aux modes de détermination et d'attribution de la prime journalière qui conduisent les corps de troupe, après avoir passé des marchés provisoires, à solliciter des fournisseurs contractants de *nouveaux abaissements de prix supérieurs à ceux qu'ils auraient tout d'abord consentis.*

Il importe, dans l'intérêt de l'hygiène si nécessaire de l'alimentation, de mettre fin à ces pratiques, tout en sauvegardant, dans une sage mesure, le principe de la concurrence, inséparable d'une bonne et équitable gestion des deniers de l'Etat.

C'est en m'inspirant de ce double sentiment que j'ai arrêté les dispositions ci-après :

I

Toute latitude est laissée aux chefs de troupe pour traiter de la fourniture des viandes dans les conditions qu'ils jugeront les meilleures eu égard aux circonstances locales. Il leur est recommandé toutefois, comme le prévoit l'article 28 du règlement du 22 avril 1905, de recourir de préférence au marché par concours restreint, c'est-à-dire de ne faire appel qu'aux fournisseurs qui offrent toutes les garanties et d'établir la concurrence entre eux.

Lorsqu'il sera possible de traiter dans ces conditions avec les bouchers locaux, il y aura avantage à le faire afin que l'inspection et la vérification des bêtes sur pied et des animaux abattus soient plus faciles.

Les corps ont toute latitude pour adopter le mode de fourniture par quartiers ou en morceaux débités, pourvu qu'ils se conforment aux modèles de cahier des charges annexés à l'instruction en date de ce jour.

Ils ne perdront pas de vue que mieux valent les morceaux de

deuxième et troisième catégories d'une bête de bonne qualité que les premiers morceaux d'une viande inférieure.

Quel que soit le mode de fourniture adopté, la durée du marché ne peut excéder six mois.

II

La détermination du taux des primes de viande fraîche doit être faite de manière :

1° A éviter les marchés provisoires qui conduisent à un système de marchandages contraire à l'intérêt bien entendu des corps de troupe ;

2° A faire intervenir dans la fixation de la prime un élément indispensable dont il n'était pas tenu compte jusqu'à ce jour : le cours normal des viandes dans chaque région ;

3° A ne pas désintéresser toutefois les corps de troupe des résultats budgétaires des marchés, afin de concilier avec les intérêts supérieurs de la santé des troupes ceux d'une bonne gestion financière.

En conséquence on procédera, à l'avenir, de la façon suivante :

Les généraux commandant les corps d'armée adresseront à l'administration centrale (Bureau des Vivres) les 1er mai et 1er novembre pour l'intérieur, les 1er mars et 1er septembre (1) pour l'Algérie et la Tunisie, un état de renseignements sur les prix probables de la viande pendant le semestre à venir.

Cet état est conforme au modèle n° 1 ci-annexé.

Les semestres à considérer sont ceux pour la durée desquels seront passés les marchés. Ils comprennent les périodes ci-après :

Intérieur........	du 1er janvier au 30 juin. du 1er juillet au 31 décembre.
Algérie et Tunisie.	du 1er mai au 31 octobre. du 1er novembre au 30 avril (1).

L'état des renseignements susvisé sera adressé au Ministre avant toute passation de marché par les corps de troupe.

Les prix probables pour le semestre à venir seront calculés au moyen des prix des marchés en cours d'exécution, des cours commerciaux au moment de la passation de ces marchés et au moment de l'établissement de l'état susvisé, de la tendance actuelle de ces cours à la hausse ou à la baisse, des résultats des marchés passés par les diverses administrations lo-

(1) Circulaire du 8 août 1911, *B. O.*, p. 963.

cales, etc., etc. Les prévisions qui y figurent doivent être motivées.

L'état de renseignements sera accompagné d'un rapport du directeur de l'intendance, justifiant le taux de la prime proposé pour le corps d'armée.

En aucun cas, on ne devra différer l'envoi dudit document, qui sera adressé à l'administration centrale rigoureusement aux dates ci-dessus indiquées.

Après examen des états de renseignements, le Ministre arrête provisoirement le taux moyen de la prime de viande pour chaque corps d'armée.

Les généraux commandant les corps d'armée, dès qu'ils ont reçu notification de ce taux, déterminent, sur la proposition du directeur de l'intendance, un prix-limite pour chacune des places de leur commandement. Ce prix-limite, qui devra rester secret, sera adressé sous pli cacheté au sous-intendant militaire chargé du service des vivres dans chaque place ou, à défaut de fonctionnaire de l'intendance, au suppléant du sous-intendant.

Les corps prendront toutes les mesures nécessaires pour que les marchés puissent être passés vers les 1er juin et 1er décembre pour l'intérieur et vers les 1er mars et 1er septembre pour l'Algérie et la Tunisie.

Avant de ratifier les marchés soumis à son approbation, conformément à l'article 31 du décret du 22 avril 1905 sur la gestion des ordinaires, chaque chef de corps, officier supérieur ou chef de service à qui appartient cette approbation, communique directement les prix qui s'y trouvent stipulés au sous-intendant militaire dépositaire du prix-limite. Cette communication a lieu le même jour dans toutes les places du corps d'armée à la date fixée par le général commandant. Le sous-intendant militaire fait immédiatement connaître aux chefs de corps ou de service intéressés si ces prix sont ou non supérieurs au prix-limite fixé pour la place.

Tous les marchés dont les prix ne sont pas supérieurs au prix-limite sont immédiatement approuvés.

Du seul fait de la conclusion de ces marchés, le taux de la prime de viande se trouvera définitivement déterminé pour la place. Il correspondra au plus élevé des prix des marchés conclus ; il sera arrondi au centime supérieur ; il sera notifié à tous les chefs de corps de la place, dans le plus bref délai possible, par le sous-intendant militaire dépositaire du prix-limite.

Ceux des corps qui n'auraient pas pu traiter à des prix ne dépassant pas le prix-limite pourront procéder à de nouvelles tentatives de tractation ou, si leur chef le juge préférable, conclure aux conditions qui leur étaient offertes ; dans ce dernier cas, les excédents de dépenses seraient couverts par les bonis des ordinaires.

A l'issue des opérations dont il vient d'être question, les sous intendants militaires dépositaires des prix-limites adressent au général commandant le corps d'armée un compte rendu, conforme au modèle n° 2 ci-annexé, des résultats obtenus par les corps à la suite de leur tentative de passation de marchés.

Si, dans certaines places, il arrive qu'aucun corps n'ait pu traiter dans les conditions du prix-limite, le général commandant le corps d'armée peut faire état des économies réalisées dans les autres places par rapport à ses prévisions, pour relever dans les premières les prix-limites primitivement fixés. Si ces ressources font défaut ou sont insuffisantes, le général commandant le corps d'armée demande au Ministre de relever comme il convient le taux de la prime du corps d'armée. Lorsque les places intéressées ont reçu notification du nouveau prix-limite, on y recommence les opérations indiquées ci-dessus.

Si ces nouvelles tentatives échouent encore, le Ministre prescrit telles mesures qu'il juge utiles.

Les troupes en marche perçoivent uniformément, tant à l'aller qu'au retour, la prime de viande au taux fixé par le Ministre pour le corps d'armée auquel elles appartiennent, arrondi au centime (les millimes égaux ou supérieurs à 5 étant majorés au centime supérieur et inversement).

Les généraux commandant les corps d'armée adressent au Ministre (Direction de l'Intendance ; Bureau des Vivres), un mois au plus tard après le commencement de chaque semestre (c'est-à-dire les 1er février et 1er août pour l'intérieur, les 1er mai et 1er novembre pour l'Algérie et la Tunisie), un état indiquant la répartition de la prime de viande entre les places du corps d'armée et les prix réellement payés par les corps. Dans la colonne d'observations sont expliqués et justifiés les écarts importants entre les prix payés par les corps de la même garnison.

Cet état est établi conformément au modèle n° 3 ci-annexé.

Les directeurs de l'intendance se concertent avec les généraux commandant les corps d'armée pour l'exécution des dispositions qui précèdent.

Modèle n° 1.

e CORPS D'ARMÉE.

VIANDE FRAICHE.

Renseignements relatifs aux prix probables de la viande fraîche pendant	Intérieur .	le 1er ou le 2e semestre 19 .
	Algérie et Tunisie	la période du 1er avril au 30 septembre 19 . ou du 1er octobre 19 au 31 mars 19 .

Nota. — Cet état doit être établi sur format tellière, avec le nombre d'intercalaires nécessaires, s'il y a lieu.

PLACES DE GARNISON et CORPS DE TROUPE.	EFFECTIF des PRÉSENTS et des absents réduit de p. 100 pour congés, maladies, etc.	• SEMESTRE 19 (c'est-à-dire semestre actuel).		
		Taux alloué.	Prix par kilogr. d'après les marchés passés ou les achats effectués par les corps de troupe. (Viande de bœuf.)	Prix de la ration de 320 grammes de viande de bœuf.
1	2	3	4	5
Exemple :				
VERSAILLES. 11e régiment d'artillerie.				
22e — d'artillerie.				
1er — du génie...				
27e — de dragons.				
Etc.				
VINCENNES. 26e bataillon de chass..				
23e régiment de dragons.				
12e — d'artillerie.				
13e — d'artillerie.				
Etc.				
(Il n'y a pas lieu de totaliser par place.)				
TOTAUX (colonnes 2, 10 et 11).	23.003	....	....	....
Taux moyen alloué par le Ministre pour le • trimestre 19 (col. 3).	....	0 329		
Taux moyen proposé pour le • semestre 19 (à indiquer dans les colonnes 10 et 11. C'est le résultat de la division du total de ces colonnes respectivement par le total de la colonne 2)........	....	....	....	....

SEMESTRE 19 (c'est-à-dire semestre prochain).				DÉPENSE JOURNALIÈRE du semestre prochain.		OBSERVATIONS.
Prix par kilogramme d'après les prévisions		Prix de la ration de 320 grammes d'après le prix ci-contre de la viande de bœuf. Prévisions		Chiffre de la colonne 2 multiplié par celui de la		Indiquer, pour l'ensemble du corps d'armée, les causes de la différence entre le taux moyen alloué par le Ministre pour le semestre en cours et le taux moyen proposé pour le semestre prochain.
des corps de troupe.	de l'intendance.	des corps de troupe.	de l'intendance.	colonne 8.	colonne 9.	
6	7	8	9	10	11	12
						Exemple : fr. c. Taux du 1er semestre 19 . 0 30 Taux proposé pour le 2e semestre .... 0 31 Différence en plus. 0 01 *Explication de cette différence :*
....	....	....	....	6.987 52	7.314 97	NOTA. — Les prix à porter dans les colonnes 5, 8 et 9 sont indiqués au millime (les dix millimes égaux ou supérieurs à 5 sont majorés au millime supérieur, ceux inférieurs à ce chiffre sont négligés). La dépense journalière à porter dans les colonnes 10 et 11 est indiquée en francs et centimes. Les taux moyens proposés pour l'ensemble du corps d'armée sont portés au-dessous des totaux des colonnes 10 et 11 et sont indiqués au millime.
....	....	....	....	0 304	0 318	

A , le 19

L'Intendant militaire, Directeur,

MODÈLE Nº 2.

• CORPS D'ARMÉE.

PLACE D

VIANDE FRAICHE.

Intérieur.. { 1er semestre 19 , ou 2e semestre 19 .

Algérie et Tunisie. { Période du 1er avril au 30 septembre 19 , ou Période du 1er octobre 19 au 31 mars 19 .

Résultats obtenus par les corps de troupe dans leurs tentatives de passation de marchés.

CORPS DE TROUPE.	EFFECTIF RÉDUIT de p. 100.	PRIX inférieurs ou au plus égaux aux prix-limites.	PRIX supérieurs aux prix-limites.	TAUX de LA PRIME résultant des marchés connus.	OBSERVATIONS.
1	2	3	4	5	6

Modèle n° 3.

e CORPS D'ARMÉE.

VIANDE FRAICHE.

Intérieur.. { 1er semestre 19 , ou 2e semestre 19 .

Algérie et Tunisie. { Période du 1er avril au 30 septembre 19 , ou Période du 1er octobre 19 , au 1er mars 19 .

ETAT de répartition de la prime de viande entre les corps de troupe.

PLACES.	CORPS de TROUPE.	EFFECTIF RÉDUIT de p. 100.	ALLOCATION DÉTERMINÉE par le commandant du corps d'armée d'après la fixation ministérielle.		DÉPENSE EFFECTIVE d'après les marchés des corps.		DIFFÉRENCE		OBSERVATIONS.
			Taux de la prime.	Dépense journalière.	Prix de la ration.	Dépense journalière.	Economie pour le corps.	Perte pour le corps.	
1	2	3	4	5	6	7	8	9	10
			fr. c.	fr. c.	fr. c.	fr. c.	fr. c.	fr. c.	
	Totaux.....	15.460		4.638 00		4.607 08	35 00	30 00	
Taux et prix moyens...			,300		0,298				

Taux des troupes en marche............... .. 0 fr. 30
Fixation ministérielle (pour mémoire)........ 0 fr. 304

A , le 19 .

L'Intendant militaire, Directeur,

Instruction sur le contrôle et l'inspection des viandes et des animaux de boucherie destinés à la troupe.

Paris, le 2 mai 1908.

Organisation du service.

Art. 1er. Aucune viande ne peut être distribuée à la troupe si elle n'a été, au préalable, examinée au point de vue de sa salubrité et de sa qualité.

Le service d'inspection est assuré dans les boucheries militaires par un vétérinaire militaire.

Dans les corps et détachements importants, l'examen des animaux sur pied, des animaux abattus ou des viandes débitées est effectué dans les abattoirs, dans les casernes ou chez le fournisseur par un vétérinaire militaire ou, à défaut, par un médecin militaire.

Dans les unités ou détachements isolés ce service est assuré, à défaut de vétérinaire militaire ou de médecin militaire, par un officier ou par le gradé chef de détachement qui se fait seconder au besoin par un militaire du détachement, de la profession de boucher, charcutier ou cuisinier.

Il en est de même, après décision du général commandant le corps d'armée (ou gouverneur militaire), dans les garnisons où le service médical ou vétérinaire est momentanément particulièrement chargé (1).

Dans chaque garnison, le commandant d'armes règle, suivant les circonstances particulières locales, les mesures de détail relatives à l'exécution du service et notamment le roulement à établir entre les médecins et les vétérinaires militaires de façon à alléger dans la mesure nécessaire le service de ceux-ci. Les vétérinaires et médecins auxiliaires suppléent, s'il y a lieu, les vétérinaires et médecins militaires.

Examen des animaux sur pied.

Art. 2. Le vétérinaire ou le médecin militaire s'assure de l'état de santé des animaux et écarte tous ceux qui sont malades ou fatigués.

Il examine ensuite l'âge des animaux, leur sexe, leur état d'embonpoint et élimine ceux qui ne réunissent pas toutes les conditions exigées par les cahiers des charges.

Marquage des animaux sur pied.

Art. 3. Les animaux reconnus avant abat propres à fournir la viande destinée à l'alimentation des troupes sont marqués par l'un des procédés suivants :

L'extrémité d'une corne est sciée incomplètement, puis cassée et la partie détachée, constituant un moyen de contrôle, reste

(1) Paragraphe ajouté par circulaire du 16 septembre 1913 (*B. O.*, p. 1142).

entre les mains du vétérinaire ou du médecin. En cas d'impossibilité et notamment lorsque le développement des cornes est insuffisant, on pourra utiliser soit le plombage à l'oreille à l'aide d'une pince-composteur, soit le marquage au fer rouge sur le bas de la corne ou sur un pied.

Marquage des animaux refusés.

Art. 4. Les animaux refusés comme dangereux pour la consommation sont marqués sur le côté gauche de la croupe, au niveau de la naissance de la queue, de la lettre « R » apposée au fer rouge ; les animaux sains et refusés seulement pour non-conformité au cahier des charges ne sont pas marqués.

Présentation des animaux après abat.

Art. 5. Quel que soit le mode de fourniture (bêtes entières, demi-bêtes ou quartiers), les animaux sont présentés abattus depuis douze heures au moins et fendus ; les chairs doivent être refroidies et raffermies, les graisses et les moelles figées (1).

L'abatage, la saignée et l'habillage auront été faits méthodiquement et avec soin ; la division de la colonne vertébrale sera sans bavures et les taches extérieures de sang auront été enlevées au couteau ou au moyen de linges blancs et secs. La peau devra adhérer naturellement au sommet de la tête et les poumons à l'un des quartiers de devant.

Sauf le rein qui reste en place avec sa graisse de couverture, les autres organes thoraciques et abdominaux seront placés à proximité dans un ordre déterminé et si possible marqués. La plèvre et le péritoine doivent être absolument intacts ; toute tentative d'enlèvement ou de grattage, même partiel, entraîne le rejet absolu de l'animal, sans autre examen.

Examen des animaux après abat.

Art. 6. Le vétérinaire ou le médecin s'assure du sexe ou de l'âge des animaux et, s'il y a lieu, de leur identité par la reconnaissance de la marque appliquée avant l'abat. Il procède ensuite à l'examen de la salubrité de la viande par une inspection minutieuse des abats, des séreuses des grandes cavités, des chaînes et groupes ganglionnaires, etc... et se livre à toutes les investigations susceptibles de l'éclairer ; il peut inviter le fournisseur à l'aider dans ses opérations.

Le vétérinaire ou le médecin se rend compte de la qualité de l'état d'embonpoint des animaux par l'examen des dépôts graisseux, du grain et de la consistance de la viande et s'assure que la fourniture réunit toutes les conditions exigées par le cahier des charges.

---

(1) Certaines circonstances peuvent cependant nécessiter que la présentation des animaux ait lieu plus tôt et aussitôt après la préparation et l'habillage de la bête.

Estampillage des viandes reconnues propres à la consommation.

Art. 7. Les viandes provenant des animaux reconnus, après abat, propres à la consommation sont estampillées à l'abattoir par le vétérinaire militaire ou par le médecin militaire à l'aide d'un timbre-rouleau, en présence d'un gradé désigné par chaque partie prenante.

La marque est apposée sur chaque demi-bête suivant une ligne joignant la pointe de la fesse à l'articulation de l'épaule ; chaque quartier est estampillé extérieurement sur toute sa longueur.

Contestations.

Art. 8. En cas de contestation, afin qu'il soit possible de reconnaître les animaux ou viandes objets du litige, ces animaux ou viandes devront être marqués à l'aide du plombage.

Le commandant d'armes ainsi que les corps de troupe intéressés en sont immédiatement informés.

Dispositions à prendre vis-à-vis des viandes tuberculeuses.

Art. 9. Lorsque, au cours de son examen, le vétérinaire ou le médecin militaire constate la tuberculose sur les animaux abattus, il se conforme aux dispositions suivantes.

Il rejette complètement la fourniture lorsqu'il rencontre l'un des cas suivants :

1° Il existe des lésions de tuberculose aiguë même très limitées ;

2° Les lésions tuberculeuses revêtent la forme caséeuse ou purulente et frappent un ou plusieurs organes ;

3° Il existe des lésions même discrètes atteignant un ou plusieurs ganglions intermusculaires.

4° La tuberculose est localisée soit aux muscles, soit aux os ;

5° Les lésions tuberculeuses, calcifiées ou fibreuses, frappent à la fois un ou plusieurs viscères thoraciques ou abdominaux et un ou plusieurs organes ou régions situés en dehors des grandes cavités splanchniques (mamelle, articulation, région pharyngienne, langue).

Il rejette de la fourniture les parties tuberculeuses et les régions qui sont en contact avec les parties malades lorsque les lésions rencontrées sont calcifiées ou fibreuses et nettement localisées ; la délimitation est faite en empiétant largement sur les parties saines.

Transport de la viande des abattoirs dans les casernes.

Art. 10. Le gradé désigné par chaque partie prenante et qui a assisté à l'estampillage de la viande abattue l'accompagne de l'abattoir à la boucherie de la caserne sans qu'aucun arrêt puisse avoir lieu en route.

Il pourra prendre place sur la voiture qui transporte la viande. Cette voiture sera close, à moins que les viandes soient enveloppées de linges propres et secs, de manière à n'en laisser aucune des parties à découvert.

Le gradé veillera à ce qu'aucune substitution n'ait lieu et remettra à l'officier de distribution un certificat placé sous enveloppe fermée, délivré par le vétérinaire ou le médecin militaire chargé de l'inspection et portant les indications nécessaires sur la viande visitée.

Ce gradé sera changé le plus souvent possible.

Inspection dans les casernes.

Art. 11. L'inspection de la viande doit toujours être faite par un vétérinaire militaire ou un médecin militaire dans les casernes lorsque la fourniture a lieu par morceaux débités et dans les cas où les viandes visitées à l'abattoir n'ont pas été transportées immédiatement dans les boucheries du corps après l'estampillage. Elle doit avoir lieu également lorsque, au cours du débit de la viande, certaines parties paraissent douteuses à l'officier de distribution et lorsque certaines circonstances atmosphériques ont pu modifier la qualité de la viande conservée dans la boucherie du corps.

Inspection chez le fournisseur.

Art. 12. L'inspection de la viande chez le fournisseur peut être faite par le vétérinaire militaire ou le médecin militaire, quand il le juge utile, au moment du débit de la viande destinée à la distribution, lorsque la fourniture a lieu par morceaux débités. Elle doit être faite inopinément.

Le vétérinaire militaire ou le médecin militaire chargé de l'inspection de la viande destinée aux petites unités isolées est désigné par le général commandant la subdivision. L'inspection, dans ce cas, doit porter également sur l'installation de la tuerie.

Le vétérinaire militaire ou le médecin militaire rend compte de sa mission par écrit au général commandant la subdivision, qui fait parvenir ce rapport au directeur du service de santé ou du service vétérinaire du corps d'armée, suivant le cas.

Réception. — Distribution.

Art. 13. L'officier de distribution est chargé de la réception de la viande et de sa répartition entre les parties prenantes.

Lorsque les quartiers de viande estampillés sont transportés immédiatement de l'abattoir à la caserne, l'officier de distribution ne reçoit que ceux qui sont revêtus d'une façon très apparente de l'estampille d'inspection.

Dans tous les autres cas, il ne procède à la réception de la fourniture que lorsqu'elle a été examinée à la boucherie du corps par un vétérinaire militaire ou un médecin militaire.

L'officier de distribution assiste aux pesées et au découpage de la viande ; il veille à ce que cette dernière opération ne soit faite qu'à l'aide de la scie ou du couteau.

Il s'assure que les prélèvements de viande que le fournisseur est autorisé à faire sont effectués selon les indications portées au cahier des charges, que le suif couvert est enlevé ainsi que les mamelles ; il veille au désossage des bajoues et n'en accepte qu'une par demi-bête.

Si, au cours du débit de la viande, l'officier de distribution relève quelque indice d'altération de la fourniture, il en rend compte au président de la commission des ordinaires et avise le vétérinaire ou le médecin militaire.

L'officier de distribution ne doit s'éloigner qu'après achèvement complet de la distribution aux parties prenantes.

Registre d'inspection.

Art. 14. Le vétérinaire ou le médecin militaire chargé du service tient, à l'abattoir, un registre d'inspection, coté et paraphé par le commandant d'armes, sur lequel sont inscrits, avec la date, l'espèce et le nombre des animaux marqués, la nature et le nombre de quartiers de viande estampillés, ainsi que le nom du fournisseur et la désignation du corps de troupe auquel la viande est destinée.

Il mentionnera également sur le registre d'inspection, avec le nom du fournisseur le motif du refus et le corps de troupe destinataire. Ces renseignements pourront être utilement consultés par les corps de troupe au moment du renouvellement des marchés.

Registre de visite.

Art. 15. Il est ouvert, dans tous les corps et détachements, un registre de visite qui est déposé à demeure, dans le local où s'effectue la réception de la viande.

Les officiers de distribution, ainsi que les vétérinaires et médecins militaires, qui interviennent pour la réception dans les casernes, sont tenus d'y mentionner chaque jour leur avis, suivi d'un émargement daté.

Les commandants d'unité qui auraient des observations à formuler les y consignent. Les chefs de corps devront se faire présenter, aussi fréquemment que possible, ce registre qu'ils signeront chaque semaine (1).

Cahier des charges.

Art. 16. Des exemplaires des cahiers des charges seront déposés à l'abattoir et dans les boucheries des corps de troupe.

Expériences de rendement en viande désossée

Art. 17. Des expériences destinées à faire ressortir le rapport entre le poids de la viande crue et le poids des os sont effectués inopinément sur l'ordre des chefs de corps ou spontanément par les commandants d'unité, si l'on a des raisons de croire que la proportion indiquée au cahier des charges est dépassée.

Ces expériences doivent être faites au moment de la livraison, en présence du fournisseur ; le résultat est consigné sur le registre de visite.

Marques. — Timbres. — Registres.

Art. 18 (2). Les appareils destinés à marquer les animaux sur pied ainsi que le timbre-rouleau pour l'estampillage sont renfermés dans une boîte déposée à l'abattoir (dans un local désigné par le maire après entente avec le commandant d'armes), et fermée par un cadenas dont le vétérinaire ou le médecin militaire chargé du service a seul la clef.

Le registre d'inspection est déposé au même endroit.

Les demandes d'achat et de réparation des timbres-rouleaux, marques à chaud, pinces-composteurs et objets divers nécessaires au service d'inspection sont établies, au fur et à mesure des besoins, par les vétérinaires ou médecins militaires chargés du service d'inspection, et adressées au commandant d'armes qui prend les mesures nécessaires pour y donner satisfaction. Le commandant d'armes répartit les dépenses au prorata des effectifs des corps et établissements militaires de la garnison.

Ces dépenses sont imputées à la masse d'habillement (fonds particulier des unités dans les corps de troupes).

---

(1) Les prescriptions de cet article sont applicables, en ce qui concerne l'ouverture d'un registre de visite, à toutes les autres denrées de l'ordinaire. (Circulaire du 1er juin 1908.)

(2) Nouvelle rédaction. (Circulaire du 28 août 1908, *B. O.*, p. 1691).

Devoirs spéciaux des vétérinaires et médecins militaires chargés du service d'inspection des animaux et des viandes (1).

Art. 19. Les vétérinaires et médecins militaires devront se conformer aux prescriptions des articles 29 et 31 de la loi du 21 juin 1898 sur le Code rural (2) et à l'article 3 de la circulaire du 1er novembre 1904 sur la police sanitaire des animaux (3).

---

(1) Modifié par circulaire du 20 juillet 1906 (*B. O.*, p. 923).

(2) Loi du 21 juin 1898.

« *Art. 29*. Les maladies réputées contagieuses et qui donnent lieu à déclaration et à l'application des mesures de police sanitaire ci-après sont :

« La rage dans toutes les espèces;

« La peste bovine dans toutes les espèces de ruminants;

« La péripneumonie contagieuse, le charbon emphysémateux ou symptomatique et la tuberculose dans l'espèce bovine;

« La clavelée et la gale dans les espèces ovines;

« La fièvre aphteuse dans les espèces bovine, ovine... et porcine;

....

« Le rouget, la pneumoentérite infectieuse dans l'espèce porcine. »

« *Art. 31*. Tout propriétaire, toute personne ayant, à quelque titre que ce soit, la charge des soins ou la garde d'un animal atteint ou soupçonné d'être atteint de l'une des maladies contagieuses prévues par l'article 29 est tenu d'en faire immédiatement la déclaration au maire de la commune où se trouve l'animal.

« L'animal atteint ou soupçonné d'être atteint d'une maladie contagieuse doit être immédiatement, et avant même que l'autorité administrative ait répondu à l'avertissement, séquestré, séparé et maintenu isolé autant que possible des autres animaux susceptibles de contracter cette maladie.

« La déclaration et l'isolement sont obligatoires pour tout animal mort d'une maladie contagieuse ou soupçonnée contagieuse ainsi que pour tout animal abattu, en dehors des cas prévus par le présent livre, qui, à l'ouverture du cadavre, est reconnu atteint ou suspect d'une maladie contagieuse.

« Sont également tenus de faire la déclaration tous vétérinaires appelés à visiter l'animal vivant ou mort.

« Il est interdit de transporter l'animal ou le cadavre avant que le vétérinaire sanitaire l'ait examiné. La même interdiction est applicable à l'enfouissement, à moins que le maire, en cas d'urgence, n'en ait donné l'autorisation spéciale. »

(3) Circulaire du 1er novembre 1904 sur la police sanitaire des animaux.

« *Art. 3*. Tout animal atteint ou soupçonné d'être atteint de l'une des maladies contagieuses énumérées dans la présente loi doit être déclaré, c'est-à-dire signalé, au maire de la commune sur le terrain de laquelle il se trouve. Cette déclaration sera faite immédiatement sans délai, en un mot dès que la maladie contagieuse sera constatée ou que le soupçon de son existence aura pris naissance. Elle est obligatoire non seulement quand il s'agit d'animaux vivants, mais encore, et pour les mêmes motifs, pour tout animal mort d'une maladie contagieuse ou soupçonnée telle, ainsi que pour tout animal qui, abattu pour une cause quelconque, est, à l'ouverture du cadavre, reconnu atteint ou suspect d'être atteint d'une affection contagieuse.

« L'obligation de déclarer, imposée au propriétaire d'un animal atteint d'une maladie contagieuse, s'applique également à toute personne en ayant, à quelque titre que ce soit, la charge des soins ou la garde. Le législateur a voulu prendre des garanties contre le mauvais vouloir, la négligence du propriétaire, de ses employés et de tierces

Surveillance du service d'inspection.

Art. 20. Les directeurs des services vétérinaires et de santé des corps d'armée devront faire très fréquemment des visites inopinées dans les abattoirs et tueries afin de s'assurer du fonctionnement du service d'inspection, ainsi que dans les cuisines et boucheries des corps au moment des distributions.

Les commandants de corps d'armée sont seuls informés de ces déplacements dont l'opportunité est laissée à l'appréciation de ces directeurs.

Au cours de leurs missions, ils devront se faire présenter les registres d'inspection et de visite et y consigner leurs observations.

Les vétérinaires et médecins militaires chargés du service d'inspection signaleront succinctement, les premiers dans leur rapport mensuel, les seconds dans leur rapport décadaire du 1er de chaque mois, les observations que le contrôle et l'inspection des viandes et des animaux destinés à l'alimentation des troupes leur auront suggérées.

Les directeurs des services vétérinaires et de santé des corps d'armée consigneront ces renseignements dans un rapport trimestriel avec les observations faites au cours de leurs missions inopinées (1).

Les documents concernant le service vétérinaire seront adressés au Ministre (5e Direction, Bureau des Vivres) le 20 du premier mois de chaque trimestre.

NOTICE N° 1 (2).

Procédés et appareils destinés au marquage des animaux et des viandes.

Les procédés et appareils destinés au marquage des animaux de boucherie doivent, en premier lieu, offrir les plus sérieuses garanties contre la fraude.

---

personnes préposées aux soins à donner aux animaux ou appelées pour les traiter. Si les personnes susvisées sont tenues, au même titre, de faire la déclaration, il suffit, dans la pratique, que celle-ci soit faite une fois pour toutes par l'un des obligés et ceux auxquels la loi l'impose plus spécialement — propriétaires et vétérinaires — mettront leur responsabilité à couvert en s'assurant que la formalité a été remplie.

« En cas de non-déclaration ou même de déclaration tardive, tous sont répréhensibles et pourraient être impliqués dans les poursuites qu'il y aurait lieu d'exercer. »

(1) Les rapports sur l'inspection et le contrôle des viandes établis par le directeur du service de santé et le directeur du ressort vétérinaire sont adressés directement au Ministre sans passer par la voie hiérarchique. Un compte rendu serait adressé au général commandant le corps d'armée, dans le cas où le fonctionnement de ce service donnerait lieu à des propositions spéciales. (Circ. du 9 octobre 1912, *B. O.*, p. 251.)

(2) Notice annexée à la circulaire du 28 août 1908. (*B. O.*, p. 1691.)

Leur mécanisme doit être peu compliqué et solide, facile à manier et d'une application simple.

La marque doit être indélébile et difficile à imiter.

Les divers procédés susceptibles d'être employés se réfèrent :

1° Au marquage du bétail ;

2° Au marquage de la viande abattue.

Pour marquer le bétail sur pied, on utilisera par ordre de préférence :

a) Le sciage de l'extrémité de la corne ;

b) Le plombage à l'oreille à l'aide d'une pince-composteur ;

c) Les marques à chaud.

Pour marquer la viande abattue, on emploiera le timbre-rouleau à dates et à vignettes mobiles.

Descriptions des appareils ou procédés susceptibles d'être utilisés.

1° APPAREILS OU PROCÉDÉS UTILISABLES POUR MARQUER LE BÉTAIL.

a) *Sciage de l'extrémité de la corne.* — Ce procédé, dans lequel la corne est sectionnée à l'aide d'une scie, ce qui permet de rapprocher ensuite les deux parties, est incontestablement celui qui offre les meilleures garanties de contrôle.

Pour cette raison, il doit être employé toutes les fois qu'il est reconnu que l'opération peut se faire sans danger pour les hommes, c'est-à-dire lorsque la bête est calme et laisse scier la corne sans difficulté.

Mais si, dès le commencement de l'opération, l'animal frappe du pied ou donne des mouvements de tête, il est prudent d'arrêter l'opération et d'employer un autre procédé de marquage.

Quand on a affaire à des sujets énervés, peureux ou connus comme étant d'un caractère ombrageux, l'opération ne doit même pas être tentée.

b) *Plombage à l'oreille à l'aide d'une pince-composteur.* — Cette marque spéciale exige l'usage des objets suivants :

Presse à plomber à dates, blocs de rechange pour l'indication des dates, harpons, plombs, rondelles en zinc et pince de rivetage.

Un appareil de ce type, que l'on trouve dans le commerce et que les corps sont autorisés à acquérir, donne lieu au mode d'emploi ci-après indiqué :

Le plomb glisse d'abord sur la partie dentelée du harpon et est aplati au moyen de la presse à plomber, puis l'oreille de l'animal est percée du dedans en dehors en engageant la partie en pointe du harpon. Une rondelle, revêtue d'une lettre, d'un chiffre ou d'un signe produits préalablement par poinçonnage ou par estampillage, est de suite placée de l'autre côté de l'oreille ; enfin, avec la pince de rivetage, on abat la pointe du harpon.

Le plomb doit porter d'un côté la date du jour et le mois. et la rondelle une lettre, un chiffre ou un signe variable à volonté.

Bien entendu, ces indications ne doivent pas être considérées comme exclusives et le Sous-Secrétaire d'Etat fera connaître, s'il y a lieu et au fur et à mesure, les autres systèmes similaires, susceptibles d'offrir des conditions de garantie semblables, qui lui seraient présentés et qui pourraient être également acquis par les corps.

c) *Marques à chaud.* — Ce système nécessite l'emploi d'un réchaud, d'une collection de marques en fer à chiffres.

La marque au feu présente le désavantage d'être assez facilement imitable.

2° APPAREIL A MARQUER LA VIANDE ABATTUE.

Timbre-rouleau à dates et à vignettes mobiles. — Le mécanisme d'un appareil de ce type, répandu dans le commerce et que les corps sont autorisés à acheter, comprend :

Un manche en bambou d'une longueur de 60 centimètres afin de permettre d'atteindre facilement le jarret des animaux accrochés dans la salle d'abatage ;

Une douille et une grande fourche.

Dans la fourche sont logés deux rouleaux de dimensions différentes ; le plus grand comporte une rondelle métallique en cuivre à inscription fixe sur laquelle sont gravés les mots : « Alimentation des troupes » et le nom de la ville, près des parties métalliques mobiles pour assurer l'apposition de la date et d'une vignette de contremarque, modifiable chaque jour au gré du service de l'inspection. Il est pourvu de deux couronnes dentées en scie destinées à maintenir l'adhérence du rouleau sur la chair et à l'empêcher de glisser sur les tissus graisseux.

Le plus petit rouleau, appelé rouleau encreur, est creux à l'intérieur et il a sa rondelle métallique percée de petits trous pour livrer passage à l'encre. Une lamelle métallique faisant l'objet de bague entoure ce réservoir ; cette lamelle est percée de petits trous que l'on peut, par un mouvement de latéralité donné à la bague, juxtaposer aux petits orifices du réservoir de façon à régler ainsi l'arrivée de l'encre. La bague est recouverte par du feutre qui s'imbibe et encre l'inscription du grand rouleau.

Le rouleau encreur est mis en contact avec le rouleau inscripteur à l'aide d'un ressort situé dans la douille.

La date et les vignettes de contremarque sont gravées sur des molettes fixées à l'intérieur de l'appareil, et qui tournent aisément, commandées par des manettes.

L'appareil ainsi conditionné permet de tracer dans le sens de la longueur de la bête suspendue, depuis le jarret jusqu'à l'articulation de l'épaule, une longue empreinte continue qui est la reproduction multipliée des indications portées sur le rouleau.

Comme pour le système du plombage à l'oreille, ces indications ne sont pas exclusives et tout procédé de valeur analogue à celui qui vient d'être décrit sera, après examen, signalé aux corps et services.

Il convient de faire remarquer que, en dehors du procédé de sciage de la corne, particulièrement pour le bétail, aucun système, quelle que soit sa valeur, n'assure d'une manière absolue une garantie complète contre la fraude. Par conséquent, le contrôle ne sera réellement efficace que si, outre le marquage, le vétérinaire ou le médecin qui a accepté les animaux sur pied prennent le soin de les examiner encore personnellement après l'abat.

NOTICE N° 2 (1).

Indépendamment des procédés décrets à la notice n° 1, qui fait suite à la circulaire du 28 août 1908, la marque ci-après pourra être utilisée pour marquer le bétail sur pied, savoir :

PLOMBAGE A L'OREILLE A L'AIDE D'UNE PINCE-COMPOSTEUR.

Cette marque comporte l'usage des objets suivants :

Pince-composteur à dater, à plomber, bloc de rechange pour l'indication des dates, aiguilles-lancettes, plombs et aiguilles filetées avec tête en plomb.

Un appareil de ce type, que l'on trouve dans le commerce et que les corps sont autorisés à acquérir, donne lieu au mode d'emploi ci-après indiqué :

L'aiguille filetée avec tête en plomb est engagée préalablement dans la partie creuse de l'aiguille-lancette que l'on tient entre les deux premiers doigts de la main, puis en faisant pression avec le pouce, l'oreille de l'animal est percée du dedans au dehors. L'aiguille-lancette est aussitot enlevée et un plomb glissé sur la partie filetée de l'aiguille à tête devenue libre est composté rapidement à l'aide de la pince.

Le plomb doit porter d'un côté la date du jour et l'indication du mois, de l'autre un chiffre ou un signe spécial variable à volonté.

(1) Circulaire du 17 août 1909. *B. O.*, p. 1429.

Instruction technique pour la reconnaissance et l'examen de la viande sur pied et abattue.

Paris, le 16 mai 1908.

I. — EXAMEN DU GROS BÉTAIL SUR PIED.

Les bovidés doivent être examinés avant l'abatage au point de vue de l'état de santé, du degré d'embonpoint et de la conformation générale.

ÉTAT DE SANTÉ.

L'*animal en bonne santé* présente une physionomie spéciale : il a l'œil éveillé et brillant ; ses allures sont vives et dégagées ; le mufle est frais et couvert de rosée ; le poil est lisse et comme lustré ; la colonne vertébrale s'infléchit lorsqu'on la pince légèrement au niveau des reins entre le pouce et l'index ; la rumination et l'appétit sont réguliers.

Vu couché, l'animal se présente dans le décubitus ordinaire, c'est-à-dire sterno-costal (1). Au repos, il rumine en sommeillant. Le décubitus latéral complet est en général un signe de mauvais augure.

Quelle que soit la façon dont il repose, il est bon de le faire lever afin d'apprécier exactement son état de santé. S'il est bien portant, une fois debout, il s'étire en voussant la colonne vertébrale en contre-haut et en la baissant ensuite dans un mouvement spécial dit de « pandiculation ».

A ces signes faciles à voir, viennent s'ajouter d'autres renseignements qui résultent de l'emploi de procédés très simples.

La température intérieure du corps prise au rectum ou à la vulve à l'aide d'un thermomètre à maxima ne doit pas dépasser 38°,5 — 39 degrés (2).

La main, portée en arrière de l'épaule gauche au niveau du

---

(1) Dans le décubitus sterno-costal, le corps est penché et repose sur un côté; l'encolure est déjetée du côté opposé; les membres antérieurs sont fléchis sur eux-mêmes, l'un est engagé sous la poitrine, l'autre est plus ou moins apparent; les talons de ce dernier touchent au coude; les membres postérieurs sont fléchis en avant, l'un est presque caché sous le ventre, l'autre est libre.

(2) Il est commode d'employer les thermomètres dont la tige présente un côté plan, de manière à faciliter la lecture des indications fournies par l'instrument.

La prise de température exige l'observation de quelques précautions : maintien de la cuvette de l'appareil au contact de la paroi de l'une des cavités naturelles explorées (rectum, vagin) pendant un temps suffisant (plusieurs minutes); examen des animaux au repos à l'abri des intempéries; ne pas prendre la température aussitôt après l'ingestion d'eau froide ou après une évacuation alvine.

cœur, permet de compter le nombre des battements à la minute. La fréquence varie beaucoup avec l'âge et le degré d'engraissement. On compte, en moyenne, 35 à 40 pulsations par minute.

Le nombre des mouvements respiratoires varie de 12 à 15.

L'*animal malade* se présente avec une attitude générale variable suivant la nature et l'intensité de la maladie.

Au cours des affections aiguës la physionomie revêt un caractère de tristesse tout spécial ; le malade se déplace difficilement ; le mufle est sec et chaud ; la bouche est chaude ; le poil est terne ; la tête est basse ; les *grandes fonctions* (respiration, circulation.....) sont accélérées ; l'appétit et la rumination sont troublés.

La souplesse de la colonne vertébrale peut ou diminuer ou disparaître, l'animal affectant de se tenir voussé ; parfois, au contraire, elle peut être exagérée.

Des symptômes sont constatés qui tiennent plus particulièrement aux maladies diverses que l'on peut observer : salivation et ulcérations au cours de la fièvre aphteuse ; excréments liquides striés de sang à la suite d'entérite ; écoulement de muco-pus par la vulve dans les cas de métrite.....

Dans les cas de maladie chronique ayant amené la cachectisation progressive, on trouve des symptômes généraux d'une grande importance : amaigrissement avec ou sans émaciation de muscles, surtout dans la région des lombes et du dos ; peau collée aux côtes ; yeux caves et ternes.....

On doit rechercher d'autres signes qui indiquent l'existence de maladies graves : la présence de tuméfactions et d'indurations des ganglions envahis par la tuberculose ; les altérations de la mamelle, avec hypertrophie ou simple induration, seules ou associées à d'autres lésions siégeant du côté de l'intestin ou de la matrice.....

Il convient de retenir que les animaux, sous l'influence de la fatigue, des marches forcées, du séjour prolongé en wagon, de la température élevée, peuvent arriver à l'abattoir dans de mauvaises conditions faisant croire à un état maladif.

Lorsque la santé n'est pas profondément altérée, un repos de quelques jours fait disparaître les signes de fatigue.

État d'embonpoint. — Chez les animaux adultes, la graisse se dépose de préférence à l'intérieur (suif) et infiltre les masses musculaires. Les sujets qui reçoivent une nourriture très alibile composée surtout de soupes ont une tendance à faire beaucoup de graisse extérieure (1).

(1) Les bouchers disent de ces animaux qu'ils « mettent tout dehors ».

Le veau, le taureau et la vache âgée font peu de graisse de couverture.

La graisse s'amasse d'abord le long des veines et des vaisseaux lymphatiques. Elle se dépose en nappes, entre les plans musculaires de la poitrine et du flanc. Elle forme des amas importants, au voisinage des ganglions. Ces dépôts sont faciles à explorer. Ils portent le nom de « maniements ».

Les maniements dont la consistance est dure indiquent une viande dense ; au contraire, chez les jeunes sujets nourris d'une façon intensive, les amas de graisse sont plus ou moins flasques (1).

L'exploration méthodique des maniements permet de calculer le rendement en viande et en suif.

Les principaux maniements à examiner sont décrits ci-après :

Les *abords* ou *cimier*, placés de chaque côté de la base de la queue, dans le repli cutané qui unit celle-ci à la pointe de la fesse, doivent être bien développées et fermes. Ils forment, chez les animaux bien gras, des masses en saillie faciles à prendre entre le pouce et les autres doigts.

La *côte* explorée au niveau de la courbure des dernières côtes doit donner la sensation d'une peau bien souple et mobile sur un plan adipeux plus ou moins épais et moelleux.

Ces deux maniements sont l'indice de dépôts de « graisse de couverture ».

La *brague* ou *cordon*, qui siège dans la région du périnée, entre les cuisses, doit être considérable ; elle déborde ou remplit la main qui la soupèse (2).

L'*œillet* ou *hampe*, placé dans le repli du flanc, doit être bien garni; tendre le bas du repli qui s'étend de la partie latérale du ventre à la cuisse, donner à la main qui le soulève une sensation très nette de pesanteur et s'étendre sur 20 à 30 centimètres en longueur, de 10 à 15 en hauteur.

L'œillet indique au plus haut degré l'existence de la graisse intérieure.

Le *travers* ou *aloyau* est d'autant plus épais que l'animal est mieux en chair. Il est constitué par les plans musculaires et la graisse de la région lombaire. Il doit être épais, résistant, difficile à saisir.

Conformation générale. — La bonne conformation comporte une répartition régulière de la graisse, un certain rapport entre les os et les muscles, et un aspect extérieur qui traduit un bon rendement.

Les sujets mal conformés ont souvent beaucoup de suif inté-

---

(1) Les bouchers disent que les sujets sont « creux ».

(2) Chez la vache, la partie de ce maniement qui s'étend du côté de l'ombilic (avant-lait) indique un degré d'engraissement très avancé.

rieur; au contraire, les bêtes précoces et bien conformées paraissent souvent plus grasses qu'elles ne le sont en réalité.

Certaines vaches déformées par l'âge, le travail, la lactation et les parturitions nombreuses peuvent paraître maigres et présenter néanmoins à l'abattoir un certain degré d'engraissement qui fait admettre leur viande pour la consommation (1).

D'une manière générale, il faut préférer aux vaches de bonne qualité, dont la *région des reins est toujours un peu émaciée*, les taureaux engraissés à point et bien en chair.

II. — EXAMEN DES PETITS ANIMAUX VIVANTS.

Les petits animaux en *bonne santé* présentent une attitude vive et éveillée, une physionomie animée, l'œil brillant.

Le *veau* (2) sain et de bonne qualité doit avoir la peau fine, les muqueuses apparentes d'un rose pâle sans injection.

Les veaux engraissés à l'étable dans de bonnes conditions donnent une chair blanche et ont les muqueuses pâles. Ceux qui vivent au pâturage et ne sont pas soignés avec autant de minutie sont rouges.

Le mode d'alimentation se traduit encore par la couleur des matières excrémentitielles qui salissent le pourtour de l'anus et la base de la queue ; elles sont jaunes lorsque le lait forme la nourriture principale des sujets ; elles sont plus ou moins teintées en vert par la chlorophylle des plantes lorsque l'animal a brouté.

La température normale du veau est de 38 degrés — 38°,5. Le nombre des pulsations est de 100 et plus ; celui des respirations atteint 20 — 22.

Le *mouton* en bonne santé est vif et alerte. Sa laine est douce, onctueuse ; elle s'arrache difficilement. La conjonctive est rose. Couché, le mouton repose sur le sternum et sur le ventre.

La température intérieure est de 39°,5 — 40 degrés. Le nombre des pulsations atteint 62 — 88 ; celui des respirations est de 13 — 16.

Le *porc* en bonne santé a des mouvements vifs ; il se laisse difficilement conduire. La queue s'enroule en tire-bouchon et se maintient ferme. La peau est douce, lisse et luisante par suite du renouvellement fréquent de l'épiderme.

La température intérieure est de 38°,5 — 39 degrés. On compte 62 — 96 pulsations et 15 — 20 respirations par minute.

---

(1) Il s'agit ici de viande de 3e qualité qui serait refusée en application des cahiers des charges de l'armée.

(2) La viande de veau est, en principe, exclue des fournitures de l'armée. Les indications données pourront s'appliquer aux fournitures d'hôpital.

Les petits animaux, lorsqu'ils sont malades, sont tristes; leurs allures sont moins vives.

Chez le *veau*, les maladies les plus graves sont : les diarrhées persistantes, les affections de l'ombilic avec ou sans complication de polyarthrite, les tumeurs charbonneuses (1) crépitantes sous la pression des doigts.....

Le *mouton* malade suit péniblement le troupeau. Il est triste et se défend peu lorsqu'on le saisit et le maintient captif. La tête est tenue basse, près de terre, et la physionomie est bien spéciale.

L'animal peut uriner du sang comme dans la fièvre charbonneuse; tourner sur lui-même en rond, lorsqu'il existe des lésions parasitaires du cerveau (cœnure déterminant la maladie dite « tournis »).

Les naseaux peuvent laisser s'écouler un jetage plus ou moins gluant.

Des symptômes de météorisation (ballonnement du flanc gauche) sont parfois observés.

La pâleur exagérée des muqueuses peut faire soupçonner quelque affection grave et cachectisante.

Le *porc* malade fait entendre des grognements plaintifs ; sa queue est flasque et ne s'enroule plus en spirale ; l'appétit est diminué ou nul.

Dans le cas de maladies aiguës, telles que le rouget et la peste porcine, la peau peut se couvrir de taches rougeâtres ou violacées plus ou moins étendues.

Lorsqu'il s'établit quelque affection chronique (tuberculose, rouget, pneumonie infectieuse.....), l'amaigrissement peut survenir ; l'animal tombe dans le marasme et les parasites l'envahissent facilement.

On peut observer des déformations osseuses, soit des membres (rachitisme.....), soit de la tête (maladie dite du « reniflement »).

L'examen de la cavité buccale et notamment de la face inférieure de la langue (« langueyage ») permet de trouver parfois, surtout sur les porcs du Limousin ou de la Bretagne, des kystes ladriques ou cysticerques. La maladie (ladrerie) existe souvent sans qu'aucun trouble grave soit apporté aux grandes fonctions organiques.

Etat d'embonpoint et conformation générale. — Les veaux des pays herbagers sont souvent vendus au boucher avant qu'ils aient atteint l'âge de 15 jours. Ils sont petits, et n'ont point de cornillons ; le bout du nez et les gencives sont violacés, les

(1) Le charbon symptomatique est observé dans les pays d'élevage sur les veaux au pâturage.

onglons souples et flexibles ; parfois on trouve encore des traces du cordon ombilical. Les veaux ne sont bons qu'autant qu'ils ont plus de trois semaines et qu'ils ont été bien engraissés.

Les *moutons* les plus appréciés ont les reins et le dos larges, la côte arrondie, les gigots courts et en général la tête et les membres rapetissés.

La graisse se dépose surtout sous forme de couverture.

On se rend compte du degré d'embonpoint en palpant la région dorso-lombaire ou maniement du « travers ». La main le saisissant entièrement ne peut pénétrer dans le flanc lorsque les animaux sont bien gras. On peut ainsi explorer les « abords ». Comme chez le bœuf, ceux-ci sont situés de chaque côté de la queue. On ne doit pas oublier que certaines races de mouton africain, surtout exploitées en Tunisie et dans la province de Constantine, se présentent à l'état normal avec une queue abondamment chargée de graisse.

Les porcs de races précoces (anglaises ou croisées avec des races anglaises) ont les extrémités réduites, le corps trapu ; ils sont de petite taille ; les oreilles sont fines et les soies rares ; le lard est épais.

Les porcs rustiques, de races locales, ont les extrémités très développées, la croupe un peu avalée, les oreilles longues et tombantes, la peau couverte de soies ; le lard est plus ferme.

On s'assure de la fermeté du lard par la palpation.

Le lard est mou et aqueux lorsqu'on observe une certaine flaccidité des chairs vers la partie inférieure des côtes.

Les porcs engraissés dans les laiteries à l'aide de sous-produits dont la salubrité et l'état de conservation laissent à désirer présentent souvent des chairs molles et dépréciées.

On admet généralement qu'un ventre tombant très accusé dénote une surcharge de graisse intérieure autour des rognons et des organes digestifs.

III. — DÉTERMINATION DE L'AGE DES ANIMAUX.

Les caractères qui permettent de dire approximativement l'âge des animaux de boucherie sont tirés de la forme et de l'usure des dents et de l'aspect des cornes.

Le tableau suivant les résume (1).

(1) Les chiffres donnés n'ont rien d'absolu. Les animaux de races peu précoces ont des dents de remplacement qui apparaissent un peu tardivement.

	BOVIDES.	MOUTONS.	PORCS.
Dents de lait (incisives).	Sont au complet vers 4 à 6 semaines; se maintiennent jusqu'à 18 mois. Les coins sont nivelés de 18 à 24 mois.	Se maintiennent jusqu'à 15 mois environ.	Sont au complet vers 3 à 4 semaines; se maintiennent jusqu'à 6 ou 7 mois.
Dents de remplacement (incisives.)	Chute des pinces de 1 an 1/2 à 2 ans (2 dents). Chute des mitoyennes internes de 2 ans à 2 ans 1/2 (4 dents) Chute des mitoyennes externes de 3 ans à 3 ans 1/2 (6 dents). Chute des coins de 3 ans 1/2 à 4 ans 1/2 (8 dents, « bouche faite »).	Chute des pinces de 15 à 18 mois (2 dents). Chute des mitoyennes internes de 1 an et 1/2 à 2 ans (4 dents). Chute des mitoyennes externes de 2 ans 1/2 à 3 ans (6 dents). Chute des coins de 3 à 4 ans (8 dents).	Chute des coins de 6 à 7 mois 1/2. Apparition de la défense ou crochet vers 8 mois. Chute des pinces vers 1 an. Chute des mitoyennes vers 1 an 1/2 à 2 ans.
Cornes......	Absence de cornillons chez les veaux de moins de 15 jours; à 3 ans, apparition du premier sillon; on note un sillon en plus chaque année.		»

Vers 6 ou 7 ans, chez les bovidés, les pinces usées se « nivellent ». Puis vient le tour des mitoyennes (8 — 9 ans) et des coins (vers 10 ans); vers 12 ans, l'animal n'a plus que des dents très usées (« chicots »).

La détermination de l'âge a une grande importance pour l'appréciation de la qualité de la viande. Il faut préférer la viande de taureau bien engraissé et jeune à celle de la vache âgée toujours plus ou moins épuisée par la lactation. La viande de génisse engraissée à point est des plus appréciées.

IV. — EXAMEN DE L'ANIMAL ABATTU.

a) *La coupe des viandes.*

Les viandes sont découpées à l'étal suivant certaines règles variables d'une région à l'autre.

A Paris, on distingue :

BŒUF (1).

Morceaux		
1. *Crosse* : articulation du jarret et quart inférieur du tibia	cuisse ..	quartier de derrière
2. *Jambe* ou *gîte* : tibia et muscles attenants..........		
3. *Globe* : fémur, bassin et muscles correspondants... Il comprend :		
Tranche grasse : corps du fémur, rotule et muscles attenants (partie antérieure)..........		
Gite à la noix ou *semelle* : muscles de la partie postérieure de la cuisse avec un ganglion (poplité) noyé dans la graisse..........		
Tende de tranche : os du bassin, tête du fémur et muscles des régions postérieure et interne de la cuisse..........		
4. *Culotte* : région du sacrum avoisinant la queue.....		
5. *Aloyau* (région dorso-lombaire).... *Filet* : muscles de la face inférieure des vertèbres lombaires, de l'ilium..........		
Faux filet : muscles qui remplissent les deux gouttières formées par les vertèbres, leurs apophyses épineuses et leurs apophyses transverses..........		
Rumsteck : muscles de la région de la croupe......		
6. *Bavette* : partie latérale du flanc avec un fragment de la dernière côte..........		
7. *Pointe de flanchet* : partie du flanc, près de la cuisse..........	Pis de bœuf.	
8. *Paillasse* : paroi de l'abdomen, partie inférieure....		
9. *Milieu de tendrons* : cartilages des fausses côtes et paroi du ventre..........		
10. *Milieu de poitrine* : région sternale, de la 4e à la 7e côte..........		devant (sans épaule).
11. *Gros bout de poitrine* : région sternale jusqu'à la 3e côte..........		
12. *Plat de côtes* : partie médiane des côtes (*couvert* par un muscle épais ou *découvert*)..........		
13. *Train de côtes* : région dorsale (*couvert* de la 8e à la 13e vertèbre dorsale, découvert de la 4e à la 7e dorsale)..........		
14. *Surlonge* : 3 premières vertèbres dorsales..........		
1. *Crosse* : articulation du carpe ou genou avec le quart inférieur de l'avant-bras..........	Paleron.	Epaule.
2. *Jambe* : os de l'avant-bras (cubitus et radius) et muscles attenants..........		
3. *Charolaise* : articulation du coude..........		
4. *Macreuse* : épaule et bras, avec l'os à moelle (humérus)..........		
5. *Derrière de paleron* : tiers supérieur de l'épaule...		
6. *Jumeaux* : tiers supérieur du bras..........		
7. *Collier* : cou..........		
8. *Joue* : mâchoire inférieure..........		

(1) Le demi-bœuf comprend le quartier de derrière et le quartier de devant sans épaule. Celui de gauche porte l'*onglet* (muscles appelés piliers du diaphragme); celui de droite comprend la queue.
La partie charnue du diaphragme porte le nom de *hampe*.

VEAU.

1. *Cuisseau*.
   - Talon de rouelle (région du jarret).
   - Milieu de rouelle (milieu de cuisseau).
   - Os barré (os du bassin et muscles de la région).
   - Entre-deux de quasi (région du bassin).
2. *Rognon de veau* ou « milieu de longe » (région lombaire).
3. *Carré* (région dorsale).
4. *Collet* (cou).
5. *Poitrine* (région sternale).

MOUTON.

1. *Gigot* (avec *ou* sans « selle »), c'est-à-dire avec ou sans totalité du bassin et partie des lombes.
2. *Carré de côtelettes*.
   - Côtelettes découvertes (côtes à nu).
   - Côtelettes couvertes (côtelettes premières avec « noix » de viande).
   - Côtelettes secondes (plus grasses, toutes couvertes de muscles).
   - Côtelettes de filet (sans côte *ou* « manche », région lombaire).
3. *Poitrine* (région sternale et partie des côtes).
4. *Collet* (cou).

PORC.

1. *Jambon* (correspond à la cuisse de bœuf, au cuisseau de veau, avec cette différence que la région de la queue est laissée adhérente à la région des lombes).
2. *Samorie* (extrémité de la colonne vertébrale, région sacrée).. } Rein de porc.
3. *Filet* (lombes et dos).. } Rein de porc.
4. *Echine* (partie du dos et commencement du cou)............ } Rein de porc.
5. *Poitrine* (partie antérieure de la poitrine, côtes, fausses côtes, partie des muscles du ventre).

b) *Caractères généraux de la viande abattue.*

Si l'animal a été sacrifié en état de *bonne santé*, après un temps de repos suffisant, et si la saignée a été complète, les organes et la viande se présentent sans hémorragie, ni arborisations vasculaires, ni infiltrations de sérosité (1).

La chair pantelante conserve sa contractilité pendant un temps variable, allant jusqu'à plusieurs heures. Par le refroidissement, le muscle se raffermit, perd de son humidité naturelle et donne au toucher une sensation spéciale.

Les muscles superficiels acquièrent un ton rouge vif d'autant moins accentué que les animaux sont plus jeunes (2).

---

(1) Il faut se garder de confondre certaines teintures de la muqueuse digestive dues à l'alimentation (coloration rouge violacée due à la digestion du chou rouge chez les porcs) et qui disparaissent après quelques heures de séjour dans l'eau, avec les congestions anormales indices de troubles digestifs graves.

(2) Les muscles superficiels des bovidés maigres et vieux présentent souvent une teinte spéciale d'un rouge vif intense.

Les régions musculaires sont exsangues ; les divers plans qui les constituent sont exempts de sérosité ; les ganglions qu'elles peuvent renfermer sont fermes, noyés dans la graisse et ne présentent sur la coupe aucune hémorragie, ni néoformation nodulaire.

Le muscle récemment incisé présente, chez les bovidés, une couleur rouge violacée qui, par contact à l'air et oxydation de la matière colorante du sang, passe très vite au rouge vif.

Le muscle non raffermi ne laisse sourdre aucune sérosité sur la coupe. Broyée encore chaude, la chair est capable d'absorber de grandes quantités d'eau. La viande *rassise* depuis quelques jours laisse écouler, sur la coupe, un suc musculaire abondant (« jus ») d'un rouge vif.

Lorsque le bétail a été engraissé à l'aide d'aliments très aqueux et quelque peu irritants tels que des drèches et les pulpes altérées (bœufs « sucriers »), la quantité de sérosité qui s'écoule des muscles peut être véritablement considérable. La viande est un peu dépréciée.

L'engraissement à l'aide d'un mélange de drèches de distillerie de grains et de détritus de cuisine des casernes et hôpitaux produit une viande riche en gras de couverture et d'une teinte jaune spéciale.

La graisse doit être ferme et *onctueuse* au toucher. Elle est toujours blanche, un peu rosée, ou plus ou moins jaunâtre suivant les races et les modes d'engraissement (1). Les caractères de la graisse sont faciles à apprécier lorsque l'examen porte sur les amas rencontrés dans le bassin ou sur la « fente ». (2).

Les os de la colonne vertébrale doivent présenter sur la section une coloration rouge vif rosée. Lorsque la fente a été pratiquée par des mains inexpérimentées, la section peut être irrégulière avec de nombreuses esquilles ; en outre, des taches de sang peuvent être rencontrées sur la coupe du rachis.

Les os longs ont une moelle blanche et ferme ; le doigt ne peut arriver à pénétrer dans le canal médullaire lorsque la moelle est complètement figée.

Les extrémités des os longs (partie épiphysaire) adhèrent intimement à la partie centrale (diaphyse) chez les animaux adultes. Par contre, lorsque l'animal n'a pas achevé sa croissance, les diverses régions d'un même os sont mal soudées. Les os sont moins blancs sur la coupe.

Les vaisseaux doivent être absolument vides de sang : la

---

(1) Chez le mouton, la graisse intérieure doit être blanche et cassante. Les muscles ne sont jamais très infiltrés de graisse : en général, il n'existe ni marbré, ni persillé.

(2) La « fente » n'est autre que la coupe médiane du rachis pratiquée dans le sens de la longueur. Elle est faite soit au couperet, soit à la scie.

pression exercée sur le trajet des veines en ramenant les doigts qui compriment le vaisseau vers la section plus ou moins béante ne fait sourdre ni sang incoagulé, ni caillot constitué.

Le tissu cellulaire qui avoisine les vaisseaux et les ganglions et sépare les divers groupes musculaires, examiné principalement au niveau de l'aine et sous l'épaule, est blanc, sans hémorragie, ni infiltration de sérosité.

Les membranes séreuses qui tapissent la cavité abdominale et la cavité pectorale, les surfaces des articulations et les parois du cœur sont lisses, brillantes, transparentes. On n'y rencontre ni hémorragie, ni injection généralisée, ni adhérence (trace de lésions anciennes ou récentes).

Les ganglions lymphatiques doivent présenter un volume normal, une teinte grisâtre à l'intérieur. Au toucher, la surface de la coupe doit être lisse et régulière ; le suc ganglionnaire qui s'en échappe est peu abondant, à peine visible.

Les organes internes ont des physionomies, des formes et des volumes qu'il importe de bien connaître.

Le foie des bovidés a une teinte rougeâtre ; le sang qui s'écoule des veines au moment de l'éviscération est rouge.

La surface du foie est lisse ; sur la coupe on n'observe aucune lésion constituée, ni dépôt hémorragique.

La rate ne doit avoir aucune bosselure, ni hypertrophie. Sur la coupe on ne doit voir aucune néoformation.

Les reins ou rognons, débarrassés de leur suif afin d'être facilement explorés, se présentent avec leur lobulation caractéristique. Leur surface est lisse. Sur la coupe, on ne doit voir aucune lésion constituée, ni aucune congestion (1).

V. — QUALITÉS, CATÉGORIES.

Suivant le degré et le mode d'engraissement, l'âge, la race, la conformation générale, on distingue diverses qualités chez les animaux de boucherie et de charcuterie.

La division en 1re, 2e et 3e qualités est quelque peu arbitraire. S'il est difficile d'établir des lignes de démarcation bien nettes, il est néanmoins possible d'indiquer ce que peuvent être ces qualités envisagées au point de vue de leurs caractéristiques d'ensemble.

Les bovidés de *première qualité* ont la graisse de couverture épaisse et ferme répartie sur les régions du dos, des reins, de

---

(1) Les viscères détachés doivent être placés à proximité de l'animal abattu, dans un ordre déterminé ; ils sont marqués chaque fois que cela est possible. On marque facilement, à la pointe du couteau, les foies, les « ratis » (mésentères chargés de graisse).....

la croupe ; la graisse est abondante sur la fente, au niveau des espaces interépineux.

La graisse interne forme des amas considérables autour des reins. Il en est de même dans le bassin.

Les points d'attache du diaphragme sont couverts de masses adipeuses formant dentelures.

Dans le thorax, à la surface des côtes, on trouve des amas en grappes (« grappé » de poitrine).

Les muscles sont infiltrés de dépôts de graisse sous forme des veinures du « marbré » ou de fines arabesques du « persillé ».

Le grain de viande (1) est fin ; la chair est rouge vif et claire sur la coupe. Elle est riche en sérosité lorsqu'on l'examine après un certain temps de maturation.

Des « sortes » (2) de viande peuvent être établies pour traduire certains degrés d'engraissement, chez les animaux de 1re qualité.

Les bovidés de *seconde qualité* ont moins de graisse extérieure et de suif. La graisse de couverture se dépose sur les côtes, le dos et les reins. Elle a peu d'épaisseur et présente des interruptions. Le rognon est entièrement couvert.

La fibre musculaire apparaît parfois un peu pâle et comme sèche.

L'infiltration adipeuse des muscles est moins accusée.

Dans la *troisième qualité* sont compris les bovidés dépourvus de graisse de couverture, sans « persillé » ni « marbré », avec un peu de suif au bassin et le long de la colonne vertébrale.

La valeur alibile et gustative des divers morceaux chez un bœuf de qualité varie avec la région envisagée. On distingue généralement trois catégories de morceaux.

On range en *première catégorie* la viande du quartier de derrière (régions fessières et lombaires) et du dos : culotte, rumsteck, tranche grasse, tende de tranche, gîte à la noix, filet, faux filet et train de côtes. Ces régions musculaires sont épaisses, donnent beaucoup de suc (« jus »), ont peu de parties tendineuses, sont facilement infiltrées de graisse, notamment pour le faux filet et le train des côtes.

Ces régions sont utilisées pour préparer les rôtis, le pot-au-

---

(1) Le *grain* de viande est apprécié en passant la pulpe du doigt sur la coupe transversale des muscles. Il est *fin* lorsque l'engraissement est tel que l'on perçoit une sensation douce et comme veloutée. Le boucher dit de la viande qu'elle « se coupe bien ».

(2) Les bouchers distinguent trois « sortes » (1re, 2e, 3e) de viande pour indiquer trois variétés dans chaque qualité.

feu et les pièces braisées (culotte, gîte à la noix, partie de tende de tranche).

On fait entrer dans la *deuxième catégorie* une partie des quartiers de devant : paleron, plat de côtes, talon de collier, bavette d'aloyau. Ces régions servent au pot au-feu.

Enfin, la *troisième catégorie* comprend les extrémités : tête, collier (1), surlonge, gîtes (devant et derrière), hampe et onglet (diaphragme et ses piliers), « pis de bœuf », poitrine.

La surlonge peut, à la rigueur, être admise dans la catégorie précédente. Elle constitue un morceau supérieur aux autres morceaux de 3e catégorie.

Les morceaux de cette dernière catégorie constituent d'excellents aliments, d'un rendement satisfaisant, à la condition qu'ils proviennent de bœufs de bonne qualité (« bonne seconde ») et d'un poids avoisinant 400 kilogrammes (« viande nette »). Il en est tout autrement lorsque les fournisseurs s'adressent à des bovidés pesant moins de 350 kilogrammes (viande nette), plus ou moins maigres. Dans ces conditions, le collier devient tout à fait désavantageux ; le pis de bœuf reste surtout riche en os et en tissus inassimilables.

L'idéal serait que l'on pût donner en pot-au-feu les morceaux de troisième catégorie et aussi quelques régions (riches en muscles) de la seconde catégorie, le tout provenant de sujets gras et non « fin-gras » (2).

VI. — LES CARACTÈRES DIFFÉRENTIELS DES VIANDES DE BOEUF, DE TAUREAU ET DE VACHE.

Les viandes de bœuf et de vache n'ont pas la même valeur marchande, elles diffèrent par plusieurs points : moindre volume des muscles chez la *vache*, fibre musculaire plus fine, graisse intérieure moins onctueuse au toucher.

L'existence de traces de mamelle dans la région de l'aine ne permet pas de faire erreur lorsqu'il s'agit de différencier les viandes en question. Même lorsque la mamelle a été totalement détachée, on trouve un vide qui chez le bœuf correspond à un amas de graisse lobulée, avec ou sans trace de testicule atrophié (3).

La cuisse de *bœuf* se distingue par une forme spéciale qui

(1) Dans les bœufs de première qualité on peut tailler des beefsteaks (1re catégorie) jusque dans certains muscles du collier, placés au voisinage de la surlonge.

(2) Les animaux fin-gras donnent trop de graisse. Le rendement en viande cuite est faible, surtout pour les morceaux de poitrine.

(3) Dans la castration par torsion (« bistournage »), le volume du testicule atrophié renseigne sur l'époque plus ou moins éloignée à laquelle remonte l'émasculation.

tient le milieu entre la conformation de la cuisse du taureau aux masses musculaires en saillie et celle de la même région chez la vache dont les muscles sont toujours un peu émaciés.

La graisse mamelonnée amassée au niveau de l'aine, l'aspect des muscles sectionnés et mis à nu au moment de la fente longitudinale du bassin (ils dessinent une surface terminée en pointe du côté de la queue) (1), la section nette de la partie caverneuse de la verge et des muscles qui la rattachent à l'os du bassin sont caractéristiques de la viande de bœuf.

Il faut ajouter que chez les génisses qui n'ont jamais porté la mamelle se trouve réduite à un amas de graisse d'une finesse spéciale qui ne peut être confondue avec la graisse lobée de la région inguinale du jeune bœuf, même lorsque cet amas a été l'objet d'incisions entre-coupées de manière à simuler une graisse agglomérée et comme frisée.

La viande de *taureau* se distingue surtout par le volume et l'épaisseur des plans musculaires. Les muscles de l'encolure et des membres sont en saillie ; les parties tendineuses et aponévrotiques sont plus développées que chez le bœuf. La graisse est parfois plus blanche.

Les os sont plus épais, rouges, violacés sur la section ; leurs cassures sont moins régulières.

L'infiltration graisseuse des muscles des régions de choix se fait davantage en îlots ; on n'observe pas les fines arabesques du « persillé » des bœufs de 1re qualité. Le grain de viande est plus rugueux « rufle », disent les bouchers ; la fibre musculaire sectionnée en travers présente une sorte de reflet irisé ; elle paraît moins humide.

Sur la cuisse on retrouve les traces de la section de la verge toujours plus volumineuse que chez le bœuf.

Un caractère précieux permettant de différencier les trois variétés de viande dont nous nous occupons est basé sur l'aspect et les dimensions que revêt la coupe de l'os du bassin.

Celle-ci se présente suivant une surface étroite, allongée, un peu sinueuse et renflée à la partie antérieure sous forme de tubérosité. La largeur de cette surface est réduite chez la vache. La tubérosité antérieure est très volumineuse et arrondie chez le taureau, très réduite et aplatie chez la vache, et d'un volume intermédiaire chez le bœuf (2).

---

(1) Cette surface a la forme d'un demi-cercle chez la vache.

(2) Chez les animaux âgés, l'amincissement des tables et tubérosités osseuses va de pair avec l'atrophie des muscles.

Vers 2 ou 3 ans, les muscles sont rouges et épais ; les os sont spongieux et tendres. La « fente » au niveau du bassin est très facile.

Lorsque l'animal est vieux, les muscles du faux filet diminuent d'épaisseur, les os sont durs ; le couperet attaque difficilement les apophyses épineuses des vertèbres au moment de la fente ; les corps verté-

Remarque. — Les caractères qui permettent de distinguer les sexes sur la viande de *veau* sont de même ordre que ceux qui viennent d'être exposés. Il faut savoir que la viande de veau mâle présente à peu près les mêmes qualités que celle du veau femelle. La distinction des sexes n'a donc qu'une importance très restreinte. La couleur blanche de la viande de veau disparaît avec l'âge ; elle fait place à une couleur rouge plus ou moins accusée quand l'animal vieillit. De même la coloration bleuâtre des surfaces articulaires s'efface également avec l'âge.

VII. — CARACTÈRES DIFFÉRENTIELS DES VIANDES DE CHEVAL ET DE BŒUF.

La viande de *bœuf* a une couleur rouge clair, parfois rouge vif qui tranche sur la couleur très foncée, toujours plus ou moins « rouillée », « terre de sienne » présentée par la viande de cheval. Toutefois il faut savoir que la viande de bœuf fatigué (viande « surmenée ») peut présenter une coloration noire ou rouge sombre très accusée capable de prêter à confusion ; la viande de cheval maigre et atteint de maladie fébrile peut revêtir une teinte rouge particulière qui fait dire aux bouchers qu'elle a un ton « animé ».

Les quartiers de derrière du *cheval* ont une forme arrondie très nette.

La résistance de la fibre musculaire est faible chez le cheval. Le muscle malaxé dans le creux de la main est facilement réduit en pulpe. Une telle friabilité de la viande est anormale chez le bœuf (cas de fièvre charbonneuse, de maladies aiguës graves, de viande fermentée.....).

Le « grain » de viande est plus grossier, sans infiltrations de graisse (« persillé »). La fibre musculaire est luisante sur la section ; elle forme une tache huileuse sur le papier buvard.

La graisse, riche en oléine, ne peut être confondue avec aucune autre (1).

Le muscle bouilli se rétracte beaucoup. Il fournit un bouillon toujours très pâle.

Des caractères précis sont tirés du squelette :

---

braux densifiés ont une cassure sèche; le pubis est résistant et, parfois, pendant la fente, le couperet brise les os amincis au lieu de les séparer exactement au niveau de la symphyse du bassin.

(1) Elle s'accumule sur le bord supérieur du cou, surtout chez le cheval entier.

	CHEVAL.	BŒUF.
Scapulum (*palette*, os de l'épaule).........	A la face externe de l'os, l'épine acromienne est très élevée au milieu, abaissée vers les extrémités; elle divise la surface en deux loges de largeurs qui sont entre elles comme 1 est à 2.	Epine terminée par une arête élevée et prolongée en pointe, divisant la surface de l'os en deux fosses dont les largeurs sont entre elles comme 1 est à 3.
Cubitus et radius (os du gîte de devant)...	Canal médullaire du radius traversé de fines aiguilles osseuses empêchant la pénétration du doigt. Le cubitus se termine au niveau du quart inférieur du radius. La moelle des os longs manque de consistance.	La paroi interne du canal médullaire du radius est lisse. Le cubitus est un os long avec canal médullaire. La moelle des os longs est dure et se laisse difficilement pénétrer par le doigt.
Symphyse pubienne (os du bassin ou *quasi*).	La section de l'os du bassin est presque rectiligne.	La section du bassin est incurvée, comme brisée.
Carpe (genou).........	Comprend 8 os (ou 7): 4 à la rangée supérieure, 3 ou 4 à la rangée inférieure.	Comprend 6 os: 4 à la rangée supérieure et 2 seulement à la rangée inférieure.
Côtes................	Au nombre de 18.	13 seulement, plus larges.

Ajoutons que le foie du cheval n'a pas de vésicule biliaire, que la langue est élargie en spatule à l'extrémité libre, que la rate est en forme de faux et que les reins sont lisses (ils sont lobulés chez le bœuf).

VIII. — CARACTÈRES DIFFÉRENTIELS DES VIANDES DE PORC ET DE VEAU.

Le porc possède quatorze côtes ; le veau n'en a que treize. La viande de porc a une couleur rosée, un peu gris blanchâtre. Des différence de coloration sont observées suivant la région considérée ; les muscles des membres sont plus rouges.

La graisse est onctueuse, elle ne durcit pas comme celle du veau ; elle semble fondre entre les doigts qui la malaxent.

Le « lard » (graisse de couverture) est plus ou moins abondant suivant le degré d'engraissement.

La « panne » (graisse de saindoux) tapisse la face interne du ventre.

La peau (« couenne ») est épaisse parfois très dure (vieux « verrats »).

La confusion avec la viande de veau est difficile, hormis le cas où le porc a été dépouillé.

Le péroné accolé au côté interne de l'extrémité supérieure du tibia est rudimentaire chez le veau ; chez le porc il est très développé, aplati, et aussi long que le tibia.

La « fente » de l'os du bassin forme une ligne courbe chez le veau ; elle est presque droite chez le porc.

La surface du poumon de veau présente une sorte de damier dessiné par les travées de tissu conjonctif. Le quadrillé en question est moins net chez le porc. Insufflé, le poumon de veau présente une belle coloration rose pâle.

Les cœurs de porc et de veau se ressemblent ; toutefois, chez le porc, la graisse onctueuse qui tache les doigts se retrouve du côté des vaisseaux logés au fond des sillons.

Le foie de porc présente des lobules très bien délimitées formant une sorte de « granité » spécial ; le foie de veau a une teinte rouge jaunâtre assez caractéristique.

Les reins de porc sont aplatis, plus ou moins pâles ; les reins de veau sont lobulés comme ceux de bœuf.

IX. — CARACTÈRES DIFFÉRENTIELS DES VIANDES DE CHÈVRE ET DE MOUTON.

Il est parfois difficile de distinguer (1) le mouton aux gigots allongés des races nomades algériennes de la chèvre dont les membres sont également très grêles.

Le tableau suivant résume les principaux caractères différentiels tirés surtout de l'examen du squelette.

(1) On trouve presque toujours à la surface de la viande de chèvre quelques poils détachés au cours de l'abatage et de l'habillage. Ce caractère empirique a une réelle valeur pratique.

	CHÈVRE.	MOUTON.
Vue d'ensemble.	Quartiers de derrière allongés du côté des gigots; poitrine profonde; rachis tranchant; viande plus foncée; *grain* plus grossier.	Gigots plus rebondis, globuleux; poitrine large; ensemble de l'animal moins anguleux; viande moins colorée; *grain* fin, avec parfois un peu de *persillé* dans la *noix* de côtelette.
Graisse.....	Accumulée, surtout autour des rognons; très ferme, très blanche (animaux jeunes), molle et diffluente, jaunâtre (animaux très âgés).	Répartie à l'extérieur (*couverture*) et à l'intérieur (*suif*).
Squelette...	L'os de l'épaule porte une épine qui divise sa face externe; elle est droite et *tranchante*. La palpation permet de percevoir ce caractère sur l'animal abattu et préparé.	L'apophyse épineuse de la surface externe du scapulum présente un bord arrondi avec *tubérosité*.
Squelette...	Vertèbres cervicales formant un ensemble d'une certaine gracilité.	Vertèbre formant un cou relativement court.
Squelette...	La deuxième vertèbre cervicale (ou axis) possède une épine (apophyse épineuse) haute, mince, à bord libre tranchant se projetant d'un centimètre en avant au-dessus de l'ouverture du canal et dépassant le corps de l'os.	L'axis possède une épine réduite terminée par une lèvre raboteuse épaisse, qui va s'élargissant d'avant en arrière, ne dépassant pas le corps de la vertèbre.
Squelette...	Vertèbres lombaires (au nombre de 6); apophyses transverses un peu *inclinées vers le sol* et terminées par un petit crochet antérieur.	Apophyses transverses des sept vertèbres lombaires *relevées* à leur extrémité libre (terminée par un crochet antérieur au niveau des premières vertèbres seulement).
Squelette...	L'os du bassin (coxal) est allongé; la partie élargie (os de la croupe ou ilium) est peu développée : le rapport de la largeur à la longueur, comptée à partir du fond de la cavité articulaire, varie entre 0,47 et 0,58.	L'os du bassin est moins allongé; l'os de la croupe est plus large : le rapport de la largeur à la longueur varie entre 0,62 et 0,76.
Squelette...	La queue possède de 11 à 12 vertèbres; les apophyses transverses sont très manifestes sur les trois ou quatre premières vertèbres.	La queue possède 16 à 24 vertèbres dont les apophyses transverses sont bien développées jusqu'à la huitième. Queue aplatie de dessus en dessous.

X. — LES VIANDES INSALUBRES.

A. — *Recherche des altérations des viandes.*

Quelque chose plaît à l'œil dans l'aspect général de la viande provenant d'un animal sain et de bonne qualité. Au contraire, les animaux fatigués ou atteints de maladies aiguës ont un aspect rougeâtre qui attire l'attention.

Lorsque le sacrifice a été effectué *in extremis*, on note une *ligne de saignée* irrégulière, des hémorragies et des congestions surtout marquées aux flancs et sous les épaules (1).

L'examen du *tissu conjonctif sous-cutané* permet de trouver des traces de contusions, meurtrissures, traumas divers.....

En cas de mort naturelle avec saignée effectuée à la période agonique ou simplement simulée, il convient de rechercher dans les organes et les diverses régions musculaires les stases sanguines et les infiltrations de sérosité rougeâtre. Celles-ci sont surtout visibles au niveau des parties déclives. Il ne faut pas oublier qu'elles peuvent manquer, notamment chez le porc (2).

La *plèvre* est souvent le siège de lésions plus ou moins étendues (tuberculose, pneumonie contagieuse du porc.....).

Une imbibition de la membrane séreuse coexistant avec des œdèmes plus ou moins rougeâtres provoqués par hypostase peuvent mettre sur la voie d'accidents ou de maladies graves ayant déterminé la mort naturelle ou provoqué le sacrifice d'urgence.

Il est à noter que les maladies du tube digestif ont un retentissement immédiat et très appréciable sur l'état des séreuses (péritoine, plèvre).

Le *muscle* doit être ferme lorsque l'animal est examiné douze à vingt-quatre heures après l'abatage. Toute viande qui n'est pas rigide dans un délai de douze heures après le sacrifice doit être suspecte. On se rend compte du degré de rigidité et de raffermissement de l'animal suspendu par les jarrets en lui imprimant des secousses pendant que la main est appliquée au niveau des reins.

L'état de l'atmosphère influe sur l'aspect des viandes.

Un temps humide retarde le raffermissement des muscles, surtout si l'animal manque de graisse. Un temps sec provoque une sorte d'asséchement du tissu conjonctif chez les animaux un peu

(1) Les arborisations de la région de l'aine sont tellement accusées parfois que les bouchers disent de ces animaux malades qu'ils ont des injections des vaisseaux capillaires disposées en *toile d'araignée*.

(2) Au sujet des caractères de la graisse, se reporter aux caractères indiqués à propos des viandes hydroémiques, ictériques.....

hydroémiques : les muscles apparaissent par transparence et sont d'autant plus rouges que le sujet est plus maigre.

Le muscle doit être examiné au point de vue des odeurs qu'il peut dégager sur la coupe au moment même de l'incision. Les muscles de la cuisse (« tende de tranche ») doivent être particulièrement explorés à cet effet.

A l'état normal, la chair ne crépite jamais sous les doigts. La crépitation traduit l'existence de quelque fermentation (muscles noirs et hémorragiques du charbon symptomatique ; fermentations *post mortem* observées chez les bovidés engraissés à l'aide d'aliments fermentés.....) (1).

Le muscle peut contenir des parasites (trichines....., qui parfois ne sont visibles qu'au microscope.

L'examen du *tissu osseux* fournit de précieuses indications. La congestion générale des os spongieux est observée dans le cas de saignée insuffisante.

L'état de la moelle des os longs donne des indications sur l'état général des sujets. Les animaux maigres en état de cachexie ont une moelle molle et rouge (2).

Parfois des lésions graves (tuberculose, actinomycose.....) atteignent le tissu osseux. Les lésions relevées sont en général faciles à différencier.

Des troubles de la nutrition générale peuvent déterminer des déformations osseuses (rachitisme.....).

L'examen des *ganglions* met sur la voie d'un grand nombre d'altérations d'origine microbienne le plus souvent (tuberculose, rouget.....).

Le *sang* offre aussi, dans certains cas, des caractères anormaux qui permettent de faire des diagnostics précis (fièvre charbonneuse.....).

Quant aux divers *organes*, ils doivent être examinés avec soin. Leur inspection permet de trouver nombre de lésions variables (kystes parasitaires, néoformations tuberculeuses, tumeurs.....) les unes nettement apparentes, les autres discrètes.

B. — *Principaux types de viandes insalubres.*

On distingue deux grands groupes de viandes insalubres : d'une part, les viandes qui proviennent d'*animaux malades* et, d'autre part, celles qui, primitivement saines, se sont altérées par suite de *mauvaises conditions de conservation*.

---

(1) Il faut se garder de confondre cette crépitation d'origine microbienne avec celle qui est due au soufflage des viandes.

(2) Les bouchers disent de ces animaux qu'ils « n'ont pas la moelle ». Il importe d'attendre le refroidissement des animaux pour apprécier la résistance de la moelle.

a) Des *parasites* peuvent envahir le tissu musculaire et rendre la viande insalubre (1).

Les *cysticerques* (forme larvaire des ténias) sont rencontrés dans les muscles et les organes du porc (viande ladre) et des bovidés.

Le muscle de *porc ladre* présente de petites vésicules blanc grisâtre, molles, un peu tremblotantes, ovoïdes, allongées dans le sens de la longueur des fibres musculaires. Ces vésicules (« grains de ladre ») ont de 6 à 20 millimètres de large. Elles présentent une tache blanche qui correspond à la tête rentrée du parasite.

Après extraction du parasite de la logette de tissu fibreux qui l'abrite, la pression permet de faire saillir la tête que supporte une partie allongée ou cou. Un liquide clair et limpide remplit chaque vésicule. Celle-ci s'affaisse lorsqu'on l'incise.

Les vieux parasites peuvent être envahis par des dépôts de sels calcaires et former de petits amas durs au sein des muscles (ladrerie sèche). Les cysticerques se logent aussi sous la face interne de la plèvre (face interne des côtes), sur le cœur, dans le foie (porcelets).

Le cysticerque du porc ingéré cru ou après assainissement peut donner à l'homme le ténia solium (ver solitaire, ténia armé).

Les viandes de bœuf et de veau peuvent renfermer la forme larvaire d'un autre ténia qui vit chez l'homme. Le cysticerque en question forme une petite vésicule moins apparente que le cysticerque du porc ; il a une tête sans crochet ; ses dimensions sont moins grandes (5 à 8 millimètres de long sur 3 de large) ; au contact de l'air le cysticerque « inerme » s'affaisse vite, même lorsqu'il n'est pas sectionné. La tête du parasite (dans chaque vésicule) apparaît sous forme de tache blanche, située dans la partie la plus renflée.

Le nombre de ces parasites est souvent très restreint chez les bovidés. On ne rencontre parfois que quelques vésicules après de nombreuses coupes, à l'inverse de ce qui se passe généralement chez le porc. Le siège de prédilection est représenté par les muscles profonds des mâchoires et le cœur.

Les viscères des divers animaux utilisés pour leur viande (bœuf, mouton, veau, porc.....) renferment fréquemment des *échinocoques*, c'est-à-dire la forme larvaire d'un ver parasite du chien (2).

---

(1) Lorsqu'il existe plusieurs hôtes pour assurer l'évolution complète d'une même espèce *parasite*, la loi générale suivante ne fait jamais défaut : la forme *larvaire*, asexuée, vit chez un hôte provisoire, dans la profondeur des tissus ou des cavités du corps; le parasite *adulte*, sexué, habite les organes, tels que le tube digestif, directement en communication avec le monde extérieur, de manière à permettre la dissémination facile des œufs ou des larves.

(2) Les kystes hydatiques du foie chez l'homme seraient très rares

Les kystes ou échinocoques se forment surtout à la périphérie des organes (foie, poumon.....) et leur donnent un aspect irrégulier et bosselé. Ponctionné, le kyste hydatique laisse échapper avec plus ou moins de violence de projection un liquide limpide. Une membrane tapisse la face interne de la cavité rendue ainsi béante.

Lorsque l'échinocoque a subi l'infiltration calcaire, il forme une masse granuleuse et jaunâtre qui rappelle l'aspect de certaines lésions de tuberculose (1).

Les *parasites microbiens* qui envahissent les animaux sont nombreux. Parmi les maladies qui rendent les viandes manifestement insalubres il faut surtout retenir celles qui leur communiquent une certaine virulence, ou un certain degré de toxicité.

La fièvre charbonneuse et la tuberculose, plusieurs maladies du veau, et certaines métrites, entérites, mammites, forment un ensemble d'affections qui rentrent dans ce cadre.

Le muscle des animaux sacrifiés en cours de *fièvre charbonneuse* présente des altérations dont l'aspect varie beaucoup suivant qu'on les examine sur des sujets sacrifiés tout à fait à l'agonie ou sur des animaux (bovidés, moutons) abattus au début de la maladie.

Sacrifiés *in extremis* et mal saignés, les animaux charbonneux fournissent une viande dont les muscles sont congestionnés, friables, de couleur jaunâtre et comme « saumonée ». Entre les plans musculaires, des dépôts de sérosité mélangée de sang peuvent être rencontrés ; les ganglions sont volumineux, gorgés de sérosité hémorragique, friables et entourés d'une zone de tissu cellulaire infiltré et plus ou moins ecchymosé.

Il s'en faut que de tels désordres musculaires soient observés lorsque l'animal a été saigné au début de la maladie. Le muscle peut avoir une coloration et une consistance normales ; les congestions, hémorragies et infiltrations peuvent être réduites à peu de chose. Bref, peu de caractères permettent d'attirer l'attention, en dehors de petites particularités observées surtout du côté des séreuses des grandes cavités (aspect plus ou moins terne dû à une sorte d'imbibition de la membrane, lividité, hémorragies discrètes.....).

---

si des règlements bien compris interdisaient d'une façon absolue aux chiens l'accès des abattoirs. L'infestation de l'homme est d'autant plus facile qu'il vit davantage en promiscuité avec les chiens porteurs du ténia correspondant (forme adulte).

(1) Les poissons (de lacs) hébergent souvent la forme larvaire d'un parasite de l'homme, le *Bothriocéphale large*. Elle est rencontrée chez le brochet, la tanche, la lotte, la perche, la truite, l'ombre-chevalier, la ferra.....

On rencontre quelquefois de petits cysticerques dans le foie du lapin ; il ne faut pas le confondre avec les tumeurs *coccidiennes* ou les *kystes d'échinocoques*. Les foies atteints seuls doivent être rejetés, hormis le cas d'amaigrissement et de cachexie.

La viande charbonneuse conservée pendant quelques jours surtout en été, s'altère avec une rapidité remarquable ; les désordres rencontrés s'accentuent.

Parmi les caractères constamment observés, il faut ajouter l'incoagulabilité du sang, la tuméfaction et la friabilité de la rate, la teinte jaune-feuille morte et la diminution de résistance du foie ; les hémorragies multiples disséminées dans les poumons, les reins (urine sanglante), des lésions intestinales.....

La *tuberculose* des animaux sacrifiés en vue de la consommation revêt des aspects divers selon l'espèce envisagée, l'âge des animaux et l'ancienneté des lésions.

La connaissance de la topographie des ganglions est importante en matière de tuberculose.

Les ganglions lymphatiques (« glandes » des bouchers) existent dans les différentes parties du corps. Ils reçoivent la lymphe (sang blanc) provenant des vaisseaux lymphatiques répartie sous la forme de fins réseaux ou de capillaires.

Les vaisseaux lymphatiques nés sur les membres s'engagent dans les interstices musculaires ou restent superficiels, accompagnent surtout les veines et vont déverser leur contenu dans les ganglions superficiels ou profonds de la cuisse ou de l'épaule.

Les vaisseaux nés sur les côtés du jarret et de la jambe vont se jeter dans le *ganglion poplité* laissé adhérent à la « semelle » ou « gîte à la noix » (1).

Les vaisseaux d'une partie de la face antérieure de la cuisse, de la croupe, se dirigent vers le *ganglion du fuyant du flanc placé en avant de la cuisse.*

Les *ganglions du creux du flanc* reçoivent la lymphe des régions avoisinantes.

Les vaisseaux blancs, qui naissent dans les régions profondes de la croupe et de la queue, se rendent aux *ganglions* de la *fesse*, du *bassin*, des *lombes*.

Chez la vache, les ganglions situés *en arrière de la mamelle* collectent la lymphe provenant de cet organe.

Sous les lombes, un *réservoir* reçoit la lymphe des membres postérieurs et des viscères abdominaux (2).

Les vaisseaux lymphatiques de la face se rendent aux *ganglions* placés *en dessous de la langue ;* ceux de la partie supérieure de la tête, de l'oreille et des régions voisines vont vers un *ganglion* très volumineux enveloppé par la *parotide*. Les vaisseaux qui partent des ganglions parotidiens vont aux *gan-*

(1) « Noix » est ici synonyme de « glande » ou glanglion.

(2) Les viscères (foie, intestin...) ont leurs ganglions lymphatiques attenants et faciles à explorer.

glions du pharynx (deux groupes, l'un au-dessus, l'autre en arrière).

Les vaisseaux du cou (1) et ceux qui s'échappent des deux groupes pharyngiens vont vers le thorax. Ils pénètrent dans la poitrine après avoir traversé le chapelet des *ganglions du bord antérieur de l'épaule.*

Les vaisseaux lymphatiques des membres antérieurs convergent vers les ganglions de la *face interne de l'épaule.*

Les ganglions de l'*entrée de la poitrine* reçoivent les vaisseaux des ganglions précédents (axillaires et préscapulaires).

Dans le thorax, on doit surtout explorer les ganglions des deux chaînes latérales cachés sous les muscles de la face interne du sternum. La chaîne *sus-sternale* finit au *ganglion diaphragmatique* noyé dans un amas de graisse, au voisinage du muscle diaphragme.

De chaque côté du rachis, au niveau des vertèbres dorsales, une chaîne comprend les *ganglions intercostaux supérieurs* ou sous-dorsaux.

Chez le porc, les groupes de ganglions ne sont pas les mêmes ou sont moins apparents que chez le bœuf ; le groupe situé en arrière du pharynx peut manquer parce que l'ouvrier charcutier le supprime ou le détruit en partie au moment où il détache l'œsophage et le pharynx.

Un groupe important, celui des *ganglions du cou,* forme avec les précédents, lorsqu'ils sont tuberculeux, une sorte de « collier ».

Contrairement à ce qui est observé chez le bœuf, les ganglions ensevelis sous le muscle de la *face interne du sternum* n'apparaissent pas en l'absence de lésion tuberculeuse ou autre. On n'en voit pas non plus entre les côtes et en haut de la poitrine. Les *ganglions de l'aisselle* semblent manquer aussi.

Les lésions observées sur les *ganglions mésentériques* sont fréquentes.

Chez le veau, lorsque l'infection tuberculeuse est récente, les lésions ont une apparence homogène sur la coupe, une forme et une consistance qui rappellent les caractères des tumeurs ordinaires. A une période plus avancée, les lésions s'infiltrent de calcaire. Les ganglions sont surtout frappés. Les veaux gras de 1re qualité suralimentés en lait sont surtout atteints.

Les ganglions qui avoisinent l'intestin (ganglions mésentériques) présentent souvent des lésions tuberculeuses. Ceux de la deuxième portion de l'intestin grêle sont souvent envahis. Un

---

(1) On trouve à la surface du cou des ganglions hématiques (hémorragiques sur la coupe) très petits qui dans des cas extrêmement rares peuvent être tuberculeux.

ganglion volumineux, un peu dur et noueux, parsemé de granulations calcaires, indique une infection moins récente.

Les ganglions qui avoisinent le poumon (ganglions bronchiques, médiastinaux) sont fréquemment atteints. Leur tissu s'infiltre vite de calcaire.

Chez les bovidés adultes, les lésions tuberculeuses se rencontrent surtout dans les poumons sous forme de masses *arrondies*, *bosselées*, d'un volume variable atteignant facilement celui d'une pomme (d'où le nom de *pommelière* donné autrefois à la maladie) ; des foyers ramollis sont souvent observés. Tous les organes peuvent être frappés.

Chez le porc, les lésions pulmonaires sont fréquentes. On trouve aussi souvent des lésions osseuses (vertèbres.....).

Les *maladies du veau* qui rendent les viandes nocives dans certains cas sont caractérisées par des signes divers. Il faut surtout se préoccuper de rechercher et d'éliminer de la consommation les veaux atteints d'*arthrites* (multiples le plus souvent), de *diarrhée* avec cachectisation plus ou moins marquée de tout l'organisme, d'*inflammation de l'ombilic*. Les veaux atteints d'*arthrites* peuvent être plus ou moins gras. Ils attirent l'attention par le volume anormal des articulations qui laissent écouler, en abondance parfois, un liquide synovial plus ou moins altéré (sang, pus.....) et montrent des dépôts de fibrine, des infiltrations.....

Les vaches sacrifiées après une parturition laborieuse souvent suivie d'*inflammation septique de la matrice ;* les animaux atteints de *diarrhée aiguë* ou *chronique*, de *lésions suppurées* de la mamelle..... ont souvent fourni des viandes qui ont été le point de départ d'intoxications en masse.

Chez les vaches sacrifiées à la suite de parturition difficile, le bassin présente toujours des traces d'inflammation qui sont indélébiles et constituent la véritable signature de l'accident : congestion, hémorragies, infiltrations.....

D'autres affections, dont le rôle pathogène en matière d'intoxication alimentaire est moins bien établi mais qui, le plus souvent, rendent des viandes insalubres en raison de la facilité avec laquelle elles s'altèrent et se putréfient, sont énumérées ci après avec leurs carctères les plus faciles à noter :

Infection purulente, avec ou sans abcès apparents : *peste porcine* (lésions aiguës se traduisant par des congestions : lésions du tube digestif, du poumon.....) ; *rouget du porc* (plaques hémorragiques à la peau, ganglions, rognons hémorragiques.....) ; *charbon symptomatique* (tumeurs dans les muscles des jeunes bovidés, avec hémorragie considérable, fermentation donnant dégagement à des gaz abondants et crépitants sous les doigts, parfois même une odeur de beurre rance caractéristique.....).

Envisagées au point de vue des *altérations musculaires*, les viandes insalubres peuvent être classées en diverses catégories :

Les *viandes fermentées*, improprement appelées « fiévreuses », dégagent, au moment de la coupe, une odeur rappelant un peu celle de l'haleine des fébricitants. Elles sont caractérisées par une extraordinaire richesse en suc intramusculaire de réaction acide : on peut obtenir jusqu'à 25 à 30 p. 100 de jus rosé sous l'influence de la pression mécanique. On note une mollesse excessive qui donne à la cuisse un aspect spécial : les masses musculaires de la face interne s'affaissent et débordent la ligne de section de l'os du bassin. Le muscle prend une teinte ocreuse, terne, qui, au contact de l'air, change rapidement et devient d'un rose vif tout à fait anormal.

Les altérations rencontrées sont celles de certaines viandes d'équarrissage. Les différences de ton qui existent entre les parties périphériques (liséré gris terne) et la partie centrale de certains muscles fraîchement incisés (muscles de la cuisse, de la face interne de l'épaule), les infiltrations de sérosité entre les plans musculaires, la lividité accusée des grandes séreuses qui sont comme imbibées de liquide et dépolies, constituent les signes d'une fermentation complexe, trouvant son origine, le plus souvent, dans les affections graves des organes digestifs.

Toutes ces altérations s'accentuent avec le temps, même lorsque les viandes sont maintenues à basse température. Elles sont toujours faciles à apprécier lorsque la mise en observation a été prolongée d'une période de douze à vingt-quatre heures.

Les *viandes putréfiées*, avec ou sans formation de gaz abondants au sein des muscles, présentent une série de caractères qui sont en partie l'exagération de ceux que nous venons de décrire. La note dominante est constituée par la friabilité extrême du muscle, la mauvaise odeur qu'il dégage, les tons gris et verdâtres qui s'établissent en divers points et la réaction alcaline du tissu musculaire.

Les viandes ainsi altérées donnent un bouillon louche, de saveur désagréable et de conservation difficile. Le rôtissage s'accompagne d'une odeur détestable, surtout au début de la cuisson (1).

Les *viandes fatiguées* ou *surmenées* forment un groupe de viandes insalubres dont l'aspect est absolument caractéristique et qui diffèrent tout à fait des précédentes quant à la nature et à l'origine des lésions. Le muscle se présente avec une couleur brune, quelquefois absolument noire ; la viande est collante, comme gommeuse au point qu'un fragment même assez lourd projeté contre une partie en élévation (mur ou plafond) y reste

(1) En aucun cas, la viande ainsi altérée ne doit être livrée à la consommation, même après « épluchage » des parties atteintes.

adhérent. Le muscle ne donne pas de suc, même sous forte pression mécanique. Il jouit de la propriété d'absorber beaucoup d'eau lorsqu'il est trituré et mélangé à ce liquide. On note, en outre de la congestion du tissu cellulaire et de la graisse, des caillots sanguins plus ou moins diffluents dans les vaisseaux, une coloration noire des os spongieux. Le bouillon obtenu avec ces viandes est très acide et se conserve mal.

De telles viandes s'altèrent vite. Elles sont observées sur des animaux surmenés (course forcée, longues marches, parturition difficile.....).

Les *viandes cachectiques* sont rencontrées surtout sur les sujets *amaigris* à la suite de maladies chroniques, simples ou compliquées.

La cachexie peut être observée sur des sujets qui n'ont pas épuisé leurs ressources adipeuses.

En dehors des viandes provenant d'animaux cachectisés sous l'influence de la vieillesse ou des privations, il existe des viandes provenant de sujets *cachectiques par maladie*. Deux cas sont rencontrés. On observe en effet, chez le mouton et chez les bovidés, la *cachexie sèche* et la *cachexie humide* ou hydréomie.

Dans la *cachexie sèche*, la graisse ne fait presque jamais défaut ; elle est sèche au toucher, comme farineuse et s'écrase facilement sous les doigts ; elle a perdu son onctuosité normale. Chez le mouton, la graisse peut se présenter par îlots offrant les mêmes caractères de sécheresse, de blancheur de craie et de défaut d'onctuosité. Chez les bovidés qui souffrent d'hématurie (« pissement de sang ») les os sont blancs, plus friables ; le sang est aqueux, peu coloré ; le foie est parfois jaunâtre et friable avec de petits foyers hémorragiques ; le muscle lavé est un peu humide et la graisse apparaît jaunâtre et sèche.

Dans la *cachexie humide* (affections chroniques, entérite, affections parasitaires, maladies microbiennes.....), on retrouve encore une certaine décoloration générale des muscles à laquelle se surajoute une abondante infiltration de sérosité entre les plans musculaires et jusque dans la masse des muscles. La viande donne l'impression d'un tissu mouillé et une sensation de froid humide. Le muscle est atrophié à un degré plus ou moins marqué, suivant la durée de la maladie et le degré de résistance des animaux. La graisse disparaît d'une façon presque complète ; il ne reste qu'un tissu cellulaire gris ou jaunâtre mou et diffluent, gorgé de sérosité. Les os longs (fémur, tibia, humérus, radius) renferment, au lieu d'une moelle figée, ferme et dense, une gelée sans consistance. Le sang est pauvre, peu coloré. Les muscles ne se raffermissent jamais après l'abatage (absence de rigidité cadavérique).

Il est une foule d'affections ou d'accidents qui rendent les viandes impropres à la consommation et qui ne peuvent rentrer dans le cadre des viandes fermentées, putréfiées, surmenées ou cachectiques.

Dans certains cas le rejet de la consommation doit être prononcé parce que les viandes sont manifestement malsaines; dans d'autres cas il s'agit simplement de viandes défectueuses. Parmi les premières il faut ranger les viandes provenant d'animaux sacrifiés pendant la période fébrile des maladies graves (pneumonie, pleurésie, infections diverses...) à la suite d'accidents ou de traumatismes graves (fractures, plaies étendues, parturition pénible, météorisation), et qui généralement présentent les caractères généraux d'une saignée incomplète ou quasi nulle. Les viandes *saigneuses* sont riches en arborisations vasculaires du tissu cellulaire sous-cutané et des espaces intermusculaires. Leurs ganglions sont congestionnés, les muscles sont colorés : ils prennent une teinte plus ou moins foncée; la fibre musculaire est terne ; des dépôts hémorragiques existent dans les faisceaux de fibres. Les reins sont plus ou moins gorgés de sang. La putréfaction envahit très vite les viandes saigneuses.

On doit encore ranger dans le cadre des viandes insalubres celles qui proviennent d'*animaux empoisonnés* par suite de troubles graves du fonctionnement des organes (urémie par suite de la suppression de la sécrétion de l'urine, ictère ou jaunisse à la suite de défectuosités dans le fonctionnement du foie.....). L'odeur urineuse rencontrée lorsqu'on vient d'inciser les muscles de la cuisse peut traduire un simple accident (rupture de la vessie, à la suite d'une obstruction calculeuse du canal de l'urèthre) ou une imprégnation profonde de l'organisme consécutive à une auto-intoxication urémique.

La coloration jaune verdâtre des tissus blancs (graisse, tissu cellulaire, os.....) indique une jaunisse plus ou moins accusée ; elle ne doit pas être confondue avec la coloration jaunâtre normale que revêt la graisse de certains animaux et qui s'efface assez rapidement après une exposition prolongée à l'action de la lumière solaire.

Lorsqu'il existe des affections graves caractérisées par l'évolution de *tumeurs*, de lésions des os (actinomycose), les viandes sont rejetées en totalité ou en partie de la consommation. Les signes extérieurs qui traduisent de telles altérations sont généralement très marqués et retiennent facilement l'attention.

b) Les types de *viandes insalubres* provenant d'animaux sains sont peu nombreux.

On reconnaît facilement celles qui sont *putréfiées* ou en voie de *putréfaction* (viandes à odeur de relent, viandes en voie de liquéfaction, viandes vertes). Lorsque la putréfaction est au début, l'odeur de relent est facilement captée par des traces de formol que l'on peut répandre dans l'atmosphère ambiante.

Lorsque la putréfaction est prononcée, l'odeur dégagée est persistante, fade et des plus écœurantes. Sous l'influence de la putréfaction, la viande perd peu à peu sa réaction acide pour donner une réaction nettement alcaline.

Au nombre des altérations qui peuvent atteindre les viandes d'animaux sains, il faut encore signaler celles qui, sans présenter des caractères objectifs très nets, peuvent néanmoins aboutir à la formation de produits toxiques. Ces altérations d'ordre microbien peuvent être le point de départ d'*intoxications graves.* Elles peuvent être évitées, si l'on prend des soins de minutieuse propreté au cours des manipulations que l'on fait subir à la viande.

XI. — LES VIANDES DÉFECTUEUSES.

A côté des viandes insalubres, il en est qui sont simplement *défectueuses.* Sont de ce nombre celles qui sont *répugnantes* par l'*odeur désagréable* qu'elles dégagent..

Certains médicaments (essence de térébenthine, alcool, éther, phénols, ammoniaque, assa fœtida, camphre, chloroforme, sulfure de potasse, soufre) ingérés communiquent à la viande des odeurs diverses très accusées surtout au début de la cuisson, notamment par rôtissage.

Les mâles (boucs, porcs dont les testicules sont restés dans la cavité abdominale, vieux verrats.....), les vaches laissées longtemps sans être traites avant l'abatage peuvent donner une viande défectueuse.

Les bœufs engraissés avec les résidus de fabrique d'absinthe fournissent une viande dont l'odeur est désagréable ; une foule d'autres plantes possèdent les mêmes propriétés (ail, asphodèle, crucifères.....

Les débris de poissons, les aliments fermentés ou putréfiés agissent de même. La présence de parasites (ascarides) dans l'intestin du veau communique une odeur éthérée à la viande.

L'éviscération tardive, avec ou sans troubles digestifs antérieurs (météorisation), peut avoir le même résultat.

Les viandes peuvent être répugnantes par suite de *colorations anormales* dues à diverses causes : jaunisse au début ; engraissement spécial amenant une coloration jaune de la graisse ; dépôt de mélanine (pigment noir), dans le poumon (de veau), sur les enveloppes de la moelle épinière.

La *phosphorescence* des viandes par suite d'un contact accidentel avec quelque objet riche en microbes phosphorescents tel que le matériel des marchands de poissons, l'envahissement par des microbes divers (surface des viandes mal conservées en chambre froide), par les larves des mouches, les moisissures, contribuent avec bien d'autres causes à rendre les viandes répugnantes et non nocives.

Les viandes *insuffisamment alibiles* (extrême jeunesse, maigreur physiologique....) rentrent aussi dans le cadre des viandes défectueuses.

Il convient de faire remarquer combien il est difficile de dire à quelle catégorie appartiennent certaines viandes dont les caractères d'insalubrité ne sont pas manifestes bien que l'on soit tenté de voir en elles autre chose qu'une viande simplement défectueuse.

XII. — LES FRAUDES.

Les fraudes auxquelles les fournisseurs peuvent avoir recours sont très nombreuses. Les principales sont données ci-après :

Sur l'*animal vivant*, on peut relever des traces de manœuvres frauduleuses pratiquées en vue de tromper sur l'âge des animaux. L'une des plus fréquentes consiste à supprimer les *sillons circulaires* dessinés sur la base des cornes des bovidés, Le boucher a intérêt à agir de la sorte lorsque les animaux sont vieux et que la dent ne donne plus d'indications bien précises sur l'âge. La corne ainsi truquée présente un aspect spécial. Elle a perdu son brillant naturel.

Lorsque certains bouchers achètent en foire des animaux dont l'état de santé laisse à désirer et leur inspire quelque inquiétude, ils tracent, parfois, aux ciseaux, une marque dite « de chasse » (convention indépendante des marques marchandes ordinaires) qui indique au personnel de l'abattoir la nécessité de procéder au *sacrifice d'urgence* (1).

Parfois, les fournisseurs de l'armée réalisent intentionnellement une saignée incomplète de manière à augmenter le poids de la viande. Ils abattent plusieurs animaux en série et ne font la saignée qu'après le dernier abatage.

Le personnel préposé à « l'habillage » des animaux de boucherie est souvent enclin à soustraire tout ou partie des lésions rencontrées sur l'*animal abattu*.

Le garçon boucher supprime les ganglions *tuberculeux* et notamment ceux du hile, du poumon (2), de l'entrée de la poitrine, du médiastin, du diaphragme ; les lésions *échinococciques* (« boules d'eau ») des viscères, les abcès du foie...

---

(1) Les maladies du tube digestif, celles des organes de la reproduction et les affections microbiennes très graves constituent la cause la plus fréquente des abatages de cet ordre. Dans les quatre cinquièmes des cas d'intoxications par la viande, on trouve à l'origine un abatage opéré d'urgence.

(2) Il est utile de savoir que des incisions exploratrices permettent de retrouver accolé à la bronche, dans le tissu du poumon (au niveau du lobe médian), un petit ganglion inconnu des bouchers.

L'existence fréquente de lésions *tuberculeuses à la surface de la plèvre* ou du péritoine chez les bovidés adultes occasionne assez souvent la manœuvre déloyale suivante : le boucher incise la membrane séreuse à la périphérie des insertions du muscle du diaphragme, la décolle et l'arrache entièrement sur tout ou partie de la paroi atteinte. A première vue, il est assez facile de commettre une erreur d'inspection ; toutefois, si l'on examine avec minutie la surface de la paroi ainsi traitée, on s'aperçoit vite que le lisse et le brillant de la plèvre font défaut et que la décortication dont elle a été l'objet a laissé des traces (filaments de tissu fibreux.....). Il est indiqué dans ce cas de rechercher les ganglions profonds afin de voir s'ils ne sont pas atteints de tuberculose.

D'une manière générale, il convient de considérer comme suspecte toute viande qui a été l'objet d'un *épluchage*, soit pour accident dont la nature échappe à la personne chargée de la réception des viandes, soit pour maladie avec localisation plus ou moins nette. On peut donner comme exemple le cas d'un bovidé atteint de charbon symptomatique dont on aurait éliminé les régions caractéristiques. Si une odeur anormale (odeur de beurre rance) peut être perçue au moment de la section des muscles et si les morceaux présentés sont mal préparés, il y a de fortes présomptions de fraude.

En vue de favoriser le « séchage » des viandes cachectiques et hydroémiques (viandes « mouillées »), les professionnels emploient les courants d'air, l'essuyage à l'aide de linges secs, etc. Dans ce cas, il convient de compléter l'examen en explorant les muscles fraîchement incisés ; ceux-ci laissent aux doigts une sensation d'humidité très nette.

Une autre fraude d'un usage fréquent consiste *à substituer un organe sain à un organe malade ou défectueux.* Les agneaux jeunes et maigres sont quelquefois parés de la « toilette » (1) des agneaux gras. Dans ce cas, la comparaison que l'on peut établir entre le degré d'engraissement général du sujet et l'état de graisse de l'organe permet de rétablir la vérité.

Il arrive que l'on présente à l'inspection des animaux malades dont l'*adhérence du poumon n'est pas simulée.* Le poumon tuberculeux a été détaché ; on lui a substitué un poumon sain attaché à l'entrée de la poitrine à l'aide d'une petite cheville en bois placée dans la trachée. Celle-ci est habilement cachée ; elle n'est visible que si l'on détache le poumon en incisant les tissus au niveau de l'adhérence simulée. La fraude est fréquente lorsque les professionnels savent que l'inspecteur n'opère pas en personne l'ablation du poumon.

---

(1) Feuillet de la séreuse qui flotte dans l'abdomen et se charge de graisse.

Il convient aussi d'être mis en garde contre la fraude qui consiste à préparer pour l'armée des morceaux hors catégorie dits *paillasses fourrées ;* le boucher fait glisser entre les plans musculaires des morceaux de dernier ordre, des fragments inutilisables de joue, de collier, de flanchet et prépare, la compression aidant, une sorte de bloc de chair d'un prix de revient très faible.

La fraude qui consiste à surajouter aux morceaux débités des *os qui ne proviennent pas des viandes livrées* peut se produire. Pour l'éviter, il convient de toujours exiger que les os adhèrent naturellement aux viandes et de ne jamais accepter les viandes désossées, qu'elles soient *roulées* ou non.

Il arrive aussi que le boucher tente de fournir de la « bajoue » au lieu d'épaule. La fraude est facile à voir. L'os de l'épaule présente une arête sur la face externe ; le maxillaire inférieur n'a pas d'épine semblable.

Parfois les *coupes sont pratiquées avec intention de tromper* (1). Les coupes utilisées en boucherie sont généralement perpendiculaires ou parallèles à l'axe du corps ou à la direction des membres. Au moment où le boucher détache les aloyaux et les autres morceaux de première catégorie dont il conserve la propriété (fournitures par bêtes, demi-bêtes ou quartiers) il y a lieu de s'assurer que les coupes sont pratiquées dans les conditions normales.

Les morceaux débités ne doivent jamais être *repliés sur eux-mêmes*. Toute coupe incomplète, avec lambeau servant en quelque sorte de charnière, permet de supposer que les parties cachées des morceaux présentés ne sont pas partout irréprochables.

En vue de faire admettre des viandes de qualité inférieure, le boucher est tenté de *mélanger quelques morceaux de qualité médiocre ou douteuse à d'autres morceaux plus nombreux et de bonne qualité*. Cette fraude est facile à déjouer. Un peu d'attention permet de reconnaître les morceaux provenant de plusieurs animaux, lorsque l'engraissement diffère quelque peu.

Il convient de rappeler aussi que les animaux mâles sont quelquefois *émasculés peu de temps avant la vente pour la boucherie* (2). Le cas se produit souvent en ce qui concerne la viande de mouton. Les bouchers s'efforcent de réduire ou de masquer, par de savantes manœuvres, les saillies musculaires

---

(1) Un collier coupé obliquement peut fournir un rendement en chair très réduit (10 p. 100 en moins).

L'ablation du morceau dit « de saignée », faite trop largement, peut avoir le même effet.

(2) Les Marocains qui livrent des moutons au marché de Marnia agissent souvent ainsi.

que forment les régions du cou et du garrot. L'examen attentif de l'ensemble de l'animal ne permet pas de commettre une erreur. Autre signe facile à constater : les moutons tardivement châtrés ont une verge volumineuse (1).

Quant aux fraudes qui portent sur la *nature même de la viande* (viande de vache livrée pour de la viande de bœuf.....), elles ne sont possibles que dans les fournitures en morceaux débités. Dans la plupart des cas, un examen attentif permet cependant de ne pas laisser frauder. L'erreur n'est pas possible lorsqu'il s'agit de viandes livrées par quartiers (2).

Des fraudes peuvent se produire par addition d'antiseptiques aux viandes livrées.

Les *sulfites* et *bisulfites alcalins* jouissent de la propriété de conserver une coloration rouge plus ou moins vive aux viandes altérées par un début de fermentation microbienne. L'opération dite du « trempage », c'est-à-dire l'immersion des viandes à conserver dans un bain antiseptique, ainsi que le saupoudrage avec les *sels de conserve* sont absolument interdits. Lorsqu'on aura des raisons pour suspecter l'emploi d'antiseptiques, et notamment des bisulfites, on fera procéder à la recherche de ces agents conservateurs par un laboratoire outillé à cet effet. On devra toujours comparer l'état d'altération des parties superficielles largement exposées à celui des parties situées au fond des replis ou anfractuosités formés par la rencontre des plans musculaires, le trempage ou le saupoudrage agissant surtout en surface (3).

Le Sous-Secrétaire d'État
au ministère de la guerre,
Henry Chéron.

---

(1) L'ablation des testicules, pratiquée frauduleusement après l'abatage de manière à cacher le sexe, est facile à établir : le cordon testiculaire du bélier présente un aspect caractéristique lorsque la section a été faite *post mortem*.

(2) Voir les chapitres des caractères différentiels des diverses viandes.

(3) En dehors de ces fraudes, il en existe d'autres qu'une bonne surveillance permet de prévenir.

Elles portent sur les *substitutions* opérées dans les voitures transportant les viandes de l'abattoir au corps de troupe (emploi de couvertures, de bâches pour cacher les viandes...), l'usage de *fausses estampilles*, le *décalque* des marques officielles à l'aide de papier à cigarette ou même de la peau de l'avant-bras et le transfert de l'estampille décalquée sur une viande soustraite à la visite sanitaire.

Circulaire sur la provenance du bétail à admettre dans les fournitures de viande pour l'armée.

Paris, le 19 mai 1908.

La loi du 11 janvier 1896 dispose que les approvisionnements de conserves de viande pour la consommation de l'armée ne pourront être renouvelés qu'au moyen de conserves fabriquées en France, aux colonies ou dans les pays de protectorat avec du bétail indigène et sous le contrôle ou dans les établissements de l'État.

L'intention du législateur a été, d'une part, de réserver les marchés aux fournitures françaises et, d'autre part, d'obtenir toutes garanties d'une bonne fabrication.

En présence de ces dispositions, et bien qu'elles ne visent que les viandes destinées à la fabrication des conserves, le Sous-Secrétaire d'État croit devoir attirer l'attention des autorités militaires sur le caractère de généralité de l'obligation qu'elles contiennent de n'employer que du bétail indigène, obligation qui lie tout aussi bien les représentants des corps de troupes que ceux de l'administration militaire chargés de traiter au nom de l'État.

L'instruction n° 22 du 22 avril dernier, dans les modèles de cahiers des charges qu'elle comporte, a déjà prévu que les viandes à fournir aux corps de troupes seraient de provenance française, algérienne ou tunisienne ; mais, ces modèles n'ayant pas un caractère nettement impératif, il pourrait arriver que ces dispositions concernant l'origine du bétail fussent dans certains cas perdues de vue.

En conséquence, le Sous-Secrétaire d'État rappelle qu'en aucun cas ne pourront être admises dans les fournitures à faire aux troupes des viandes provenant de bétail exotique.

Ces prescriptions s'appliquent aux denrées mises en vente dans les cantines, aussi bien qu'à celles qui sont livrées aux ordinaires.

Henry CHÉRON.

Circulaire relative au contrôle à exercer sur les viandes destinées à la consommation dans les cantines, mess, etc.

Paris, le 18 juin 1908.

Les diverses circulaires et instructions qui ont été publiées récemment instituent une série de mesures destinées à écarter de l'alimentation des hommes de troupe vivant à l'ordinaire, les viandes de qualité douteuse.

Il n'est pas moins nécessaire d'entourer de semblables garanties les fournitures de boucherie ou de charcuterie destinées à la consommation dans les cantines, mess de sous-officiers, coopératives de compagnie, etc.

Le Sous-Secrétaire d'Etat décide, en conséquence, que les mesures prescrites pour l'examen et la réception des viandes livrées aux ordinaires seront étendues aux viandes de toute nature destinées à la consommation dans les cantines, mess, salles de consommation, etc.

Les chefs de corps prendront toutes les dispositions de nature à assurer le contrôle de ces fournitures ; les plus simples consistent à imposer pour leur livraison une heure fixe et à les soumettre à ce moment à l'examen du vétérinaire ou du médecin, étant entendu qu'en dehors de l'heure indiquée aucun fournisseur ne serait admis à pénétrer dans la caserne.

En dehors de ce service de réception, il conviendra d'ailleurs de procéder à des visites inopinées et éventuellement à des prises d'essai et à des prélèvements opérés dans les conditions prévues par le décret du 5 juin et l'instruction du 12 juin pour l'application dans l'armée de la loi sur la répression des fraudes.

Le Sous-Secrétaire d'Etat
au ministère de la guerre,

Henry CHÉRON.

Circulaire sur les prescriptions relatives à l'hygiène de la viande.

Paris, le 23 août 1908.

Les prescriptions ci-après seront portées à la connaissance des hommes de troupe. Elles seront reproduites sur des pancartes placées dans les cuisines, réfectoires et infirmeries :

En raison des conséquences que le défaut de propreté peut avoir sur la santé des soldats, il est rigoureusement prescrit d'observer les recommandations suivantes :

1° La chaleur et les buées des cantines sont défavorables à la bonne conservation des viandes. On doit éviter, surtout en été, de conserver la viande fraîche, même pendant un court laps de temps, dans les locaux mal ventilés ;

2° Les viandes, aliment éminemment altérable, ne doivent jamais être exposées aux souillures accidentelles.

Les aliments malpropres portent avec eux, jusque dans l'intestin, des germes susceptibles de passer dans la circulation ou de se multiplier sur place. Il ne suffit pas de faire bien cuire les viandes pour être assuré de la destruction des microbes dont elles auraient pu être souillées : il faut encore éviter de les polluer après la cuisson.

Les viandes peuvent devenir dangereuses, même lorsqu'elles proviennent d'animaux sains ; crues ou cuites, elles constituent des milieux favorables à la culture des microbes.

La plus stricte propreté en matière de boucherie et de cuisine est donc le meilleur moyen de prévenir bien des troubles digestifs ;

3° Les personnes qui ont eu la fièvre typhoïde ou d'autres affections similaires (intoxications paratyphiques) ne doivent pas être employées aux cuisines, en raison de ce fait que l'intestin peut conserver pendant longtemps les germes de ces maladies.

Il convient aussi de savoir que les agents microbiens en question peuvent exister dans les selles des personnes bien portantes vivant dans l'entourage des malades atteints de ces affections ;

4° Les personnes préposées aux soins à donner aux viandes doivent observer individuellement les règles de la plus stricte propreté. Leurs vêtements doivent toujours être bien blancs. Elles doivent utiliser, le plus souvent possible, les lavabos mis à leur disposition ;

5° Les viandes destinées à la fabrication des saucisses devront être hachées et préparées immédiatement avant leur utilisation. Il est dangereux de conserver à la cuisine des hachis de viande, si l'on ne dispose pas de chambres froides ou de glacières bien agencées ;

6° Les viandes sont d'autant plus profitables à l'économie qu'elles sont mieux broyées et mieux insalivées. C'est pourquoi il importe de manger lentement ;

7° Les mains qui touchent aux viandes et en général aux aliments doivent être soigneusement lavées.

Le Sous-Secrétaire d'Etat
au ministère de la guerre,
Henry Chéron.

Instruction relative à l'enseignement à donner au personnel militaire chargé de l'examen et de la réception des animaux et des viandes de boucherie.

Paris, le 6 novembre 1908.

Il sera institué dans l'armée un enseignement technique qui sera donné à tout le personnel militaire appelé à participer, à quelque titre que ce soit, à l'examen et à la réception des viandes destinées à l'alimentation des troupes.

Cet enseignement comprendra deux degrés : l'enseignement de garnison et l'enseignement régimentaire

ENSEIGNEMENT DE GARNISON.

L'enseignement de garnison sera créé dans toutes les places où le service d'inspection vétérinaire est assuré dans les abattoirs publics ; il sera placé sous la haute direction des commandants d'armes et sera suivi par les médecins et vétérinaires militaires, les officiers d'approvisionnement des corps de troupes, les officiers d'administration du service des subsistances et les officiers d'administration du service de santé.

Les lieutenants d'infanterie effectuant, dans les escadrons du train, le stage pour être officier d'approvisionnement, devront également recevoir cet enseignement pendant le stage.

L'enseignement aura un caractère essentiellement pratique ; il ne sera suivi que par un petit nombre d'officiers à la fois ; il sera donné aux abattoirs mêmes, soit par le vétérinaire sanitaire inspecteur de l'abattoir lorsque son concours pourra être obtenu, soit par un vétérinaire militaire, soit dans certains cas, à défaut de vétérinaire, par un médecin militaire de la garnison

Lorsque l'enseignement sera donné par les soins du service

d'inspection de l'abattoir, il y aura intérêt à ce que les leçons pratiques soient faites les jours principaux d'abat et aux heures où le travail de l'abattoir pourra les rendre aussi fructueuses que possible.

Dans les autres cas, ces leçons seront données à l'occasion du service journalier d'inspection et de contrôle des viandes destinées à la troupe.

Les généraux commandant les corps d'armée désigneront chaque année, sur la proposition des directeurs du service de santé et des vétérinaires des ressorts, pour chaque garnison, les médecins et les vétérinaires qui seront chargés de cet enseignement. Ils porteront leurs noms à la connaisasnces des commandants d'armes.

Dans chaque garnison les commandants d'armes arrêteront les dispositions de détail relatives à cet enseignement, après s'être concertés avec les autorités municipales, tant pour l'accès dans les abattoirs que pour la désignation éventuelle des vétérinaires civils inspecteurs des abattoirs qui peuvent être chargés de l'enseignement.

En ce qui concerne la place de Paris, l'enseignement de garnison fera l'objet de dispositions spéciales qui seront arrêtées par le gouverneur après entente avec la préfecture de police.

ENSEIGNEMENT RÉGIMENTAIRE.

L'enseignement régimentaire sera institué dans tous les corps de troupes ou détachements de la force d'au moins un bataillon ; il sera applicable à tous les officiers susceptibles de prendre part aux réceptions de viandes ; il aura lieu dans les boucheries régimentaires au moment de la réception journalière de la fourniture et sera donné en principe par les vétérinaires militaires chefs de service et, à défaut, par les médecins militaires.

Il ne comprend que les notions sommaires sur les caractères différentiels des viandes, leur nature, leurs caractères distinctifs suivant la qualité, sur la coupe des animaux de boucherie, sur la différenciation des morceaux des diverses catégories et, enfin, sur les mesures à employer pour prévenir ou déjouer les fraudes. Il comporte quatre à six séances au plus.

Pour que cet enseignement porte ses fruits, il est nécessaire que les chefs de corps en règlent à l'avance l'organisation de telle sorte *qu'il reste dans un domaine exclusivement pratique* ; qu'il ne soit donné à la fois qu'à un nombre d'officiers limité, en se guidant d'après les circonstances locales et les conditions du service et qu'il ne dépasse pas le but à atteindre.

Ces leçons de choses seront complétées par quelques séances aux abattoirs, à l'occasion du service d'inspection assuré dans ces établissements par les vétérinaires ou médecins militaires des corps de troupes.

Dans les détachements qui ne comportent ni médecins ni vétérinaires militaires, le chef de détachement fera appel, autant que possible, au concours du vétérinaire sanitaire inspecteur de l'abattoir après entente avec l'autorité municipale pour faire donner l'enseignement nécessaire au personnel sous ses ordres. Dans ce cas, l'enseignement régimentaire pourra avoir lieu exclusivement aux abattoirs publics.

DISPOSITIONS RELATIVES AUX ÉCOLES MILITAIRES.

Dans les écoles militaires d'officiers et de sous-officiers élèves officiers (Saint-Cyr, Saint-Maixent, Saumur, Fontainebleau, Versailles), l'enseignement relatif à la connaissance de la viande fraîche comprendra toutes les matières qui font l'objet de l'enseignement dit de garnison ; il sera donné par les soins du vétérinaire chef de service de l'école.

L'enseignement sera donné par groupe d'élèves ne dépassant pas 20 à 25 ; il comportera quatre à six séances qui auront lieu aux abattoirs de la localité, après entente avec les autorités municipales et, si c'est possible, dans les locaux de la boucherie de l'école, au moment de la livraison quotidienne de la viande fraîche, si la fourniture est assez importante pour offrir des matériaux d'étude suffisants ; dans le cas contraire, il sera fait appel au service d'inspection d'un corps de troupes de la garnison, après entente avec le commandant d'armes.

Pour compléter cet enseignement au point de vue pratique, les commandants d'école pourront s'entendre avec le service d'inspection sanitaire de la préfecture de police de Paris pour obtenir l'envoi périodique et en temps opportun des matériaux d'étude qui leur seraient utiles, tels que des échantillons de viandes insalubres ou défectueuses.

L'enseignement pratique sera confirmé par deux ou trois leçons faites par le vétérinaire chef de service à l'amphithéâtre ; leçons qui, étant rattachées au cours d'hygiène militaire, donneront lieu, par suite, à interrogations et à notes d'examens de fin d'année.

Des dispositions spéciales seront prises en ce qui concerne l'enseignement technique et pratique spécial à donner, relativement à la connaissance de la viande fraîche, aux stagiaires de l'intendance, aux élèves de l'Ecole d'application du service de santé et de l'Ecole d'administration de Vincennes.

MATIÈRES
DU PROGRAMME DE L'ENSEIGNEMENT DE GARNISON.

(Leçons pratiques données aux abattoirs.)

1. — Mode d'examen des animaux de boucherie sur pied.
Caractères généraux de l'âge des animaux.
Degré d'engraissement. Rendement.
Etat de santé et de maladie. Hygiène des animaux en marche.
Installation, alimentation, soins à leur donner.

2. — Installation des abattoirs.
Mode d'abatage et d'habillage des animaux.

3. — Caractères différentiels des viandes saines.
Détermination de la qualité des viandes.
Bœuf, taureau, vache, mouton, cheval, porc.

4. — Coupe des animaux de boucherie.
Des différentes catégories de viandes.
Rendement des viandes en os, graisse et muscles.
Principaux caractères des viandes insalubres Motifs de saisie.

5. — Conditions de la fourniture prévue par le cahier des charges.
Mode d'examen de la distribution.
Des fraudes : moyen de les prévenir et de les déjouer.

6. — Hygiène des viandes : manipulation, préparation, conservation, altération.

Le Sous-Secrétaire d'Etat
au ministère de la guerre,
Henry Chéron.

IIIe PARTIE

Dispositions diverses.

Instruction sur la distribution, la préparation et la consommation des conserves de viande.

Paris, le 22 avril 1905.

a) Distribution et constatation de la qualité des conserves.

Le commandant de corps d'armée fait connaître, à chaque corps, la quantité de conserves de viande qu'il devra consommer dans une période de douze mois, du 1er avril au 31 mars de l'année suivante (1).

Si l'état de conservation de certaines denrées obligeait, dans le courant de l'année, à augmenter le nombre de rations à consommer, les corps seraient avertis de cette augmentation et recevraient notification de la nouvelle fixation.

La commission des ordinaires sert d'intermédiaire entre les magasins administratifs et les unités.

La dernière perception, faite à la date du 1er mars (1), comprendra le reliquat des perceptions à recevoir pour atteindre les quantités fixées par le général commandant le corps d'armée.

La commission perçoit les conserves (2), procède à leur logement et veille à leur conservation; elle les distribue aux unités d'après une répartition fixée par le chef de corps.

Les bons sont établis de façon que les conserves ne puissent séjourner plus d'un mois dans les magasins du corps et les perceptions mensuelles doivent être proportionnelles à la quantité à consommer dans l'année, compte tenu de l'interruption des distributions pendant la période des chaleurs.

Le chef de corps après avis du médecin chef de service fixe la période d'interruption.

Au moment de la livraison des conserves de viande par l'agent de l'administration militaire, l'officier de distribution vérifie l'état extérieur des boîtes, l'intégrité de leur fermeture, l'absence de bombement *simultané* des deux couvercles.

Chaque unité doit consommer dans le mois la quantité globale fixée par le chef de corps; sous cette réserve, l'unité est libre d'effectuer les perceptions au jour et d'après les quantités fixées par le capitaine commandant.

---

(1) Nouvelle rédaction. (Circulaire du 1er juillet 1908. *B. O.*, p. 1225.)
(2) Le règlement s'opère en fin d'année, comme il est dit à l'article 42 *h* de l'instruction du 10 janvier 1912. (Vol. 88.)

Les perceptions par les unités ont lieu le jour où la denrée doit être consommée.

L'ouverture des boîtes ne doit être faite qu'au moment même de la préparation du repas, tout au plus une heure avant leur utilisation, et l'on n'ouvrira, en conséquence, que le nombre de boîtes strictement nécessaire pour le repas à préparer.

L'examen du contenu des boîtes aura lieu dans un local attenant aux cuisines.

Dans chaque unité, les boîtes sont ouvertes en présence de l'officier de semaine, membre délégué de la commission des ordinaires, assisté d'un médecin militaire. Ces deux officiers procèdent à l'examen au fur et à mesure de l'ouverture. Ils s'assurent :

1° Que la conserve a bonne apparence et ne présente aucune trace de moisissures, qu'elle ne dégage aucune odeur anormale (odeur aigrelette, de relent, ammoniacale), indices d'une altération certaine;

2° Que la gelée est de coloration ambrée, claire et de saveur agréable; le défaut de consistance ne doit pas être tenu pour un signe d'altération, lorsque la gelée liquéfiée garde les caractères précédents;

3° Que la viande est assez résistante à la pression des doigts, de coloration analogue à celle du bœuf bouilli, d'odeur agréable et de saveur franche.

Quand une ou plusieurs boîtes seront reconnues suspectes, le fait sera immédiatement constaté par un procès-verbal établi en double expédition, l'une envoyée au chef de corps ou de détachement, l'autre remise au comptable distributeur qui devra, en échange, après autorisation du sous-intendant militaire, remplacer les boîtes mentionnées avariées qui lui seront remises.

Quand le nombre des boîtes suspectes atteindra cinq pour cent du lot mis en consommation, l'ouverture des boîtes sera arrêtée.

Toutes les boîtes non ouvertes seront rapportées au magasin distributeur et échangées contre d'autres boîtes de conserves provenant, autant que possible, d'un autre lot.

Les boîtes réintégrées seront ensuite soumises à l'examen d'une commission spéciale composée du sous-intendant militaire, d'un officier de la garnison et d'un médecin militaire. Dans le cas où le refus sera maintenu, le Ministre sera saisi de la question par l'intermédiaire du général commandant le corps d'armée.

b) Préparations culinaires et consommation.

La conserve peut être mangée froide ou chaude, mais les

préparations culinaires comportant cuisson de la viande sont préférables en principe.

Lorsque d'autres substances sont introduites avec la viande de conserve dans la préparation d'un plat, il est indispensable de s'assurer de leur qualité irréprochable.

Pour les préparations, *il est de règle absolue* que la confection et la cuisson aient lieu dans les cuisines de la troupe sans recourir au dehors. On aura ainsi la certitude que les boîtes de conserves ne sont pas ouvertes longtemps avant la préparation culinaire ; d'autre part, on écartera ainsi le danger de voir mélanger à la viande de conserve, des viandes de rebut, des déchets ou des raclures dont la consommation peut être très dangereuse.

Les plus minutieuses conditions de propreté doivent être observées dans les maniements des viandes, le hachage et autres opérations, aussi bien du côté des mains du cuisinier que du côté des ustensiles, tables, billots, récipients et marmites. L'acquisition de hache-viande est indispensable.

Préparations comportant cuisson.

On peut adopter tour à tour et au goût des consommateurs :

Le consommé ;

Le miroton ;

Le gratin ;

Le hachis simple ou en boulettes.

Le consommé se prépare comme le pot-au-feu avec addition de légumes. On obtient ainsi une excellente soupe, et la viande est mangée comme bouilli.

Le miroton est la meilleure préparation. La viande est cuite avec de la graisse et des oignons hachés.

Le gratin comporte le mélange de la viande avec de la purée de pommes de terre.

Le hachis comporte le mélange avec d'autres viandes déjà cuites et hachées.

Préparations sans cuisson.

Bœuf nature.

Vinaigrette.

Salade.

Bœuf nature. — La viande de conserve est consommée froide telle qu'elle est au sortir des boîtes ; il suffit d'en aviver la saveur comme l'on fait pour le bouilli froid, soit avec du sel, soit avec un peu de moutarde.

Vinaigrette et salades. — On doit veiller à la bonne qualité du vinaigre employé.

Pour les salades, on ajoute à la viande soit de l'oignon cru, soit des haricots cuits à l'eau, soit des pommes de terre bouillies et morcelées, et quelquefois tous ces éléments réunis.

En ce qui concerne l'oignon, les cuisiniers ont de la tendance à le mettre en grandes quantités, en morceaux très volumineux. Dans ces conditions, la préparation est souvent indigeste. Il en est de même quand on emploie des haricots vieux réfractaires à la cuisson, ou que, pour les pommes de terre, on se borne à une cuisson incomplète.

Des recommandations formelles seront faites aux cuisiniers et chefs d'escouade sur l'importance du fractionnement de l'oignon et sur la nécessité de la cuisson parfaite des haricots et des pommes de terre.

A ces recommandations doit s'ajouter une surveillance assidue de la part des chefs qui ont la charge de veiller spécialement à la bonne alimentation de la troupe.

Instruction sur la distribution, la préparation et la consommation du porc salé.

Paris, le 22 avril 1905.

Les distributions de porc salé à la troupe ont lieu comme il est dit à l'instruction qui précède pour les conserves de viande.

Le porc salé est distribué soit par barils entiers, soit en morceaux ; dans ce dernier cas, la livraison se fait sur balance après que les morceaux ont été frappés l'un contre l'autre ou contre les parois du baril pour débarrasser la viande du sel qui y est adhérent.

Lorsque le porc est livré en barils, il ne peut être procédé à l'examen de la denrée ; mais chaque baril doit être débondé, et l'officier de distribution s'assure que la saumure remplit bien le récipient, et qu'il ne se dégage aucune mauvaise odeur.

Lorsque l'état de conservation du porc salé paraît suspect, il est soumis à l'examen de l'officier de semaine qui procède suivant les règles indiquées à l'instruction pour les conserves de viande.

Une bonne salaison doit présenter les caractères suivants :

La chair, très vive à l'extérieur et rosée à l'intérieur, une graisse blanche, une odeur franche, une consistance ferme, un goût agréable, une saumure incolore ou très légèrement colorée. Si, au contraire, la chair est brune, d'une teinte livide, et la graisse jaunâtre, si l'odeur est forte ou rance et si la viande est d'un goût peu agréable, on peut en conclure que la salaison a subi un commencement d'altération.

Cette altération peut être également constatée au moyen d'une sonde formée d'une petite tige en métal, en os, ou même en bois dur, d'une longueur de 0 m. 15 environ, qu'on enfonce au cœur du morceau, principalement le long des os.

La tige retirée, on sent la partie qui a été enfoncée dans la viande ; si on constate une odeur désagréable, c'est un indice d'altération, et plus l'odeur est prononcée, plus l'avarie est grande.

Les salaisons peuvent avoir subi certaines altérations superficielles sans être impropres à la consommation.

Ces altérations qui disparaissent soit par un lavage, soit à la cuisson, sont les suivantes :

1° Couleur grise affectant principalement les parties maigres, provenant d'un excès d'échaudage ;

2° Couche limoneuse sur l'ensemble des morceaux de salaisons, due aux matières terreuses contenues dans le sel de l'Océan ;

3° Teinte jaune affectant les parties grasses et ayant parfois un goût de rance.

Préparation du porc salé.

Avant d'être soumis à la cuisson, le porc salé doit subir l'opération du dessalage.

A la sortie du baril, les morceaux sont frappés l'un contre l'autre, ou contre les parois du baril, et on les gratte au moyen d'un couteau pour enlever le sel qui y reste adhérent.

Les morceaux restent ensuite immergés pendant six à huit heures dans un baquet rempli d'eau froide que l'on change de temps en temps.

En hiver, il est préférable de plonger d'abord le porc salé 2 ou 3 fois dans l'eau bouillante, de faire tremper ensuite dans l'eau tiède pendant une heure, puis dans l'eau froide.

On peut dans certains cas, dans les camps par exemple, obtenir le dessalage en trois heures en divisant les morceaux trop gros et en les mettant dans de grandes gamelles remplies d'eau.

Si l'eau fait défaut, on fait sécher la viande sur une planche inclinée pendant sept à huit heures, on la gratte vivement au couteau et, s'il est possible, on la lave dans une petite quantité d'eau chaude. Ce procédé ne doit être employé qu'en cas d'impossibilité de recourir à une immersion prolongée à l'eau froide.

En campagne et dans les marches, on obtient un dessalage à peu près suffisant au moyen d'un grattage au couteau et de l'immersion dans une grande gamelle pendant une heure en employant de l'eau chaude, et une heure et demie à deux heures en employant de l'eau froide.

Il est utile de changer l'eau au moins deux fois.

Quand, à la suite d'une distribution, un baril se trouve en vidange, on confectionne avec les chanteaux réunis du fond, un disque ayant exactement les dimensions intérieures du baril. Ce disque est placé sur la salaison même ; il est maintenu en contact avec la viande au moyen d'une pierre ou d'un objet quelconque de façon que la viande ne soit pas exposée à l'air.

Il est nécessaire aussi que la viande continue à baigner dans la saumure.

Modes de préparation du porc salé.

En règle générale, c'est-à-dire sauf nécessité contraire tenant à des circonstances de marches ou de manœuvres, les plats de porc salé ne sont servis qu'au repas du matin.

Le porc salé peut se consommer après cuisson : à l'état chaud ou à l'état froid; on peut adopter les préparations culinaires suivantes, auxquelles il ne doit pas être ajouté de sel :

1° Soupe au porc salé et aux légumes ;
2° Porc salé cuit au court-bouillon et rôti;
3° Soupe avec demi-porc salé et demi-viande fraîche;
4° Porc salé aux haricots, cuit au four.

La soupe au porc salé et aux légumes se prépare comme la soupe au bœuf, en y ajoutant une plus grande quantité de choux et de pommes de terre qui sont ensuite mangés comme légumes.

Le porc salé peut être mangé à part avec du riz.

Pour la préparation au court-bouillon, le porc est désossé, ficelé et cuit dans un court-bouillon confectionné avec des oignons, du laurier, des couennes et des os; une fois sorti du court-bouillon, on le fait rôtir sur la braise ou dans le fond d'une marmite.

Porc salé aux haricots, cuit au four. — Cette préparation s'obtient de la façon suivante :

Le porc salé, suffisamment dessalé, est disposé sur un plat en fer battu ou en terre allant au four, avec tous les assaisonnements comme pour un rôti, et les haricots sont blanchis comme à l'ordinaire.

Le porc salé est seul mis au four dès le début. Un peu avant la cuisson complète, les haricots sont disposés autour du porc dans le jus et le tout est remis au four pour achever la cuisson du porc et faire gratiner les haricots.

Circulaire relative aux mesures à prendre en vue de la formation et de l'entretien d'une partie des approvisionnements de riz, de légumes secs, de sel et de lard nécessaires pour la mobilisation.

Paris, le 22 avril 1905.

En principe, les corps de troupe sont chargés de veiller à la formation des approvisionnements de légumes secs, de sel et de riz qui leur seront nécessaires, à la mobilisation, au titre des vivres à emporter, et de légumes secs, de sel, de riz et de lard qui leur seront nécessaires au titre des vivres des convois régimentaires, l'administration militaire restant chargée d'assurer la constitution et l'entretien de toutes les autres catégories d'approvisionnements de vivres. A cet effet, les corps doivent prendre les dispositions suivantes :

1° Pour toutes les unités spécialement désignées, les approvisionnements à réunir sous la responsabilité du corps devront, sans exception, exister en tout temps dans les magasins des fournisseurs des ordinaires, et, de préférence, toutes les fois qu'il sera possible, dans les magasins des corps lorsque ceux-ci seront détenteurs de leurs vivres de première ligne. Ces approvisionnements y seront allotis de manière à pouvoir être rapidement enlevés. Les corps traiteront avec les fournisseurs pour cet objet, se réservant tous les moyens de contrôle nécessaires pour s'assurer, à toute époque, de l'existence et du lotissement convenable des denrées dont il s'agit. Le lard à charger sur les voitures des convois régimentaires sera logé dans des récipients permettant le transport. Les marchés, d'une durée fixe d'un an, stipuleront, autant que possible, que le renouvellement des denrées sera fait par les soins du fournisseur, sans obliger la troupe à les consommer; ils indiqueront les prix d'achat à payer en cas de mobilisation, ainsi que la prime d'entretien annuelle. Afin de réduire l'importance de cette prime et d'en obtenir la suppression, s'il est possible, les corps pourront dispenser les fournisseurs de la constitution du cautionnement prévu par la formule du cahier des charges qui figure à l'instruction page 113. Il sera adressé au Ministre, le 1er juillet de chaque année (Bureau des Vivres), un état de proposition, même négatif, pour l'allocation aux corps de troupe des sommes destinées à indemniser les ordinaires du payement des primes d'entretien qui auraient dû être acquittées;

2° Pour les autres unités, les mêmes mesures devront être prises dans les places où il n'existerait pas de ressources permanentes donnant la certitude que les quantités nécessaires de denrées pourront être achetées au moment de la mobilisation.

Dans les places où ces ressources existent, les corps devront inscrire au journal de mobilisation les mesures à prévoir pour la réunion des denrées en temps opportun, par voie d'achat ou de réquisition. Il conviendra, d'ailleurs, de veiller à ce que, dans les places fortes, s'il est nécessaire de prévoir l'achat où la réquisition de denrées dont l'existence était escomptée en prévision des besoins du siège, de nouvelles mesures soient étudiées et prises en vue d'éviter les mécomptes qui résulteraient de cette situation.

Enfin, dans les places où, faute de ressources commerciales, il ne serait pas possible ni de compter trouver les denrées à la mobilisation, ni d'en imposer l'entretien aux fournisseurs de l'ordinaire, des propositions spéciales seraient adressées au Ministre pour faire entretenir les approvisionnements par les soins de l'administration.

Circulaire relative au mode de payement de la valeur des denrées à acheter par les corps de troupe à la mobilisation.

Paris, le 20 juin 1906.

Le payement de la valeur des denrées (riz, légumes secs, lard ou graisse et sel) nécessaires aux corps de troupe pour compléter, à la mobilisation, leurs approvisionnements de vivres à emporter (vivres de chemin de fer, vivres de débarquement, vivres du sac et vivres des trains régimentaires), qui, aux termes de la circulaire du 22 avril 1905, doivent être entretenues en temps de paix par les fournisseurs des ordinaires ou tirées des ressources locales au moment du besoin, sera effectué par les soins du service territorial et sous l'initiative et la responsabilité des conseils d'administration restant sur le territoire.

Les opérations seront régularisées de la manière suivante :

Chaque fournisseur produira, au conseil d'administration ou à l'officier commandant le dépôt une facture, en double expédition dont une timbrée, établie soit d'après les prix stipulés au marché d'entretien, soit d'après les prix d'achat. Le conseil d'administration, ou l'officier commandant le dépôt, certifiera, sur la facture, l'exécution du service, puis en payera le montant au livrancier, si la situation de la caisse du corps le permet.

Pour le remboursement de la dépense, on se conformera, par analogie, aux dispositions de l'article 19 de l'instruction du 22 août 1889, concernant les officiers d'approvisionnement (1).

Dans le cas où le corps ne pourrait pas payer, le sous-intendant militaire mandaterait, directement, au profit du fournisseur, après avoir fait assurer la prise en charge par le gestionnaire désigné du territoire.

Circulaire relative au mode de payement de la valeur de l'eau-de-vie et des récipients à acheter par les corps de troupe à la mobilisation.

Paris, le 28 novembre 1906.

Les dispositions de la circulaire du 20 juin 1906, relative au mode de payement de la valeur de certaines denrées à acheter par les corps de troupe à la mobilisation, sont applicables à l'eau-de-vie et aux récipients nécessaires, à réunir au moment de la mobilisation, aux titres du train de combat et du train régimentaire.

---

(1) Article 53 de l'instruction du 23 janvier 1910 (vol. 95).

Instruction relative à la préparation des repas variés.

(Les indications qui suivent, ainsi que celles des tableaux qui les accompagnent, sont de simples renseignements susceptibles de modifications selon les circonstances et les ressources locales.)

Paris, le 22 avril 1905.

Haricot de mouton. (Tableau n° 1.)

Émincer les oignons et les passer au saindoux, sur un feu modéré; quand ils ont pris un peu de couleur, mettre la farine et remuer constamment pour éviter la formation de grumeaux jusqu'au moment où, la farine ayant assez de couleur, on ajoutera de l'eau en quantité suffisante; mettre sel, poivre, épices. Détailler le mouton par quartiers; le faire cuire dans le bouillon pendant quarante-cinq minutes environ, mettre ensuite les pommes de terre, donner encore une heure et demie de cuisson au tout, puis retirer la viande, la détailler et mettre les légumes en purée (on peut laisser les pommes de terre entières).

Bœuf mode. (Tableau n° 2.)

Passer les oignons au saindoux, mettre la farine, l'eau et l'assaisonnement (le procédé est le même que pour les haricots de mouton). Dans cette préparation, la viande de bœuf et les carottes, préalablement ratissées et émincées, sont mises à cuire pendant deux heures et demie. L'on ajoute ensuite les pommes de terre épluchées convenablement; donner encore une heure de cuisson au tout, retirer la viande et la détailler. Les pommes de terre doivent rester entières autant que possible.

Ragoût de bœuf. (Tableau n° 3.)

Après avoir passé les oignons au saindoux, mettre la farine avec les précautions indiquées, mouiller d'un peu d'eau et d'une terrine de bouillon, qui a été retirée de la soupe du matin, ajouter sel, poivre et épices et mettre le bœuf. Une heure et demie après, mettre les pommes de terre, laisser cuire le tout ensemble pendant trois quarts d'heure. Tirer la viande et la détailler. Les pommes de terre restent entières. On peut, pour le ragoût de bœuf, faire cuire la viande à moitié dans la soupe du matin. Cette méthode permet d'ajouter de l'eau en quantité suffisante pour pouvoir prélever la terrine de bouillon nécessaire au ragoût sans faire tort à la soupe du matin; mais la viande est un peu meilleure si elle ne cuit pas dans la soupe.

Salade de viande et de légumes. (Tableau nº 4.)

La viande de ce repas est cuite entièrement dans la soupe du matin et détaillée dans l'après-midi pour le repas du soir.

Les haricots doivent tremper depuis le matin pour en faciliter la cuisson; ils sont cuits à l'eau de sel dans une des deux marmites; dans l'autre marmite, cuisent à l'eau les pommes de terre non épluchées. On les épluchera après la cuisson; les haricots cuits convenablement sont égouttés et mélangés dans plusieurs plats de terre avec les autres légumes et les portions de viande et arrosés ensuite avec une sauce vinaigrette qui est faite de la même façon que pour une salade ordinaire.

Salade de saison. (Tableau nº 5.)

Faire d'abord la salade de viande et de légumes et la mettre dans les gamelles, puis préparer une sauce vinaigrette qu'on versera dans les terrines sur la salade proprement dite, quelques minutes seulement avant l'heure du repas; remuer convenablement avec la cuiller de bois et mettre dans les gamelles pardessus les légumes.

Hachis de viande aux pommes de terre et au lard. (Tableau nº 6.)

Faire cuire entièrement la viande de ce repas en même temps que celle de la soupe du matin, la désosser ensuite et la hacher, faire passer les oignons au saindoux; quand ils ont assez pris de couleur, mettre deux terrines de dégraisse de bouillon conservée de la soupe du matin; assaisonner convenablement et mettre la viande hachée dans cette préparation. Dans l'autre marmite, passer au saindoux, sur un feu modéré, le lard coupé en petits morceaux. Quand il est bien roussi, mettre dans une terrine de bouillon de l'eau en quantité suffisante, y ajouter sel, poivre et épices, mettre les pommes de terre, les laisser cuire à peu près une heure et demie, mettre les pommes de terre en purée dans les gamelles, le hachis par-dessus.

Hachis de viande aux haricots. (Tableau nº 7.)

Même préparation pour le hachis que ci-dessus; dans l'autre marmite, passer les oignons émincés au saindoux sur un feu modéré; quand ils ont pris assez de couleur, mettre une terrine de bouillon et de l'eau en quantité suffisante, y ajouter sel, poivre et épices, puis y mettre les haricots qui ont trempé depuis le matin ou même depuis la veille pour en faciliter la cuisson; ajouter les pommes de terre; les légumes étant cuits, les mettre dans les gamelles, le hachis par-dessus.

Hachis de viande au macaroni.

Même préparation que pour le hachis aux haricots; on met les pommes de terre et le macaroni, en même temps, dans la deuxième marmite.

Riz créole avec le lard de distribution.

Passer les oignons au saindoux, mouiller d'eau et d'une terrine de bouillon conservée de la soupe du matin; ajouter sel, poivre et épices. Tenir compte, pour le sel, du lard qui cuit dans cette préparation pendant deux heures et demie environ.

Après l'avoir lavé plusieurs fois, mettre le riz à cuire vingt-cinq minutes avant la distribution, de façon qu'il ne se mette pas en pâte. Le tenir assez clair et bien relevé; retirer le lard, le détailler, servir le riz par-dessus dans les gamelles.

Hachis de viande au riz.

Même préparation que pour le hachis de viande aux pommes de terre. En même temps, il est préparé, dans l'autre marmite, du riz comme celui dit : *à la créole;* il doit être clair et bien relevé; il est servi au fond de la gamelle, le hachis par-dessus.

Ragoût de mouton purée de pois.

Émincer et passer les oignons au saindoux, mouiller d'eau et d'une terrine de bouillon, saler et assaisonner convenablement. Le mouton étant détaillé par quartiers, le mettre à cuire dans cette préparation durant une heure. Pendant ce temps, les pois sont lavés à plusieurs eaux et mis à cuire avec la viande, pendant une heure encore; cette dernière est ensuite retirée et détaillée. Les pois, après entière cuisson (environ deux heures et demie), sont mis en purée de la même façon que les pommes de terre du rata de mouton et servis dans les gamelles par-dessus les rations de viande.

Choux aux saucisses Boissonnet.

Lorsque les choux sont aux trois quarts cuits, ajouter les saucisses, laisser bouillir le tout pendant vingt minutes. Retirer les saucisses, que l'on sert sur les choux.

NOTA. — Les boîtes contenant deux saucisses, il faut pouvoir disposer d'un nombre de boîtes égal à la moitié de l'effectif des hommes vivant à l'ordinaire.

Rata rapide [à utiliser pendant les routes et les manœuvres]. (Tableau nº 8.)

La marmite, pour 10 hommes à peu près, remplie d'eau, est mise sur le feu. Quand l'eau bout, on verse dans la marmite les pommes de terre et les carottes coupées en petits morceaux et le bouquet.

Dans le couvercle de cette marmite ou d'une autre, si l'on dispose de plusieurs marmites, on met d'abord le saindoux. On place ce couvercle sur le feu, et on attend la température d'ébullition du saindoux. A ce moment, on jette dans le couvercle les oignons et le lard coupés en morceaux très petits. On laisse roussir en remuant fréquemment. Lorsque les pommes de terre sont cuites et que le roux est fait, on retire de la marmite l'excédent d'eau et on met le sel et le poivre, on verse le roux dans la marmite et on laisse bouillir pendant cinq minutes.

Comme la cuisson des pommes de terre est plus longue à obtenir que la préparation du roux, il y a avantage à effectuer l'épluchage des pommes de terre dès que l'on met l'eau au feu. En route, on peut distribuer à l'avance des pommes de terre aux hommes qui, à l'arrivée, les remettent épluchées aux cuisiniers de leur escouade.

Soupe au lait avec le pain de guerre.

1º Briser les galettes de pain de guerre en menus morceaux; les mettre dans un baquet et les arroser d'eau bouillante; laisser tremper ensuite pendant une nuit (douze heures);

2º Le lendemain matin, retirer les morceaux de biscuit qui se sont fortement amollis et les faire cuire, avec l'eau nécessaire, pendant quatre heures environ; ajouter le beurre et le lait.

Avoir soin de ne mettre le lait qu'au moment de servir. Pour 100 hommes, 1 kilog. de beurre, 4 litres de lait, 140 galettes (7 kilog.); dépense : 4 francs environ. En prenant 6 litres de lait au lieu de 4 litres, la soupe devient sensiblement meilleure.

Galettes de pain de guerre grillées au bouillon gras.

Mettre le pain de guerre au four pendant quelques minutes, de manière à le griller un peu; le casser ensuite en morceaux, le mettre dans des soupières; verser dessus le bouillon gras comme on fait d'habitude avec le pain blanc; on obtient une soupe qui rappelle la croûte au pot.

Gâteau de pain de guerre au fromage.

Casser, puis moudre la galette dans les moulins à café; mélanger à la poudre ainsi obtenue du beurre, du lait et du fromage de gruyère râpé; mettre dans un plat et faire cuire au four. On obtient ainsi un gâteau apprécié, mais un peu coûteux.

Les proportions sont : 50 galettes, 2k,500; beurre, 0k,750; lait, 2 litres; gruyère, 1 kilog.

Morue aux pommes de terre. (Tableau n° 9.)

Faire dessaler la morue pendant vingt-quatre heures, en changeant plusieurs fois l'eau; mettre la morue dans l'eau chaude, retirer au bout d'un quart d'heure de cuisson, vider l'eau. Faire cuire ensuite les pommes de terre à part.

Raie au beurre noir.

Laver la raie à grande eau et à l'aide d'une brosse en chiendent, l'égoutter, enlever les deux ailes en long, aussi près que possible du tronc, puis détacher les deux noix blanches qui se trouvent de chaque côté de la bouche; retirer le foie, le débarrasser de son fiel, le mettre de côté avec la partie postérieure du tronc et le gros bout de la queue; tremper tous ces morceaux dans l'eau bouillante pendant vingt secondes et les rafraîchir; enlever la peau noire à l'aide d'un couteau ou d'une brosse de chiendent, ébarber les ailerons, diviser les morceaux en rations de 125 grammes et les mettre à mesure dans la marmite.

Pour la cuisson de 100 rations, il faut environ 15 litres d'eau pour que le poisson baigne, 225 grammes de sel, un litre de vinaigre, 5 grammes de laurier, 5 grammes de thym, 5 grammes de poivre en poudre.

A première ébullition, couvrir et retirer du feu; laisser pocher vingt minutes environ.

Bien égoutter sur un plat chaud; assaisonner à nouveau de sel et de poivre; verser dessus un beurre noir compris comme il suit :

Mettre dans la marmite 2 kilogr. de beurre frais, le brunir, jeter à ce moment une forte poignée de persil, retirer et verser le tout sur le poisson. Remettre la marmite sur le feu, verser dedans un litre de vinaigre, laisser réduire de moitié, et arroser le poisson avec.

Anguille de mer ou congre sauce au vin.

Après avoir vidé, nettoyé et essuyé le poisson, le diviser en tranches de 250 grammes, pour deux rations que l'on séparera après la cuisson.

Mettre dans une marmite les tranches de poisson avec 15 litres d'eau, 200 grammes de sel, 10 grammes de poivre, 100 grammes d'ail, 5 grammes de laurier, 5 grammes de thym, pour 100 rations. Mettre au feu; à première ébullition, retirer et laisser pocher une demi-heure.

Faire blondir 1k,500 de petits oignons sur un feu doux à l'aide de 400 grammes de graisse ou de beurre, ajouter 400 grammes de farine de gruau, mélanger le tout, mouiller peu à peu avec deux litres de cuisson et quatre litres de vin rouge, ajouter 45 grammes de sel gris, deux décilitres d'eau-de-vie, laisser mijoter quelques instants sans laisser brûler en remuant à l'aide d'une spatule le fond de la marmite, goûter pour l'assaisonnement, égoutter le poisson, diviser la portion et verser sur chacune d'elles quatre cuillerées à bouche de sauce bien chaude.

Harengs frais marinés.

Vider les harengs à l'aide du doigt, en détachant les ouïes et les intestins de façon à y laisser les laitances et les ovaires, gratter et essuyer avec soin.

Pour cent harengs : émincer en rouelle dix grosses carottes, autant de gros oignons, en mettre dans le fond de la marmite; ranger les harengs sur ce fond par couche; intercaler harengs, légumes et les aromates suivants : une poignée de persil, vingt grammes de poivre en grains, cinq grammes de clous de girofle, cinq grammes de feuilles de laurier, autant de thym; mouiller le tout avec trois litres de vinaigre, autant d'eau, quatre-vingt-dix grammes de sel; poser sur le feu; à première ébullition, retirer du feu, couvrir et laisser pocher un quart d'heure seulement. On mange les harengs froids avec un peu de la marinade.

Harengs à la poêle.

Après avoir vidé, nettoyé et essuyé les harengs, les faire cuire dans une poêle à l'aide d'un corps gras très chaud, des deux côtés; saler, poivrer et dresser sur un plat; mettre dans la poêle de la moutarde, du vinaigre et du persil haché, lier le tout et verser sur les harengs.

Maquereaux bouillis.

Retirer les ouïes, vider les maquereaux, les essuyer avec soin; les couper en rations; les faire cuire à l'eau fraîche et salée; à première ébullition, couvrir, retirer du feu et laisser pocher un quart d'heure. Au moment de servir, les égoutter et les dresser sur un plat entourés de pommes de terre cuites à l'eau et accompagnés d'une sauce au beurre.

Moules à la marinière.

Gratter et laver à plusieurs eaux, en les frottant énergiquement, des moules bien fraîches; les mettre dans une marmite avec poivre en poudre, échalote, oignons, persil, le tout haché très fin. Couvrir avec un torchon, et dessus un couvercle. Mettre sur le feu; à première ébullition découvrir, retirer du feu, enlever une coquille à chaque moule et les déposer dans un plat au chaud.

Tirer la cuisson au clair, faire réduire de moitié, finir avec un morceau de beurre, un filet de vinaigre, verser sur les moules.

Observations.

Les légumes nécessaires au repas du soir doivent être épluchés entre 10 heures du matin et midi, et non la veille au soir.

Emploi des légumes crus. — Les eaux d'arrosage et les engrais peuvent laisser sur les légumes les germes de différentes affections, et, en particulier, de la fièvre typhoïde. Des accidents morbides graves ont été signalés à la suite d'ingestion de légumes non soumis à une cuisson préalable.

Il est, en conséquence, expressément recommandé de ne jamais faire usage de légumes crus, sans les avoir préalablement lavés à grande eau. Dans le cas où cette eau ne serait pas irréprochable, elle devra être tout d'abord soit filtrée, soit soumise à l'ébullition.

En cas d'épidémie, l'usage de légumes crus peut être interdit.

Choix des poissons. — On reconnaît que le poisson est frais à la couleur des ouïes qui doivent être d'un rouge vif et difficiles à ouvrir. L'œil doit avoir de l'éclat, les nageoires de la raideur, et l'ensemble du poisson doit être brillant et raide. Le poisson qui a été conservé à la glace devra être mis en cuisson de préférence dans un liquide en ébullition. Le poisson frais, n'ayant pas été dans la glace, pourra être mis en cuisson dans un liquide froid.

Préparation de la soupe avec farine, graisse et oignons

(obligatoire quatre fois par an).

Pour habituer le soldat à tirer parti de la farine de froment (denrée qui figure au tarif des substitutions en temps de guerre) pour la préparation, comme moyen de fortune, d'un aliment de campagne, il convient de faire procéder dès le temps de paix, autant que possible quatre fois par année dont deux fois à l'occasion des manœuvres et les deux autres fois dans des circonstances que les corps apprécieront eux-mêmes, à la confection de soupes avec farine et graisse et avec farine, graisse et oignons, conformément aux indications suivantes :

La soupe avec farine et graisse, ou avec farine, graisse et oignons se prépare soit dans les gamelles individuelles, soit dans les gamelles de campement.

1° *Préparation dans les gamelles individuelles.*

a) *Soupe à la farine avec graisse.* — Mettre dans une gamelle une demi-cuillerée de graisse. Lorsque la graisse est bouillante, verser par petites quantités, et en agitant, deux cuillerées de farine. Lorsque, après quatre ou cinq minutes, la farine a pris une teinte rousse, ajouter de l'eau froide par petites quantités et en agitant constamment. Saler et porter à l'ébullition pendant deux minutes. Manger en l'état ou verser sur du pain.

b) *Soupe à la graisse et à l'oignon.* — Hacher finement de l'oignon ; faire roussir cinq minutes environ dans une demi-cuillerée de graisse bouillante ; ajouter, par petites quantités, deux cuillerées de farine ; agiter et faire roussir ; ajouter l'eau froide, par petites quantités, en agitant constamment jusqu'à dilution suffisante ; saler, porter à l'ébullition pendant une ou deux minutes ; manger en l'état ou verser sur du pain.

Les quantités de farine et de graisse nécessaires à la confection d'une soupe individuelle sont les suivantes :

Farine : 40 grammes.
Graisse (saindoux) : 25 grammes.

Pour la cuisson, le meilleur dispositif consiste dans un foyer spécial pour chaque gamelle ; la quantité de graisse (25 gr.) étant insuffisante à recouvrir entièrement le fond de la gamelle, il faut opérer tout d'abord sur feu doux pour empêcher la fusion de l'étain.

Il faut, de plus, éviter de réunir plusieurs gamelles sur un même foyer qui dégage une trop forte chaleur, ce qui peut également détériorer les gamelles.

2° *Préparation dans les gamelles de campement.*

La préparation de la soupe dans les gamelles de campement se fait dans les mêmes conditions que la préparation de la soupe individuelle ; mais ce mode de préparation est préférable au précédent, toutes les fois que les circonstances permettent de l'employer.

Il offre l'avantage de diminuer le nombre des foyers, d'économiser la main-d'œuvre et la consommation du combustible, enfin de réduire la durée de la cuisson.

TABLEAU N° 17

HARICOT DE MOUTON.

DENRÉES.	PRIX.	NOMBRE D'HOMMES.												OBSERVATIONS.
		10	20	30	40	50	60	70	80	90	100	120	150	
		kil. gr.	kil. gr.	kil. gr.	kil. gr.	kil. gr.	kil gr.	kil. gr.	kil. gr.	kil. gr.	kil. gr.	kil. gr.	kil. gr.	
Sel		0 300	0 6	0 900	1 200	1 500	1 800	2 100	2 400	2 700	3 000	3 600	4 500	
Poivre		0 007	0 015	0 020	0 030	0 035	0 040	0 050	0 060	0 060	0 070	0 085	0 105	
Pommes de terre		8 000	16 000	24 000	32 000	40 000	48 000	56 000	64 000	72 000	80 000	96 000	120 000	
Choux		1 000	2 000	3 000	4 000	5 000	6 000	7 000	8 000	9 000	10 000	12 000	15 000	
Carottes		0 500	1 000	1 500	2 000	2 500	3 000	3 500	4 000	4 500	5 000	6 000	7 500	
Poireaux		0 500	0 500	0 500	0 500	0 500	1 000	1 000	1 000	1 000	1 000	1 500	1 500	
Oignons		0 500	1 000	1 500	2 000	2 500	3 000	3 500	4 000	4 500	5 000	6 000	7 500	
Saindoux		0 200	0 400	0 600	0 800	1 000	1 200	1 400	1 600	1 800	2 000	2 400	3 000	
Épices		1 000	1 000	1 000	1 000	1 000	2 000	2 000	2 000	2 000	2 000	2 000	2 000	
Farine		0 100	0 200	0 300	0 400	0 500	0 600	0 700	0 800	0 900	1 000	1 200	1 500	
DÉPENSES journalières.														

Tableau n° 2.

BŒUF MODE.

DENRÉES	PRIX.	NOMBRE D'HOMMES.												OBSERVATIONS.
		10	20	30	40	50	60	70	80	90	100	120	150	
		kil. gr.	kil. gr.	kil. gr.	kil. gr.	kil. gr.	kil. gr.	kil. gr	kil. gr	kil. gr.	kil. gr.	kil. gr.	kil. gr.	
Sel		0 300	0 600	0 900	1 200	1 500	1 800	2 100	2 400	2 700	3 000	3 600	4 500	
Poivre		0 007	0 015	0 020	0 030	0 035	0 040	0 050	0 060	0 060	0 070	0 085	0 105	
Pommes de terre		6 000	12 00	18 00	25 00	30 00	36 00	42 00	50 00	55 00	60 00	72 00	90 00	
Choux		1 000	2 000	3 000	4 000	5 000	6 000	7 000	8 000	9 000	10 00	12 00	15 00	
Carottes		2 000	4 000	6 000	8 000	10 00	12 00	14 00	16 00	18 00	20 00	24 00	30 00	
Poireaux		0 500	0 500	0 500	0 500	0 500	1 000	1 000	1 000	1 000	1 000	1 500	1 850	
Oignons		0 500	1 000	1 500	2 000	2 500	3 000	3 500	4 000	4 500	5 000	6 000	7 500	
Saindoux		0 200	0 400	0 600	0 800	1 000	1 200	1 400	1 600	1 800	2 000	2 400	3 000	
Épices		1 000	1 000	1 000	1 000	1 000	2 000	2 000	2 000	2 000	2 000	2 000	2 000	
Farine		0 100	0 200	0 300	0 400	0 500	0 600	0 700	0 800	0 900	1 000	1 200	1 500	
Dépenses journalières														

Tableau N° 3.

RAGOUT DE BŒUF.

DENRÉES.	PRIX.	NOMBRE D'HOMMES.												OBSERVATIONS.
		10	20	30	40	50	60	70	80	90	100	120	150	
		kil. gr.	kil. gr.	kil. gr.	kil. gr.	kil. gr.	kil. gr.	kil. gr.	kil. gr.	kil. gr.	kil. gr.	kil. gr.	kil. gr.	
Sel		0 300	0 600	0 900	1 200	1 500	1 800	2 100	2 400	2 700	3 000	3 600	4 500	
Poivre		0 007	0 015	0 020	0 030	0 035	0 040	0 050	0 060	0 060	0 070	0 085	0 105	
Pommes de terre		8 000	16 00	24 00	32 00	40 00	48 00	56 00	64 00	72 00	80 00	96 00	120 00	
Choux		1 000	2 000	3 000	4 000	5 000	6 000	7 000	8 000	9 000	10 00	12 00	15 00	
Carottes		1 000	1 000	1 000	1 000	2 000	2 000	2 000	2 000	2 000	2 000	3 000	4 000	
Poireaux		0 500	0 500	0 500	0 500	0 500	1 000	1 000	1 000	1 000	1 000	1 500	1 500	
Oignons		0 500	1 000	1 500	2 000	2 500	3 000	3 500	4 000	4 500	5 000	6 000	7 500	
Saindoux		0 200	0 400	0 600	0 800	1 000	1 200	1 400	1 600	1 800	2 000	2 400	3 000	
Épices		1 000	1 000	1 000	1 000	1 000	2 000	2 000	2 000	2 000	2 000	2 000	2 000	
Lard		0 100	0 200	0 300	0 400	0 500	0 600	0 700	0 800	0 900	1 000	1 200	1 500	
Farine		0 100	0 200	0 300	0 400	0 500	0 600	0 700	0 800	0 900	1 000	1 200	1 500	
Dépenses journalières														

Tableau n° 4.

SALADE DE VIANDE ET DE LÉGUMES.

DENRÉES.	PRIX.	NOMBRE D'HOMMES.												OBSERVATIONS.
		10	20	30	40	50	60	70	80	90	100	120	150	
		kil. gr.	kil. gr.	kil. gr.	kil. gr.	kil. gr.	kil. gr.	kil. gr.	kil. gr.	kil. gr.	kil. gr.	kil. gr.	kil. gr.	
Sel		0 300	0 600	0 900	1 200	1 500	1 800	2 100	2 400	2 700	3 000	3 600	4 500	
Poivre		0 007	0 015	0 020	0 030	0 035	0 040	0 050	0 060	0 060	0 070	0 085	0 105	
Pommes de terre		7 000	14 00	21 00	28 00	35 00	42 00	49 00	56 00	63 00	70 00	84 00	105 00	
Choux		1 000	2 000	3 000	4 000	5 000	6 000	7 000	8 000	9 000	10 00	12 00	15 00	
Carottes		1 000	1 000	1 000	1 000	1 000	2 000	2 000	2 000	2 000	2 000	3 000	4 000	
Poireaux		0 500	0 500	0 500	0 500	0 500	1 000	1 000	1 000	1 000	1 000	1 500	1 500	
Oignons		0 500	1 000	1 500	2 000	2 500	3 000	3 500	4 000	4 500	5 000	6 000	7 500	
Haricots (lit.)		1	2	3	4	5	6	7	8	9	10	12	15	
Huile de noix (lit.)		1/4	1/2	3/4	1	1 1/4	1 1/2	1 3/4	2	2 1/4	2 1/2	3	3 3/4	
Vinaigre (lit.)		1/8	1/4	1/2	3/4	1	1 1/8	1 1/4	1 1/2	1 3/4	2	2 1/4	3	
Dépenses journalières														

Tableau N° 5.

SALADE DE SAISON.

DENRÉES.	PRIX.	NOMBRE D'HOMMES. 10	20	30	40	50	60	70	80	90	100	120	150	OBSERVATIONS.
		kil. gr.	kil. gr.	kil. gr.	kil. gr.	kil. gr.	kil. gr.	kil. gr.	kil. gr.	kil. gr.	kil. gr.	kil. gr.	kil. gr.	
Sel		0 300	0 600	0 900	1 200	1 500	1 800	2 100	2 400	2 700	3 000	3 600	4 500	
Poivre		0 007	0 015	0 020	0 030	0 035	0 040	0 050	0 060	0 060	0 070	0 085	0 105	
Pommes de terre		6 000	12 00	18 00	24 00	30 00	36 00	42 00	48 00	54 00	60 00	72 00	90 00	
Choux		1 000	2 000	3 000	4 000	5 000	6 000	7 000	8 000	9 000	10 00	12 00	15 00	
Carottes		1 000	1 000	1 000	1 000	1 000	2 000	2 000	2 000	2 000	2 000	3 000	4 000	
Oignons		0 250	0 500	1 000	1 500	2 000	2 500	3 000	3 500	4 000	4 500	6 000	6 500	
Poireaux		0 250	0 500	0 500	0 500	0 500	1 000	1 000	1 000	1 000	1 000	1 500	2 000	
Ail		0 010	0 020	0 030	0 040	0 050	0 060	0 070	0 080	0 090	0 100	0 120	0 150	
Salades		2 000	4 000	6 000	8 000	10 00	12 00	14 00	16 00	18 00	20 00	24 00	30 00	
Huile de noix (lit.)		1/4	1/4	1/2	1/2	1/4	1	1 1/4	1 1/2	1 3/4	2	2 1/4	3	
Vinaigre (lit.)		1/8	1/8	1/4	1/4	1/2	1/2	1/2	3/4	3/4	1	1 1/8	1 1/2	
Dépenses journalières														

TABLEAU N° 6.

HACHIS DE VIANDE AUX POMMES DE TERRE.

DENRÉES.	PRIX.	NOMBRE D'HOMMES.												OBSERVATIONS.
		10	20	30	40	50	60	70	80	90	100	120	150	
		kil. gr.	kil. gr	kil. gr.	kil. gr.	kil. gr.	kil. gr.	kil. gr.	kil. gr.	kil. gr.	kil. gr.	kil. gr.	kil. gr.	
Sel		0 300	0 600	0 900	1 200	1 500	1 800	2 100	2 400	2 700	3 000	3 600	4 500	
Poivre		0 010	0 020	0 030	0 040	0 050	0 060	0 070	0 080	0 090	0 100	0 120	0 150	
Pommes de terre		7 000	14 00	21 00	28 00	35 00	42 00	49 00	56 00	63 00	70 00	84 00	105 00	
Choux		1 000	2 000	3 000	4 000	5 000	6 000	7 000	8 000	9 000	10 00	12 00	15 00	
Carottes		1 000	1 000	1 000	1 000	1 000	2 000	2 000	2 000	2 000	2 000	3 000	4 000	
Poireaux		0 500	0 500	0 500	0 500	0 500	1 000	1 000	1 000	1 000	1 000	1 500	1 500	
Oignons		0 500	1 000	1 500	2 000	2 500	3 000	3 500	4 000	4 500	5 000	6 000	7 500	
Saindoux		0 300	0 600	0 900	1 200	1 500	1 800	2 100	2 400	2 700	3 000	3 600	4 500	
Épices		1 000	1 000	1 000	1 000	1 000	2 000	2 000	2 000	2 000	2 000	2 000	2 000	
Lard		0 100	0 200	0 300	0 400	0 500	0 600	0 700	0 800	0 900	1 000	1 200	1 500	
DÉPENSES journalières														

TABLEAU Nº 7.

HACHIS DE VIANDE AUX HARICOTS.

DENRÉES.	PRIX.	NOMBRE D'HOMMES.												OBSERVATIONS.
		10	20	30	40	50	60	70	80	90	100	120	150	
		kil. gr.	kil. gr.	kil. gr.	kil. gr.	kil. gr.	kil. gr.	kil. gr.	kil. gr.	kil. gr.	kil. gr.	kil. gr.	kil. gr.	
Sel		0 300	0 600	0 900	1 200	1 500	1 800	2 100	2 400	2 700	3 000	3 600	4 500	
Poivre		0 007	0 015	0 020	0 030	0 035	0 040	0 050	0 060	0 060	0 070	0 085	0 105	
Pommes de terre		5 000	10 00	15 00	20 00	25 00	30 00	35 00	40 00	45 00	50 00	60 00	75 00	
Choux		1 000	2 000	3 000	4 000	5 000	6 000	7 000	8 000	9 000	10 00	12 00	15 00	
Carottes		1 000	1 000	1 000	1 000	1 000	2 000	2 000	2 000	2 000	2 000	3 000	3 000	
Poireaux		0 500	0 500	0 500	0 500	0 500	1 000	1 000	1 000	1 000	1 000	1 500	1 500	
Oignons		0 500	1 000	1 500	2 000	2 500	3 000	3 500	4 000	4 500	5 000	6 000	7 500	
Saindoux		0 300	0 600	0 900	1 200	1 500	1 800	2 100	2 400	2 700	3 000	3 600	4 500	
Épices		1 000	1 000	1 000	1 000	1 000	2 000	2 000	2 000	2 000	2 000	2 000	2 000	
Haricots (lit.)		1	2	3	4	5	6	7	8	9	10	12	15	
DÉPENSES journalières														

Tableau N° 8.

RATA RAPIDE.

DENRÉES.	PRIX.	NOMBRE D'HOMMES.												OBSERVATIONS.
		10	20	30	40	50	60	70	80	90	100	120	150	
		kil. gr.	kil. gr.	kil. gr.	kil. gr.	kil. gr.	kil. gr.	kil. gr.	kil. gr.	kil. gr.	kil. gr.	kil. gr.	kil. gr.	
Pommes de terre		5 000	10 00	15 00	20 00	25 00	30 00	35 00	40 00	45 00	50 00	60 00	75 00	
Carottes		0 250	0 500	0 750	1 000	1 250	1 500	1 750	2 000	2 250	2 500	3 000	3 750	
Oignons		0 350	0 700	1 050	1 400	1 750	2 100	2 450	2 800	3 150	3 500	3 850	5 250	
Sel		0 100	0 200	0 300	0 400	0 500	0 600	0 700	0 800	0 900	1 000	1 200	1 500	
Poivre		0 005	0 010	0 015	0 020	0 025	0 030	0 035	0 040	0 045	0 050	0 060	0 075	
Saindoux		0 200	0 400	0 600	0 800	1 000	1 200	1 400	1 600	1 800	2 000	2 400	3 000	
Epices		1 000	1 000	1 000	1 000	2 000	2 000	2 000	2 000	2 000	3 000	3 000	3 000	
Lard		0 300	0 600	0 900	1 200	1 500	1 800	2 100	2 400	2 700	3 000	3 600	4 500	
Dépenses journalières														

TABLEAU N° 9.

MORUE AUX POMMES DE TERRE.

DENRÉES.	NOMBRE D'HOMMES.															
	10	20	30	40	50	60	70	80	90	100	120	150				
	kil. gr.	kil. gr.	kil. gr.	kil. gr.	kil. gr.	kil. gr.	kil. gr.	kil. gr.	kil. gr.	kil. gr.	kil. gr.	kil. gr.				
Morue...............	1 250	2 500	3 750	5 000	6 250	7 500	8 750	10 000	11 250	12 500	15 000	18 750				
Beurre...............	0 100	0 200	0 300	0 400	0 500	0 600	0 700	0 800	0 900	1 000	1 200	1 500				
ou Graisse.........	0 200	0 400	0 600	0 800	1 000	1 200	1 400	1 600	1 800	2 000	2 400	3 000				
Pommes de terre....	6 000	12 000	18 000	24 000	30 000	36 000	42 000	48 000	54 000	60 000	72 000	90 000				
Poivre...............	0 002	0 004	0 006	0 008	0 010	0 012	0 014	0 016	0 018	0 020	0 024	0 030				

Instruction sur la gestion des jardins potagers pour l'ordinaire des troupes.

Paris, le 22 avril 1905.

§ 1er. — *Dispositions générales.*

Art. 1er. Dans les places où il existe des terrains militaires propres à la culture, le service du génie peut être autorisé à livrer gratuitement aux corps ou fractions de corps de toutes armes les terrains nécessaires à la création de jardins potagers destinés à l'amélioration de l'ordinaire des troupes.

A défaut de terrains militaires propres à la culture, et dans les villes de garnison où il n'en existe pas, ces jardins peuvent être créés au moyen de terrains loués par les corps de troupe aux frais des ordinaires. Toutefois, la location n'a lieu qu'après autorisation du Ministre. La demande d'autorisation est adressée au Ministre (Bureau des Vivres) accompagnée d'un état faisant connaître, d'une part l'état des bonis, d'autre part le prix de location et les frais présumés d'exploitation par année.

En cas de changement de garnison, le bail est transféré d'office au nom du corps succédant à l'autre.

En cas de suppression définitive ou momentanée d'une garnison, la résiliation a lieu de plein droit. Une clause dans ce sens doit être insérée dans les baux de location.

Art. 2. Il n'est affecté de terrains militaires ou autres qu'aux corps ou fractions de corps qui en font la demande.

Toute demande de cette nature doit être suffisamment motivée et adressée hiérarchiquement au Ministre (Direction du Génie), qui juge s'il y a lieu de l'accueillir. Dans l'affirmative, le Ministre donne l'ordre au service du génie de faire la remise des terrains, s'il s'agit de terrains militaires.

Tout corps ou fraction de corps, succédant à un corps qui exploite un jardin potager, est tenu de continuer l'exploitation.

La remise du jardin et du matériel à la nouvelle troupe a lieu conformément aux dispositions du paragraphe 3.

Art. 3. Les dépenses occasionnées par l'exploitation des jardins potagers, celles de location de terrain, s'il y a lieu, sont à la charge des ordinaires de la troupe appelés exclusivement à bénéficier de leurs produits.

Art. 4. Dans les garnisons de troupes à cheval, lorsque les adjudicataires des fumiers y consentent ou que leurs marchés les y obligent, les corps de toutes armes peuvent recevoir des fumiers, à la condition de rembourser, à la masse de harnachement des corps livranciers, la valeur de ces fumiers calculée sur le prix de l'adjudication.

En outre, les détritus provenant du balayage des cours des casernes occupées par les corps exploitant un jardin leur sont abandonnés pour être utilisés comme engrais.

§ 2. — *Mode d'exploitation et gestion.*

Art. 5. Les jardins potagers sont exploités directement par chaque corps, au moyen de militaires placés sous la surveillance d'un sous-officier ou d'un caporal, et sous la direction de l'officier secrétaire de la commission des ordinaires. Cet officier est chargé également de la tenue des écritures auxquelles donne lieu la gestion.

Art. 6. Les sous-officiers, caporaux ou brigadiers et soldats, attachés à l'exploitation des jardins potagers, peuvent recevoir une gratification dont la quotité est fixée par le chef de corps, dans les limites déterminées par la décision ministérielle du 19 novembre 1896. (Vol. 86.)

Ils sont constamment pourvus d'une paire de sabots, d'un bourgeron, d'un pantalon de toile et d'un chapeau de paille qui leur sont livrés par le conseil d'administration.

On leur délivre, en outre, une veste en drap et un képi, choisis parmi les effets hors de service.

Art. 7. Il est pourvu aux dépenses au moyen d'avances faites, sur l'ordre du chef de corps, au fur et à mesure des besoins, par la caisse du trésorier. Celle-ci en est remboursée par des prélèvements sur les fonds des ordinaires d'après la répartition établie par la commission.

On se conforme d'ailleurs, pour la comptabilité de ces avances, aux règles énoncées aux articles 43 et 44 du règlement.

Art. 8. Les distributions de légumes sont faites gratuitement et au poids sur bons signés par les commandants de compagnie, indiquant le nombre d'hommes pour lesquels ils sont établis, ainsi que la nature des légumes à recevoir.

Les quantités sont calculées à raison de tant par homme vivant à l'ordinaire, d'après une quotité fixée par le chef de corps, qui est la même à chaque distribution pour toutes les compagnies.

Ces quantités sont inscrites au livret d'ordinaire, avec la mention de leur provenance.

Art. 9. Les opérations de la gestion sont constatées dans un registre qui est divisé en cinq parties :

La première partie présente les prélèvements par compagnie opérés sur les fonds des ordinaires;

La deuxième partie sert à l'inscription des dépenses de toute nature, frais de location s'il y a lieu, achat de semences et d'engrais, achats et réparations d'outils, gratifications, etc.;

La troisième partie donne le relevé numérique, par jour et par compagnie, des hommes pour lesquels on a perçu des légumes, et les totaux des bons des capitaines;

La quatrième partie présente l'inventaire du matériel d'exploitation;

La cinquième partie donne le résumé des opérations de la gestion.

Pour faire ce résumé, on inscrit en une ligne les totaux des prélèvements par compagnie, pris dans la première partie; sur une deuxième ligne, on place les parts proportionnelles des compagnies dans les dépenses, parts qui s'obtiennent au moyen du chiffre total des dépenses et des relevés numériques de la troisième partie. La comparaison de ces deux lignes met en évidence le plus ou moins dépensé par chaque compagnie, qui fait recette ou dépense, selon le cas, et la balance est établie.

On fait ensuite ressortir les économies réalisées en rapprochant les dépenses effectuées de la valeur des légumes distribués.

Art. 10. Les trois premières parties sont arrêtées trimestriellement, la quatrième et la cinquième annuellement par l'officier directeur; elles sont vérifiées aux mêmes époques par les membres de la commission des ordinaires qui assument leur part de responsabilité.

La cinquième partie est remplie également toutes les fois qu'il y a lieu de faire la remise du jardin à un autre corps.

Les résultats, arrêtés par l'officier directeur, sont vérifiés par les membres de la Commission et visés par le chef de corps.

§ 3. — *Remise des jardins potagers d'un corps à un autre.*

Art. 11. Dans le cas de changement de garnison, le corps partant livre au corps arrivant le jardin, les outils, les réserves en semences et en grains, les légumes emmagasinés et les légumes en terre.

Art. 12. La livraison a lieu :

1° Pour les outils et ustensiles préalablement réparés et en bon état, au prix que fait ressortir l'inventaire;

2° Pour les réserves en semences et en engrais, au prix coûtant, les engrais étant évalués au mètre cube;

3° Pour les légumes emmagasinés, au prix de revient, tel qu'il résulte du règlement de compte des distributions antérieures;

4° Pour les légumes en terre, à la moitié du prix des légumes emmagasinés, l'estimation du poids étant faite en mesurant les plates-bandes occupées par ces légumes, et en prenant ceux contenus dans un ou plusieurs mètres carrés choisis de manière à représenter le développement moyen;

5° Pour les parcelles ensemencées et celles qui ne sont que préparées, sans rétribution.

Art. 13. La remise du jardin, du matériel et des approvisionnements est constatée par un état établi, en double expédition, par la commission des ordinaires du corps partant.

Art. 14. Les contestations auxquelles pourrait donner lieu cette remise seront résolues par le général commandant la subdivision.

Art. 15. Le corps arrivant rembourse au corps partant la somme que fait ressortir l'état de remise, au moyen de prélèvements effectués sur les fonds des ordinaires.

Art. 16. La somme provenant de ce remboursement est immédiatement répartie entre les compagnies du corps partant, proportionnellement aux effectifs des hommes vivant à l'ordinaire; elle est inscrite en recette sur les livrets.

Art. 17. Le corps partant donne au corps arrivant des renseignements écrits sur l'époque des ensemencements, les quantités approximatives qu'il convient de cultiver, eu égard aux effectifs, en un mot sur tout ce qui intéresse la culture.

Art. 18. Dans le cas où un corps partant n'est pas immédiatement remplacé dans la garnison, le chef de corps provoque en temps utile, par la voie hiérarchique, les ordres du commandement, qui prend telles dispositions qu'il juge nécessaires pour que l'exploitation du jardin ne soit pas laissée en souffrance. Cependant, si l'importance de la garnison ne permettait pas d'entretenir la culture sans avoir recours à des ouvriers civils, le terrain serait remis au génie, s'il appartenait à l'Etat, ou au propriétaire dans les conditions du dernier alinéa de l'article 1er.

Art. 19. Toutes les fois que les fruits d'un jardin, dans les cas prévus par les articles 1er et 18, ne pourront être consommés par une troupe, le corps partant sera libre de les vendre au profit de ses ordinaires.

§ 4. — *Dispositions particulières à l'Algérie et à la Tunisie.*

Art. 20. En Algérie et en Tunisie, les corps de troupe peuvent être autorisés à céder, aux établissements du service de santé, les légumes nécessaires, à un prix à fixer par le général commandant la subdivision.

Circulaire indiquant aux commissions des ordinaires les laboratoires dans lesquels elles sont autorisées à faire pratiquer l'analyse des denrées alimentaires dont la qualité leur paraîtrait suspecte.

Paris, le 16 mars 1906.

Les commissions des ordinaires sont autorisées à faire analyser, parmi les denrées alimentaires qui leur sont présentées, toutes celles dont la qualité leur paraîtrait suspecte.

Ces analyses ont principalement pour but la vérification des substances telles que le vin, le vinaigre, les graisses, les huiles, le lait, le beurre, le poivre, etc., dont les altérations ou sophistications ne peuvent être mises en évidence que par un contrôle scientifique, chimique ou bactériologique.

Les examens bactériologiques, qui sont plus spécialement destinés à rechercher les altérations que peuvent avoir subies certaines substances alimentaires, ainsi qu'à vérifier leur état de conservation, et qu'il est aisé de prévoir comme devant être assez rares, seront effectués par les médecins militaires chargés des laboratoires d'expertises bactériologiques.

Ces laboratoires sont énumérés, avec l'indication des régions desservies, au *Bulletin officiel* (É. M., vol. 83, p. 304).

Les expertises chimiques qui permettront, dans la plupart des cas, d'identifier ces divers produits, et de déceler les falsifications dont ils peuvent être l'objet, seront effectuées par les pharmaciens militaires attachés aux hôpitaux ou aux pharmacies régionales indiquées dans le tableau ci-après :

RÉGIONS DE CORPS D'ARMÉE.	INDICATION DES ÉTABLISSEMENTS QUI PROCÉDERONT AUX ANALYSES pour les ordinaires des corps de troupe.
Gouvernement militaire de Paris (1)........................	Ecole d'application du Val-de-Grâce et hôpital militaire de Saint-Martin.
1er et 2e corps d'armée.........	Hôpital militaire de Lille.
3e et 4e corps d'armée.........	Hôpital militaire de Versailles.
5e corps d'armée...............	Hôpital militaire Bégin, à Saint-Mandé.
6e corps d'armée............ ...	Hôpital militaire du camp de Châlons.
7e corps d'armée...............	Hôpital militaire de Belfort.
8e corps d'armée...............	Hôpital militaire de Bourges.
9e et 12e corps d'armée........	Pharmacie régionale de Limoges.
10e corps d'armée..............	Hôpital militaire de Rennes.
11e corps d'armée....	Pharmacie régionale de Nantes.
13e corps d'armée..............	Hôpital militaire thermal de Vichy.
14e corps et gouvernement militaire de Lyon (2)......	Hôpitaux militaires Desgenettes et Villemanzy.
15e corps d'armée..............	Réserve des médicaments du service militaire à Marseille.
16e corps d'armée..............	Hôpital militaire de Perpignan.
17e corps d'armée........	Hôpital militaire de Toulouse.
18e corps d'armée........	Hôpital militaire de Bordeaux.
20e corps d'armée..............	Hôpital militaire de Nancy.
Division d'Alger...............	Hôpital du Dey, à Alger.
Division d'Oran	Hôpital militaire d'Oran.
Division de Constantine........	Hôpital militaire de Constantine.
Division d'occupation de Tunisie........................	Hôpital militaire du Belvédère, à Tunis.

(1) La répartition des analyses du gouvernement militaire de Paris entre l'Ecole d'application du Val-de-Grâce et l'hôpital militaire Saint-Martin sera faite par le gouverneur militaire de Paris, après entente avec le directeur du service de santé.

(2) Même observation pour la répartition des analyses du 14e corps d'armée et du gouvernement militaire de Lyon.

Les établissements énumérés ci-dessus seront chargés d'assurer le service des analyses chimiques pour chaque région.

On se conformera, pour la transmission des échantillons et la communication des résultats, aux règles suivantes qui permettront aux commissions des ordinaires d'être renseignées dans le plus bref délai possible sur la qualité des substances dont l'analyse leur aura paru nécessaire.

Les corps établiront, pour chaque envoi, un bordereau indiquant la nature et le nombre des échantillons, ainsi que les raisons sommaires qui motivent la demande d'analyse.

Le colis, auquel sera joint le bordereau, sera adressé directement au médecin chef de l'hôpital militaire (au directeur du service de santé des 6e, 11e et 12e corps d'armée pour les laboratoires de bactériologie de Châlons-sur-Marne et les pharmacies régionales de Nantes et de Limoges).

Ultérieurement, les rapports relatant succinctement les analyses seront établis en double expédition et adressés par les médecins-chefs, d'une part directement aux corps intéressés, et d'autre part au directeur du service de santé du corps d'armée où se font les analyses.

Des rapports annuels résumant le fonctionnement des laboratoires, en ce qui concerne les expertises demandées par les corps de troupe, seront établis par les médecins et pharmaciens chefs de laboratoire et transmis par la voie hiérarchique au Ministre de la guerre (7e Direction ; 2e bureau).

Les colis contenant les substances à analyser devront être expédiés par grande vitesse.

Lorsque l'autorité militaire, désirant se renseigner sur la valeur ou la qualité de certaines denrées fournies ou approvisionnées, prélève ou envoie des échantillons à l'analyse, et sans qu'il y ait litige, les frais d'envoi des échantillons, ainsi que le montant de leur valeur, restent à la charge des ordinaires, par application des dispositions du paragraphe 8 de l'article 13 du décret du 22 avril 1905 sur la gestion des ordinaires de la troupe.

Au contraire, si le prélèvement a lieu à l'occasion d'un litige, les frais de transport ou autres sont à la charge de la partie condamnée.

Circulaire relative au contrôle spécial à exercer sur le vin vendu dans les cantines des corps de troupe.

Paris, le 30 avril 1906.

Au cours de la discussion du budget de la guerre pour 1906, des critiques ont été formulées, à la tribune de la Chambre des députés, au sujet de la qualité du vin vendu à la troupe dans certaines cantines et des prix abusifs exigés par les cantiniers.

Une circulaire ministérielle du 16 mars 1906 (*B. O.*, p. 369) a déjà autorisé les commissions des ordinaires à faire analyser, parmi les denrées alimentaires qui leur sont présentées, toutes celles dont la qualité leur paraîtrait suspecte et a indiqué les établissements dans lesquels ces analyses devront être effectuées.

Les dispositions de ladite circulaire devront être étendues au vin, ainsi qu'aux autres denrées et liquides vendus à la troupe dans les cantines et les chefs de corps seront tenus, à l'avenir, d'exercer un contrôle sévère sur les produits et plus particulièrement sur le vin de cette provenance, tant au point de vue de la qualité qu'à celui des prix de vente, de manière à empêcher tout abus de se produire.

Circulaire relative à l'achat des haricots dans le commerce par l'administration militaire et par les corps de troupe (1).

Paris, le 3 janvier 1907.

Une dépêche ministérielle du 10 juillet 1906, n° 34232/5, avait recommandé aux corps de troupe, en raison des dangers que pouvait présenter la consommation de haricots achetés dans le commerce, de renoncer à toutes fournitures de haricots de quelque espèce qu'ils puissent être, sauf à se procurer d'autres légumes de remplacement ou à se faire délivrer par l'administration militaire, à charge de remboursement, les haricots dont elle constitue approvisionnement.

Or, la possibilité pour les corps de troupe de se procurer les légumes verts, qui n'offrent aucune difficulté pendant la saison d'été, n'existe plus aujourd'hui. D'autre part, l'administration militaire ne se trouve plus en mesure, sur un certain nombre de points du territoire, de continuer à assurer les besoins des corps en haricots ; aussi le Ministre a-t-il reçu de nombreuses demandes de mainlevée de l'interdiction prononcée et d'autorisation de reprendre l'achat de haricots dans le commerce, demandes auxquelles satisfaction a été donnée, pour chaque cas d'espèce, sous la réserve d'exercer une surveillance très sévère sur les produits présentés en livraison et de ne jamais négliger de procéder à une analyse préalable de la denrée, en se référant notamment aux prescriptions de la dépêche ministérielle du 23 avril 1906, n° 20822/5.

Mais la situation déjà signalée par certains corps de troupe va se présenter probablement dans toutes les places des différents corps d'armée et il est dès lors nécessaire d'adresser des instructions générales à ce sujet.

En conséquence, et sous la réserve de prendre toutes les précautions ci-dessus, les corps de troupe sont autorisés à se pro

(1) Modifiée par la circulaire du 11 décembre 1907 (*B. O.*, p. 1761).

curer dans le commerce la quantité de haricots nécessaire à leur consommation annuelle, défalcation faite de ceux à recevoir de l'administration militaire.

Afin de réduire le nombre des analyses auxquelles est subordonnée la réception définitive de la denrée, les achats, au lieu d'être effectués au fur et à mesure des besoins, devront être groupés et faire l'objet du plus petit nombre de marchés possible. A cet effet, les corps de troupe devront s'efforcer de traiter pour la quantité maximum qu'ils pourront loger dans leurs locaux, sans dépasser toutefois la limite des besoins d'une année, compte tenu des quantités à provenir des magasins de l'administration.

Les livraisons effectuées en exécution d'un marché seront emmagasinées provisoirement dans les locaux disponibles, jusqu'à ce que les résultats de l'analyse aient permis, ou non, de prononcer leur acceptation.

Les fournitures ainsi achetées ne seront donc plus laissées en dépôt dans les magasins du fournisseur, qui n'aura plus, par suite, à en assurer la remise au corps par des livraisons partielles correspondant aux besoins immédiats à satisfaire.

Toutefois, devront être exclus à l'avenir des fournitures à faire aux corps de troupe, comme de celles à effectuer par marchés de livraison pour le renouvellement des approvisionnements entretenus dans les magasins de l'administration militaire au titre de la réserve de guerre, tous les haricots, de quelque provenance qu'ils soient, aussi bien ceux des Indes que des autres pays étrangers, lorsqu'ils renfermeront de l'acide cyanhydrique même à faible dose.

Il conviendra d'insérer dans les cahiers des charges spéciales pour les fournitures de haricots, une clause dans le sens de cette disposition qui complète celles contenues dans la dépêche susvisée du 23 avril 1906.

Les échantillons de haricots à constituer pour les analyses le seront dans les conditions ci-après : pour chaque lot de haricots acheté, soit par les corps de troupe, soit par l'administration militaire, on prélèvera sur chacun des sacs, en différents points, 200 à 300 grammes de denrée, on opérera le mélange aussi intime que possible de ces prises et sur celui-ci on prélèvera 1 kilogramme de haricots pour chaque échantillon, qui se trouvera ainsi représenter la moyenne de la fourniture.

Enfin, lorsque les haricots de la nouvelle récolte pourront être achetés par le service de l'intendance pour renouveler les approvisionnements, c'est-à-dire vers le mois de janvier, les approvisionnements anciens devront être écoulés rapidement au moyen de distributions obligatoires partout où ce sera possible. Cette dernière mesure a pour but d'éviter de laisser vieillir en magasin les produits de la récolte précédente.

La notice ci-après indique les diverses espèces de haricots

rendus vénéneux par la présence de l'acide cyanhydrique, ainsi que les circonstances dans lesquelles ce toxique conserve ou perd ses effets en totalité ou en partie.

NOTICE

sur les haricots doués de propriétés vénéneuses dues à l'acide cyanhydrique.

Il existe une espèce de haricot (phaseolus lunatus) doué de propriétés vénéneuses. Celles-ci sont dues à l'acide cyanhydrique.

Ce haricot végète dans la plupart des régions chaudes du globe ; on le rencontre en Amérique : Antilles, Brésil, région du fleuve des Amazones, Pérou ; en Asie : Inde, Cochinchine ; en Afrique, il est cultivé à peu près partout sous les tropiques, sur la côte et à l'intérieur : en Guinée, en Egypte, sur la côte de Mozambique, à Madagascar, à l'île Maurice, à la Réunion, au Cap. Enfin, dans les îles de la Sonde, notamment à Java, il est fréquent. Il est particulièrement dangereux pour la consommation.

Les propriétés vénéneuses du phaseolus lunatus ont suscité depuis quelques années, de la part des chimistes, de nombreuses recherches à l'occasion des troubles survenus chez l'homme et l'animal, à la suite de l'ingestion de cette légumineuse.

Les analyses effectuées par les divers auteurs montrent toutefois que les variétés de cette espèce de haricot ne sont pas également riches en ce produit toxique.

Les recherches de M. Guignard montrent que les *haricots de Java* contiennent 0 gr. 050 à 0 gr. 312 p. 100.

En ce qui concerne les autres variétés, on constate les doses ci-après :

Haricot de Birmanie.

Coloré.	de 0.010 à 0.020
Blanc.	de 0.009 à 0.019

Haricot du Cap, marbré.

Cultivé en Provence.	0.008
Cultivé à Madagascar.	
a) Variété à grosses graines blanches.	0.007
b) Variété à petites graines blanches.	0.017
c) Variété à graines colorées. . . .	0.027
Cultivé à la Réunion.	0.009

Haricot de Lima.

Blanc ou légèrement verdâtre cultivé en Provence.	0.005
Cultivé aux Etat-Unis. . . . . de	0.003 à 0.010

Haricot de Siéva.

Cultivé en Provence.	0.004

Il résulte de toutes les recherches effectuées sur le phaseolus lunatus, au point de vue de sa teneur en acide cyanhydrique, que le poison n'existe pas à l'état préformé dans la graine. L'acide cyanhydrique, mis en évidence par les analyses chimiques, est le résultat de l'action d'un ferment sur un glucoside appelé « phaséolimatine ». Cette action de dédoublement ne se produit qu'en présence de l'eau dans certaines conditions qui vont être énumérées :

Par la macération dans l'eau pure, à froid, les haricots perdent en moyenne un dixième seulement en vingt-quatre heures et un cinquième en quarante-huit heures de leur principe cyanhydrique ; quand l'eau est salée, la déperdition est moitié moindre, en raison de la diminution des phénomènes exénotiques.

Quand on opère avec une eau dont on a élevé la température, les résultats sont tout différents :

On fait bouillir l'eau ; quand l'ébullition est obtenue, on projette les haricots pulvérisés dans la masse du liquide. La formation d'acide cyanhydrique n'a pas lieu. L'eau en ébullition a donc détruit le ferment. Ce qui le prouve, c'est que l'addition d'un autre ferment produit le dédoublement du glucoside et la réaction de l'acide cyanhydrique peut être décelée.

Il n'en est pas de même quand, au lieu de la poudre de haricots, on emploie le haricot entier en graines. En ce cas, en effet, les recherches de M. Guignard ont démontré qu'après une heure d'ébullition beaucoup de graines présentent des cellules dans lesquelles les grains d'amidon ont conservé leurs caractères physiques et ne sont pas transformés en empois. Après deux heures d'ébullition, leur proportion est diminuée ; mais un grand nombre présentent encore leur état normal. Par conséquent, elles n'ont pas toutes été portées à 100 degrés et l'on peut affirmer même que la température subie n'a pas dépassé 75 degrés à 80 degrés. Or, à cette dernière température, le ferment n'est pas détruit, il est encore actif et peut, par conséquent, opérer le dédoublement nécessaire à la production d'acide cyanhydrique qui apparaît dans l'eau de cuisson.

Dans cette eau de cuisson, il existe donc déjà de l'acide cyanhydrique ; une partie des glucosides reste en solution ; le ferment n'a été détruit qu'en partie. En admettant même qu'il ait été détruit complètement, quand l'eau et les haricots vont pénétrer dans le tube digestif, ils vont y rencontrer d'autres ferments qui vont opérer leur action sur le glucoside véhiculé et provoquer la formation d'acide cyanhydrique dans l'organisme même. Ces ferments sont la ptyaline, la pepsine, la pancréatine, l'enthérokinase, etc.

M. Guignard a constaté que la ptyaline et la pepsine, en milieu acide (comme le contenu de l'estomac), ne donnent pas lieu à ce dédoublement.

Le suc pancréatique pur est resté inactif.

La pancréatine, par contre, a donné des résultats positifs et, en faisant agir sur le glucoside du haricot un mélange de pancréatine et de poudre duodénale, les résultats ont été bien plus marqués ; ils agissent donc comme l'émulsine et comme le ferment des haricots visés qui dédouble la glucoside et provoque la formation d'acide cyanhydrique.

Par conséquent, les haricots bouillis, ainsi que l'eau de cuisson, alors même que la chaleur a détruit l'émulsine qu'ils contenaient, n'en conservent pas moins leurs propriétés vénéneuses, puisqu'ils trouvent dans l'économie le ferment nécessaire à la production de l'acide cyanhydrique

---

Circulaire relative aux moyens à employer pour conserver chaud, dans les camps et cantonnements, le café préparé la veille.

Paris, le 22 mars 1907.

En vue d'éviter que, dans les camps et cantonnements, des hommes se lèvent longtemps avant le départ pour préparer le café du matin, et afin de permettre de distribuer, même en cas d'alerte pendant la nuit, une boisson suffisamment chaude, l'expérience a été faite, dans un corps d'armée, du procédé suivant :

Dans le sol sur lequel sont installées les cuisines, on pratique une excavation au fond de laquelle sont déposées des braises chaudes, mais non ardentes, en aussi grande quantité que possible.

Après avoir été enveloppée soigneusement de paille, la marmite, entièrement remplie de café bouillant, est placée dans cette excavation qui est ensuite complètement comblée avec de la terre.

L'expérience a démontré qu'après dix à onze heures de nuit très fraîche, la température variant entre — 8° et + 10°, celle du café était de 50 et même 60 degrés, c'est-à-dire très suffisante pour en faire une boisson réconfortante.

En présence des avantages qu'il est possible de tirer de l'emploi de ce procédé, le Ministre croit devoir le signaler, à toutes fins utiles, à l'attention des corps de troupe.

G. PICQUART.

Circulaire relative au rappel du principe de l'adjudication publique pour la fourniture de la viande fraîche.

Paris, le 10 juin 1907.

La fourniture de la viande fraîche aux corps de troupe doit, en principe, conformément au règlement sur la gestion des ordinaires, être mise en adjudication publique, et ce n'est qu'en cas d'insuccès des adjudications, ou quand il est reconnu désavantageux de procéder par cette voie, que les commissions des ordinaires peuvent traiter de gré à gré, après appel à la concurrence.

Or, certaines commissions des ordinaires, ayant une tendance naturelle et dans une certaine mesure légitime à ne se préoccuper que de la qualité de la viande, se résignent parfois trop facilement à traiter de gré à gré en ne se préoccupant pas suffisamment, lors de la passation des marchés, de la répercussion plus ou moins onéreuse que ce mode de procéder peut entraîner au point de vue des intérêts du Trésor. La perte qui, dans certains cas, en résulte, n'est pas en effet subie par les ordinaires, mais bien en majeure partie par l'Etat.

Il est donc rappelé aux corps de troupe qu'ils ne sont autorisés à traiter de gré à gré que si l'adjudication a été reconnue désavantageuse ou bien n'a pas donné de résultats, et qu'ils doivent, dans tous les cas, faire appel à la concurrence la plus étendue.

En outre, et afin d'inciter les corps de troupe à observer plus strictement les dispositions réglementaires, le général commandant chaque corps d'armée basera la répartition de la prime de viande, pour les places où des corps ont traité par adjudication, sur les résultats de ces adjudications, sans avoir égard aux prix des marchés de gré à gré.

Circulaire relative aux marchés et commandes pour le compte des ordinaires.

Paris, le 18 octobre 1907.

Il est recommandé aux commissions des ordinaires ou aux officiers opérant pour le compte des ordinaires de ne s'adresser, autant que possible, soit pour leurs marchés, soit dans leurs commandes directes, qu'aux fournisseurs payant à leurs ouvriers le salaire normal et courant de la région, par analogie avec ce qui est prescrit par le décret du 10 août 1899 pour les marchés passés au nom de l'Etat.

Circulaire sur les cuisines régimentaires.

Paris, le 22 avril 1908.

L'alimentation du soldat exerce une influence décisive sur l'état sanitaire de l'armée.

Dans cet ordre d'idées il n'est pas seulement indispensable, ainsi que l'ont recommandé de précédentes circulaires, de veiller rigoureusement à la qualité des denrées, il importe encore de se préoccuper de la préparation des aliments.

D'excellentes initiatives, couronnées de succès, ont été prises par certains commandants d'unités. Il convient de généraliser les résultats obtenus.

Propreté des cuisines. — Il est avant tout indispensable, pour que les aliments soient appétissants, de faire régner dans les cuisines une propreté méticuleuse. Non seulement les locaux et le matériel doivent être lavés et nettoyés avec soin aussi souvent qu'il est nécessaire, mais les cuisiniers doivent être astreints à la propreté corporelle la plus rigoureuse. Ils ne doivent toucher à la viande et aux autres aliments qu'après s'être lavé les mains. Leurs effets doivent toujours être propres.

Choix des cuisiniers. — La bonne cuisine ne peut être faite que par des professionnels. Il faudra donc employer de préférence, dans les cuisines régimentaires, des cuisiniers de profession accomplissant leur service militaire. D'autre part, on formera méthodiquement à la pratique culinaire des hommes de troupe prédisposés, par leur métier antérieur, à bien remplir ces fonctions.

Déjà le règlement du 22 avril 1905 avait prévu, dans son article 10, l'emploi de cuisiniers professionnels présents sous les drapeaux en qualité de cuisiniers chefs permanents dans chaque cuisine ou groupe de cuisines.

Pour que cette mesure puisse être appliquée effectivement, il importe de ne pas confier d'autres emplois aux cuisiniers professionnels.

En particulier, dès la réception de la présente circulaire, *il sera formellement interdit de désigner ces hommes pour servir d'ordonnances.*

Indépendamment des cuisiniers chefs, la formation de bons cuisiniers dans chaque unité administrative doit être l'objet de toute l'attention de l'officier qui commande cette unité.

Les fonctions de cuisinier seront attribuées à des professionnels si les ressources du recrutement le permettent ou, à défaut de ceux-ci, à des hommes de profession similaire : charcutier, pâtissier, aubergiste, etc.

Il est à remarquer que si le règlement du 22 avril 1905 n'autorise pas à employer pendant plus de trois mois consécutifs et pendant plus de six mois par année un même soldat aux fonctions de cuisinier, cette interdiction ne saurait s'appliquer aux hommes du service auxiliaire, qu'il y a au contraire intérêt à employer et à spécialiser le plus possible.

Préparation des aliments. — Afin de faciliter la tâche des cuisiniers, nous faisons préparer en ce moment un formulaire, véritable livre de la cuisine militaire, donnant les indications sur la manière de préparer les aliments destinés aux soldats et notamment les viandes de conserve, avec lesquelles certains chefs de corps ont fait des préparations excellentes. Il va sans dire que ces indications ne s'imposeront à personne ; ce seront de simples exemples, montrant ce qui a été fait dans certains corps. Car la liberté absolue d'initiative est laissée au gérant de l'ordinaire. Il lui est seulement recommandé de veiller à la variété des mets, à leur préparation convenable, enfin à leur distribution sous une forme appétissante.

L'attribution d'une petite indemnité supplémentaire à celui des cuisiniers d'un régiment qui se sera le plus distingué dans un trimestre par sa propreté, sa compétence et aussi son esprit d'ordre et d'économie, est en ce moment à l'étude et il y a tout lieu d'espérer qu'elle pourra être réalisée après le vote du prochain budget.

Leçons de cuisine. — Dans beaucoup de garnisons, des personnes de bonne volonté, hôteliers ou cuisiniers civils, ont offert leur concours désintéressé en vue de la formation des cuisiniers de troupe. Dans d'autres, des cours de cuisine ou d'économie ménagère peuvent être suivis avec fruit par les cuisiniers militaires. Aucune règle générale ne saurait être édictée à cet égard. Les chefs de corps seront juges des moyens à adopter pour former des cuisiniers suffisamment aptes à l'exercice de leur fonction.

Compte rendu annuel. — Chaque année, les généraux commandants de corps d'armée, après avoir recueilli les renseignements des chefs de corps, feront parvenir au Ministre, sous le timbre de la 5e Direction, un rapport sur les résultats obtenus dans l'étendue de leur commandement.

Dans ce rapport, ils feront connaître notamment les améliorations dont l'expérience aura révélé l'utilité, soit qu'elles concernent le personnel, soit qu'elles soient relatives au matériel en usage ou aux conditions de préparation des aliments.

J'attache la plus grande importance à l'exécution des dispositions qui précèdent.

Le Sous-Secrétaire d'Etat
au ministère de la guerre,
Henry Chéron.

Notice sur les conditions que doivent remplir les denrées d'ordinaire autres que la viande.

Paris, le 29 mai 1908.

Aux termes de l'article 5 du décret du 22 avril 1905, les officiers gérants des ordinaires ont toute latitude pour déterminer la nature et la quantité des denrées à acheter en vue de la préparation des repas.

S'il est nécessaire de varier l'alimentation, cette variété ne saurait cependant être obtenue aux dépens de la qualité des mets et de la valeur nutritive des repas. En particulier, il y a lieu d'exclure les produits obtenus au moyen de manipulations et qui se prêtent à l'addition frauduleuse de matières altérées, nocives ou simplement dépourvues de valeur marchande dont la présence est également dissimulée à la vue, par l'aspect même des produits, et au goût par un assaisonnement approprié.

Telles sont les préparations de charcuterie et de triperie connues sous les noms de saucisses, boudins, chipolatas, andouillettes, gras-double, etc., etc.

La consommation de ces produits ne pourra être admise que si leur préparation a eu lieu dans les cuisines régimentaires, ou encore lorsqu'ils proviendront de boucheries militaires où la qualité des matières premières et les procédés de préparation ne pourront être suspectés.

Sous cette réserve, les denrées d'ordinaire peuvent être achetées directement aux halles ou marchés, chez le producteur ou le fournisseur, ou bien leur fourniture peut faire l'objet de marchés d'une durée variable mais toutefois au plus égale à une année.

Lorsque les commissions d'ordinaires ou les commandants d'unité procèdent par voie de marché, il leur est recommandé d'insérer dans leurs cahiers des charges l'obligation, pour les fournisseurs, de livrer des produits répondant aux conditions sommaires qui font l'objet des notices ci-après. En définissant ainsi avec précision la qualité des denrées à livrer, ils se réserveront, en cas d'inobservation de ces clauses de la part des fournisseurs, la possibilité de démontrer sans erreur possible les fraudes commises et d'en poursuivre la répression.

Sous réserve de l'exclusion visée ci-dessus, les notices n'ont aucun caractère limitatif. Elles concernent seulement les denrées les plus généralement usitées pour l'alimentation ; il y aurait lieu de s'en inspirer pour la fourniture de tous autres produits d'un usage moins fréquent ou moins répandu.

Il va sans dire également que les denrées visées dans les notices peuvent faire l'objet d'autant de marchés différents qu'il sera nécessaire.

I. — PAIN DE SOUPE.

Le pain de soupe devra réunir les qualités suivantes :

Provenir de farine de pur froment sans addition de farine étrangère (1), blutée au minimum à 70 p. 100, être bien manipulé et bien cuit, suffisamment développé et avoir au moment de la livraison vingt-quatre heures de ressuage au moins et quarante-huit heures au plus.

II. — PATES ALIMENTAIRES.

Les pâtes alimentaires (macaroni, vermicelle, pâtes d'Italie) sont fabriquées avec des blés durs de première qualité.

Elles ne devront présenter aucune altération et devront pouvoir supporter l'ébullition jusqu'à cuisson sans troubler la limpidité du bouillon.

(Le temps de cuisson sera de un quart d'heure pour le vermicelle et de une demi-heure pour le macaroni.)

III. — LÉGUMES SECS.

Les légumes secs (haricots, pois, lentilles) devront être sains, de première qualité, débarrassés de tous les corps étrangers et d'une cuisson facile (la cuisson devra être parfaite au bout de deux heures et demie d'ébullition).

---

(1) L'addition de 3 p. 100 de farine de féverolles à la farine de froment est toutefois admise.

Ils ne seront admis qu'après un essai de cuisson. Les haricots exotiques des espèces Birmanie, Java seront refusés.

IV. — RIZ.

Le riz sera de qualité dite : bon courant.

Les grains seront entiers, durs, secs, brillants, blancs ou d'un blanc légèrement jaunâtre, dégagés de leur balle, de dimensions sensiblement égales.

Le riz sera de la dernière récolte et absolument exempt de poussières ; enfin il sera sensiblement inodore ou bien il devra posséder la légère odeur *sui generis* du riz de bonne qualité.

V. — LÉGUMES FRAIS.

(*Carottes, navets, poireaux, oignons, etc.*)

Les légumes seront de grosseur moyenne, frais et tendres, débarrassés des parties non comestibles, de récolte nouvelle selon les saisons.

On n'admettra jamais de déchets pour une proportion supérieure à 2 p. 100.

Ces légumes ne devront jamais provenir de terrains d'épandage.

VI. — SALADE.

La salade sera d'une espèce variable suivant la saison ; elle devra être fraîchement cueillie et tendre, livrée sans tige et débarrassée des feuilles non distribuables.

La salade ne devra jamais provenir de terrains d'épandage.

VII. — CHOUX.

Les choux seront sains, bien pommés, débarrassés des parties non utilisables. Les choux montés seront refusés. On n'acceptera pas ceux qui proviennent des terrains d'épandage.

VIII. — POMMES DE TERRE.

Les pommes de terre seront fermes, de grosseur moyenne, saines, non germées, sans trace d'altération et de première qualité.

Les pommes de terre nouvelles seront fournies lorsqu'elles seront de vente courante et au 1er juillet au plus tard.

Les déchets comprenant les pommes de terre coupées, meurtries, etc., ne seront pas admis dans une proportion supérieure à 1 p. 100.

IX. — ŒUFS.

Les œufs seront des œufs de poules, frais, d'un poids minimum de 55 grammes.

X. — LAPINS.

Les lapins seront livrés entiers, en bon état d'engraissement. Une fois dépouillés, débarrassés des intestins, ils devront peser le poids minimum de 1 kg. 500. Le foie, les reins, le cœur et les poumons devront toujours être adhérents au moment de la livraison.

L'examen des animaux aura lieu en même temps que celui de la viande par le vétérinaire ou le médecin désigné à cet effet.

XI. — POISSONS.

Les poissons seront de première fraîcheur ; ils présenteront les caractères suivants : les ouïes d'une coloration rouge vif, les yeux brillants, odeur *sui generis* sans trace d'odeur de décomposition.

XII. — MORUE SALÉE.

La morue devra provenir de poissons exempts de toute altération ; elle devra être bien débarrassée de sel, d'une odeur franche.

XIII. — HARENGS SAURS.

Les harengs saurs devront provenir de poissons fumés à l'état frais; ils devront être bien secs et exhaler une odeur franche.

XIV. — CONSERVES DE POISSONS.

(*Sardines, thon.*)

Ces conserves devront être parfaitement stérilisées et ne contenir aucun germe revivifiable. Elles devront provenir de poissons parfaitement frais et avoir un aspect, un goût et une odeur agréables.

Les sardines devront toujours être entières, sauf la tête; le thon sera en gros fragments et exempt de débris.

L'huile devra présenter les caractères de l'huile inscrite sur la boîte. (Voir huile à manger.)

L'étamage intérieur des boîtes devra être fait à l'*étain fin*.

XV. — LAIT.

Le lait devra provenir de la traite complète de vaches saines et nourries d'une façon rationnelle ; il ne devra être ni écrémé, ni mouillé, ni contenir aucune substance étrangère (antiseptiques, etc.).

Il devra pouvoir supporter l'ébullition sans se coaguler.

Dans les localités où il fait défaut, le lait de vache sera remplacé par le lait de chèvre qui devra remplir des conditions similaires.

XVI. — FROMAGES.

Les fromages seront de bonne qualité, en bon état de conservation et ne devront contenir aucune substance étrangère.

XVII. — SEL GRIS.

(*Gros sel, sel marin.*)

Le sel sera du sel de saline ou du sel de mer. Il devra être suffisamment sec et débarrassé des matières terreuses. (On admettra au maximum 1 p. 100 d'insoluble et 8 p. 100 d'humidité.)

XVIII. — SEL BLANC.

(*Sel fin.*)

Le sel fin devra se dissoudre dans l'eau sans résidu et contenir au maximum 8 p. 100 d'eau.

XIX. — MOUTARDE.

La moutarde devra provenir du broyage des grains de moutarde blanche avec du vinaigre ou du moût de raisin avec ou sans addition d'épices variés (piment, girofles, estragon, etc.)

XX. — POIVRE (en grains).

Le poivre sera du poivre noir en grains sphériques réguliers, peu ridés, possédant une coloration brun marron ; l'amande intérieure sera bien nourrie, d'une cassure farineuse et jaunâtre ; le poivre sera exempt de graines étrangères et de grabeaux (épluchures de poivre).

XXI. — GRAISSE ALIMENTAIRE.

La graisse alimentaire sera fabriquée exclusivement avec les graisses de porc, de bœuf, de veau, de mouton mélangées avec des huiles à manger (voir ci-dessous).

Elle devra être exempte d'eau et de tout mélange avec d'autres matières grasses.

Son acidité, calculée en acide oléique, devra toujours être inférieure à 3 p. 100.

XXII. — SAINDOUX.

Le saindoux sera de la graisse de porc ; il devra être exempt d'eau, d'autres matières grasses et, en général, de toute matière étrangère.

Son acidité, calculée en acide oléique, devra toujours être inférieure à 1 p. 100.

XXIII. — HUILE A MANGER.

L'huile à manger ne pourra provenir que des fruits suivants :

olives, noix, pavot, œillette, coton, sésame, arachide, sans mélange d'autres huiles végétales ou animales, d'huile minérale et d'huile de résine.

Elle devra être limpide, bien épurée, d'odeur et de saveur agréables. Son acidité, calculée en acide oléique, ne devra pas être supérieure à 3 p. 100.

XXIV. — VINAIGRE.

Le vinaigre sera du vinaigre de vin ou du vinaigre d'alcool. Il devra avoir une teneur minimum de 6 p. 100 en acide acétique, à l'exclusion de tout autre acide. Le fournisseur sera tenu de déclarer par écrit l'origine de sa marchandise (vin ou alcool).

XXV. — CAFÉ.

Le café, lorsqu'il n'est pas livré par le service des subsistances militaires, est généralement acheté à l'état torréfié, les corps de troupes ne disposant pas de moyens de torréfaction.

Si, exceptionnellement, les corps de troupes achètent du café vert, ils se reporteront au cahier des charges pour la fourniture du café à l'administration militaire ; il y aura toutefois lieu de spécifier que l'humidité maximum, c'est-à-dire la perte de poids à l'étuve pendant cinq heures à 110 degrés, d'un échantillon pulvérisé, ne devra pas dépasser 10 p. 100.

Le café torréfié sera toujours acheté en grains.

Les grains seront entiers, ni mouillés, ni glacés, exempts de toute substance étrangère.

XXVI. — THÉ.

En principe, et sauf des cas exceptionnels, le thé sera fourni par la pharmacie des hôpitaux militaires. (Ce thé est composé de 60 p. 100 d'Annam, 20 p. 100 de Ceylan, 20 p. 100 de Kong-Hoo).

XXVI *bis*. — CHOCOLAT (1).

Le chocolat est composé exclusivement de pâte de cacao additionnée de sucre.

La pâte de cacao est le produit obtenu par le broyage des fèves de cacao torréfiées, décortiquées, dépouillées de leurs coques et débarrassées, aussi complètement que possible, de leurs germes et pousses. Suivant les usages auxquels on le destine, on peut ajouter ou retrancher à ce produit une proportion variable de beurre de cacao.

Le parfum donné au chocolat doit provenir d'aromates non nuisibles. Le chocolat doit contenir au moins 32 p. 100 de pâte de cacao.

---

(1) Paragraphe ajouté par la notice du 4 juin 1910, modifiée le 15 décembre 1910 (*B. O.*, p. 1008 et 2111).

Le prix d'un chocolat étant d'autant plus élevé qu'il contient plus de pâte de cacao, il appartient à l'acheteur soit de fixer la proportion minimum de pâte que doit contenir le produit qu'il demande, soit d'examiner si le prix de vente du produit qui lui est offert est en rapport avec sa composition, par comparaison, par exemple, avec des marques connues ou en faveur dans la consommation courante locale.

XXVII. — CONFITURES.

Les confitures seront fabriquées exclusivement avec du sucre et des fruits. Ces derniers seront sains, bien mûrs et non fermentés.

Toute addition de substances étrangères est formellement interdite.

XXVIII. — VIN.

Le vin devra être le produit de la fermentation du raisin frais, sans addition d'aucune substance étrangère, exception faite de celles qui sont prévues par la loi du 1er août 1905 (décret du 3 septembre 1907, art. 3).

Il devra être parfaitement limpide, soutiré au clair fin, droit en goût, exempt de toute altération, tirer au minimum N degrés alcooliques (1), et contenir moins de 2 grammes de sulfate de potasse par litre.

Le fournisseur sera tenu de déclarer par écrit l'origine et la provenance du vin livré, ainsi que la nature et la proportion du coupage.

La réception ne sera prononcée qu'après le résultat de l'analyse (2).

XXIX. — BIÈRE.

La bière devra être le produit de la fermentation du malt d'orge avec addition de houblon.

Elle devra être limpide, droite en goût, suffisamment riche en acide carbonique, d'une saveur piquante et agréable. Toute addition de substances étrangères est formellement interdite.

XXX. — CIDRE.

Le cidre sera le produit de la fermentation du jus de pomme, sans aucune addition de substances étrangères autres que celles qui sont prévues par les décrets rendus pour l'application de la loi du 1er août 1905.

Le cidre devra être d'une belle couleur ambrée, droit en goût, d'une saveur agréable.

---

(1) Pour les vins de pays, on exigera au minimum 6 degrés et 9 degrés pour les vins de coupage.

(2) Il y aura lieu de spécifier que tout accident, perte ou avarie provenant de l'état des futailles sera à la charge du fournisseur.

Tout produit vendu comme cidre devra contenir au minimum 3 p. 100 d'alcool et 19 p. 100 d'extrait réduit. Dans le cas contraire, le produit devra porter le nom de petit cidre.

XXXI. — SAVONS (1).

1° *Savon blanc*, dit savon de Marseille.

Le savon blanc devra être neutre ; on ne tolérera pas un excès d'alcali supérieur à 1 p. 100 ; la teneur en acides gras sera au minimum de 58 p. 100.

2° *Savon noir*.

Le savon noir ne devra pas être alcalin d'une façon exagérée ; sa teneur en acides gras devra être au minimum de 45 p. 100.

XXXII. — PÉTROLE.

Le pétrole pourra être indifféremment de provenance américaine, russe ou roumaine ; il devra être incolore, ou bien légèrement jaunâtre avec une légère fluorescence bleuâtre.

Son point d'inflammation, mesuré à l'appareil Garnier, devra être supérieur à 35 degrés, et il ne devra pas commencer à distiller au-dessous de 120 degrés (sauf une tolérance de 1/100 sur le poids).

Sa densité à + 15° centigrades doit être comprise entre 0 kg. 800 et 0 kg. 820, sans tolérance.

Il sera exempt d'huiles animales ou végétales, ainsi que de composés sulfurés.

Enfin, il devra brûler d'une manière convenable dans une lampe, sans carboniser la mèche d'une façon exagérée.

XXXIII. — HUILE A BRULER.

L'huile à brûler sera de l'huile de colza épurée.

En brûlant dans une veilleuse, elle ne devra pas charbonner la mèche, ni répandre de mauvaise odeur.

Le Sous-Secrétaire d'Etat
au ministère de la guerre,
Henry CHÉRON.

---

(1) Il est rappelé que les matières les meilleures pour le lessivage sont le savon et le carbonate de soude (cristaux de soude). Les produits vendus dans le commerce à l'état liquide ou solide sous le nom de « lessives » ne sont pas d'un usage plus commode, ne remplissent pas mieux le but à atteindre et sont toujours d'un prix notablement plus élevé. On fera donc bien de s'abstenir de l'usage desdites « lessives ».

Instruction relative à la conservation des denrées de l'Etat confiées aux corps de troupes.

Paris, le 4 juin 1908.

La présente instruction a pour objet d'indiquer les principales dispositions à prendre par les corps de troupes en vue de conserver en bon état d'entretien les denrées diverses, depuis le moment où elles sont perçues dans les magasins administratifs ou reçues en dépôt au titre de la mobilisation jusqu'à celui de leur mise en consommation.

Ces dispositions visent d'abord le mode d'emmagasinement propre à chaque denrée, ensuite les mesures d'entretien à observer pour assurer le bon état de conservation.

Riz. — Le riz est peu sujet aux altérations, à cause de sa cohésion et de sa constitution.

De conservation facile, il doit cependant être entretenu dans un local sec, en sacs debout, disposés sur des sous-traits ou planches sans valeur, de façon à les isoler de l'humidité du sol et du contact des murs.

Haricots. — Les légumes secs se conservent bien, mais il est nécessaire de les emmagasiner dans un endroit exempt d'humidité. Il convient de les loger dans les mêmes conditions que le riz.

Sel. — Le sel n'est pas sujet à s'altérer; toutefois l'humidité peut le faire fondre et occasionner un déchet sensible. Il faut éviter de le placer dans des endroits humides et ne pas le mettre dans des sacs ou balles.

Il y a avantage à le conserver dans des barils ayant contenu des salaisons.

Sucre cristallisé. — La conservation de cette denrée est assez délicate. Le sucre craint l'humidité et doit être entretenu en sacs debout pour favoriser la circulation de l'air, dans un lieu très sec, bien aéré et sur plancher, à distance des murs.

Deux fois par an, au printemps et à l'automne, et plus souvent s'il est nécessaire, il est procédé au genouillage du riz, des haricots et du sucre cristallisé, c'est-à-dire que les sacs, couchés à terre, sont soumis à la pression du genou par mouvements successifs, afin d'obtenir un déplacement de la denrée dans le sac, et de prévenir ainsi la fermentation possible, particulièrement pour le sucre.

Café torréfié. — Le café, d'un entretien facile, est généralement conservé en sacs, ou mieux encore dans des caisses en bois avec couvercle.

En vue d'éviter autant que possible la déperdition du goût et de l'arome, il est bon de mettre le café torréfié en sac double, c'est-à-dire dans une double enveloppe, et de le placer ensuite dans une caisse hermétiquement fermée.

Les sacs en toile destinés à cet usage doivent être d'un tissu très serré et être dans un état de grande propreté. On ne saurait trop prendre de précautions en vue d'une bonne conservation du café torréfié parce que cette denrée perd chaque jour de son arome.

Porc salé et lard en bandes. — Ces denrées, en barils pleins, sont entretenues dans des caves, ou, autant que possible, dans un local frais sans être trop humide, et non planchéié.

Dès la mise en place, la bonde en dessus, les barils sont débondés et ouillés, c'est-à-dire maintenus à leur plein en y mettant de la saumure vierge (1). On répète généralement cette opération pendant deux ou trois jours consécutifs, c'est-à-dire jusqu'au moment où le fût rempli conserve bien la saumure.

Si un récipient laisse échapper le liquide, il est procédé immédiatement au rabattage des cercles, afin de resserrer les douves.

Après chaque ouillage, ou remise à plein, la bonde est peu enfoncée, de façon à être enlevée facilement à la main et aussi afin de pouvoir céder à la pression exercée à certains moments par la fermentation de la saumure.

Pendant le premier mois qui suit l'entrée en magasin, après la première opération d'une durée de deux à trois jours consécutifs, l'ouillage des salaisons ne doit plus être fait que tous les cinq jours environ. Après le premier mois, on peut ne procéder à cette manœuvre de conservation que tous les quinze jours en été, et une fois par mois en hiver; mais elle ne doit pas être négligée.

Lorsqu'un baril a été entamé en partie pour assurer les besoins de la distribution, il est nécessaire de s'assurer que la quantité non distribuée continue toujours à baigner dans la saumure.

Conserves de viande. — Les conserves sont logées dans un local frais, sans être humide, bien aéré si cela est possible.

---

(1) ***Fabrication de la saumure*** — La saumure est une solution à saturation de sel dans l'eau. On l'obtient en agitant avec force du sel dans l'eau potable. La bonne saumure vierge doit marquer 25 degrés au pèse-sel; à défaut de cet instrument, on apprécie que la saturation est complète dès que le sel ne fond plus. Pour fabriquer la saumure, on utilise une petite cuve en bois, ou au besoin un petit baril ayant contenu des salaisons.

Le rez-de-chaussée, les sous-sols et les caves, pourvu qu'ils soient secs, conviennent généralement.

Dans le local où sont logées les conserves destinées à la distribution, il est nécessaire de les disposer de façon que les boîtes, reposant sur un sous-trait et placées les unes sur les autres sans toucher les murs, soient arrimées en présentant à la vue le fond des boîtes.

Cette denrée, au moment de la perception dans les magasins administratifs, du transport au casernement et pendant l'opération de l'arrimage, doit être maniée avec précaution, afin d'éviter les fissures qui peuvent se déclarer dans les récipients par suite de chocs.

Les conserves à entretenir doivent être de temps en temps soumises à une visite.

La présence des boîtes mauvaises ou ayant un commencement d'avarie se révèle :

1° Par le bombage du fond des boîtes en vue ;

2° Par des trous ou fissures dans les boîtes donnant passage à un suintement de jus ;

3° Par la mauvaise odeur répandue dans les magasins, provenant de boîtes éclatées ou percées.

Dans l'un ou l'autre de ces cas, il est procédé immédiatement à une vérification et les boîtes douteuses ou atteintes sont retirées et soumises à l'examen du médecin.

Potages condensés. — Les divers potages doivent être maniés avec précaution dans les mêmes circonstances et pour les mêmes raisons que les conserves de viande, afin d'éviter toute cause d'avarie.

Ils sont emmagasinés dans un local frais sans être humide et visités comme il est dit pour les conserves de bœuf bouilli.

Pain de guerre. — Le magasin dans lequel le pain de guerre est logé doit être planchéié, sec et à l'abri de toute humidité.

Le pain de guerre doit être visité de temps en temps et, vers le printemps, il doit être brossé afin de le maintenir à l'abri de la contamination des insectes.

Cette opération s'exécute, après ouverture de la caisse, par un brossage soigneux de chaque galette que l'on range ensuite à nouveau dans la caisse préalablement débarrassée des poussières et autres impuretés, s'il y a lieu.

Le Sous-Secrétaire d'Etat
au ministère de la guerre,
Henry Chéron.

Circulaire rappelant qu'en aucun cas il ne doit être traité pour le compte des ordinaires avec un fournisseur exclu des adjudications et marchés du Département de la guerre.

Paris, le 1er août 1908.

Aucun commerçant exclu des adjudications et marchés du Département de la guerre ne doit être admis, sous aucun prétexte, à passer convention avec les ordinaires.

Les officiers chargés de traiter pour le compte des ordinaires doivent s'assurer, en consultant le répertoire spécial tenu par le sous-intendant militaire ou par son suppléant, que les commerçants avec lesquels ils contractent ne sont pas l'objet d'une mesure d'exclusion.

Le Sous-Secrétaire d'Etat
au ministère de la guerre,

HENRY CHÉRON.

Circulaire relative à la forme des registres de visite de la viande et des autres denrées de l'ordinaire.

Paris, le 21 septembre 1908.

En vertu de l'article 15 de l'instruction du 2 mai 1908 sur le contrôle et l'inspection des viandes et des animaux de boucherie destinés à la troupe, et de la circulaire du 1er juin suivant, relative à la réception des denrées d'ordinaire dans les corps de troupes, il est ouvert, dans tous les corps et détachements, un registre de visite pour la réception de la viande et un registre de visite pour la réception de toutes les autres denrées de l'ordinaire.

Afin de leur donner un caractère d'authenticité permettant de les produire en justice, ces registres seront cotés et paraphés par le commandant d'armes.

Ils seront conformes aux modèles nos 1 et 2 indiqués ci-après. Le modèle de registre de visite de la viande est applicable seulement pendant le séjour de la troupe en garnison. (Pendant les déplacements, marches et manœuvres, il a été, en effet, établi un modèle de registre spécial par l'article 9 de l'instruction du 24 août 1908 sur le contrôle et l'inspection de la viande pendant ces périodes.)

Le modèle de registre de visite des denrées de l'ordinaire peut s'appliquer aussi bien pendant le séjour en garnison que pendant les déplacements, marches et manœuvres; dans ce dernier cas, ce registre sera tenu par les officiers d'approvisionnement des corps ou les commandants de détachement.

Les frais d'achat des registres en question sont à la charge de la masse d'habillement (fonds particuliers des unités).

Le Sous-Secrétaire d'Etat
au ministère de la guerre,

HENRY CHÉRON.

Modèle n° 1.

Circulaire
du 21 septembre 1908.

Format tellière.

REGISTRE DE VISITE DE LA VIANDE

Dans tous les corps de troupes ou détachements, il est ouvert un registre de visite qui est déposé, à demeure, dans le local où s'effectue la réception de la viande.

Les officiers de distribution, les vétérinaires ou les médecins qui interviennent dans les réceptions sont tenus d'y mentionner chaque jour leur avis.

DATES.	NOMS des FOURNISSEURS.	DÉSIGNATION DE LA NATURE de la viande.	QUANTITÉS PRÉSENTÉES.			QUANTITÉS ACCEPTÉES.		
			Quartiors.		Morceaux débités.	Quartiers.		Morceaux débités.
			Nombro.	Poids.	Poids.	Nombre.	Poids.	Poids.

QUANTITÉS REFUSÉES.		AVIS		ÉMARGEMENT.	OBSERVATIONS.
Poids	Motif du rofus.	de l'officior chargé do la réception.	du vétérinairc ou du médocin.		

Modèle n° 2.

Circulaire
du 21 septembre 1908.

Format tellière.

REGISTRE DE VISITE DES DENRÉES DE L'ORDINAIRE

Dans tous les corps de troupes ou détachements, il est tenu un registre de visite, conforme au modèle ci-après, pour toutes les denrées autres que la viande.

Ce registre est présenté chaque jour à l'officier membre de la commission des ordinaires, chargé de la réception des fournitures.

DATES.	NOMS des FOURNISSEURS.	DÉSIGNATION de LA DENRÉE.	QUANTITÉS PRÉSENTÉES. Nombre ou poids.	QUANTITÉS ACCEPTÉES. Nombre ou poids.

QUANTITES REFUSÉES.		AVIS DE L'OFFICIER chargé de la réception.	ÉMARGEMENT	OBSERVATIONS.
Nombre ou poids.	Motif du refus.			

Circulaire relative à l'établissement des rapports annuels sur le fonctionnement des laboratoires d'expertises.

Paris, le 27 novembre 1908.

Les rapports annuels sur le fonctionnement des laboratoires d'expertises établis conformément à la circulaire du 16 mars 1906, devront, dorénavant, mentionner les points suivants :

1° Nombre d'analyses effectuées pendant l'année :

Pour le service de santé ;

Pour les corps de troupes et les services étrangers à l'établissement ;

2° Indication des corps et services ayant demandé des analyses pendant l'année ;

3° Nature et résultats sommaires des analyses effectuées, sous forme de tableau :

Pour le service de santé ;

Pour les corps de troupes et les services étrangers à l'établissement ;

4° Observations relatives au personnel, au matériel et aux locaux ;

5° Propositions et améliorations ;

6° Conclusions.

Ces rapports seront joints aux demandes semestrielles de médicaments et de réactifs.

Le Sous-Secrétaire d'Etat au ministère de la guerre,

Henry Chéron.

Circulaire relative à la mise en subsistance des conducteurs militaires se rendant dans les forts.

Paris, le 31 août 1904.

Il arrive fréquemment que des conducteurs militaires de l'artillerie ou du train des équipages militaires, employés au transport du matériel dans les forts éloignés de leur garnison, se trouvent dans l'obligation de prendre un ou plusieurs repas au dehors.

Ces déplacements entraînent l'allocation de l'indemnité journalière prévue par le règlement sur le service de déplacement.

Afin de réduire les dépenses autant que possible, il y aura lieu de se conformer aux dispositions suivantes :

1° Si le conducteur doit rentrer avant le repas du soir, il emportera son pain et un repas froid acheté par les ordinaires.

Dans le cas contraire :

2° Si le conducteur se rend dans un fort où stationne un détachement faisant ordinaire, il emportera son pain et recevra, en quittant son corps, un ou plusieurs bons de repas qui seront remis par lui au corps nourricier. Ce dernier se fera rembourser par le corps d'origine, sur la présentation des bons de repas, à des intervalles qui ne devront pas dépasser un mois.

Le mode de recouvrement de la dépense sera laissé à la convenance des corps de troupe, sous la réserve qu'ils devront utiliser le mode le plus pratique et le plus économique.

Le corps nourricier devra être prévenu à l'avance du nombre d'hommes qu'il aura à nourrir.

3° L'indemnité journalière exceptionnelle sera maintenue pour le conducteur se rendant dans un fort occupé par une ou plusieurs parties prenantes touchant elles-mêmes l'indemnité représentative de vivres.

Il demeure entendu que les dispositions qui précèdent s'appliquent également aux brigadiers chefs de convoi.

Circulaire relative à l'action des chefs de corps ou de détachements en matière de répression des fraudes constatées dans l'exécution des marchés des ordinaires.

Paris, le 12 août 1908.

« Attendu que les articles 430 à 433 du Code pénal prévoient toutes les infractions en matière de fournitures aux armées de terre et de mer; qu'ils ne permettent pas de distinguer entre les marchés passés par l'Etat et ceux passés par les commissions des ordinaires, actuellement régis par le décret du 22 avril 1905;

« Qu'il s'agit dans l'un et l'autre cas d'un service intéressant les besoins de l'armée ».

La Cour de cassation a reconnu par le même arrêt le droit du chef de corps de se porter partie civile comme représentant les hommes de son régiment :

« Attendu qu'aux termes du décret du 22 avril 1905 sur la gestion des ordinaires de la troupe, les fonds sont, en vertu des règlements émanés de l'autorité publique, mis en commun et régis, pour les hommes, par la commission de l'ordinaire, qui achète les denrées nécessaires à leur alimentation et les leur distribue; que cette commission opère sous la haute surveillance du chef de corps, lequel, aux termes de l'article 59 du même décret, exerce les actions qui se rapportent aux contestations auxquelles donne lieu l'exécution des marchés et conventions pour le service des ordinaires;

« Attendu que, d'une part, le chef de corps est ainsi le représentant légalement désigné de la réunion des hommes composant le régiment; que, d'autre part, cette réunion, formée dans l'intérêt général de l'alimentation des hommes de troupe et en vertu d'un décret du gouvernement, puise dans son objet et dans sa création même par l'autorité publique une individualité véritable;

« Qu'elle peut dès lors agir en justice par la personne du chef de corps qui, en vertu des règlements qui l'organisent, a le droit de la représenter pour les contestations que ces règlements précisent, relativement à l'exécution des marchés et conventions pour le service des ordinaires. »

En portant les dispositions essentielles de cet arrêt à la connaissance des corps de troupes, le Sous-Secrétaire d'Etat leur rappelle que l'action prévue par les articles 430 et suivants du Code pénal ne peut être mise en mouvement que sur la plainte d'un membre du gouvernement (dans l'espèce, le Ministre ou le Sous-Secrétaire d'Etat), tandis que l'action prévue par la loi du 1er août 1905 peut être mise en mouvement par toutes les personnes désignées dans l'instruction du 12 juin 1908 sur la répression des fraudes, sans qu'il en soit référé à l'administration centrale.

Quel que soit le texte en vertu duquel a lieu la poursuite, le chef de corps peut toujours se porter partie civile comme représentant les hommes de son régiment, la commission des ordinaires puisant, comme dit la Cour de cassation, dans son objet et dans sa création même, une individualité véritable qui lui permet d'ester en justice.

Henry Chéron.

Circulaire relative aux repas à fournir aux hommes de troupe en permission de vingt-quatre heures hors de leur garnison.

Paris, le 12 mars 1909.

Certains hommes de troupe (brigadiers, caporaux ou soldats) qui vont en permission en dehors de leur garnison éprouvent des difficultés à se nourrir.

Les mesures prescrites ci-après ont pour but d'éviter à ces militaires des dépenses qui ne sont pas en rapport avec leurs ressources, et surtout d'empêcher que, pour des raisons d'économie, ils ne prennent des aliments malsains ou ne se privent de nourriture.

Tout brigadier, caporal ou soldat, demandant une permission ne dépassant pas vingt-quatre heures pour se rendre dans une autre place de garnison ou dans une localité voisine d'une place de garnison, pourra demander, en même temps, à prendre son ou ses repas à l'un des quartiers de cette place qu'il désignera.

Il suffira au permissionnaire de se présenter à ce quartier un peu avant l'heure des repas et de produire son titre de permission au sous-officier remplissant les fonctions d'adjudant de semaine, lequel le fera conduire au bureau de l'unité chargée par le chef de corps de pourvoir à la nourriture des permissionnaires dont il s'agit.

L'officier commandant ladite unité fera porter, sur la permission même, une mention indicative du ou des repas fournis, afin de permettre au corps d'origine de s'assurer que le militaire a bien profité de l'avantage qu'il avait demandé.

Si, pour une cause quelconque, le permissionnaire n'avait pas pris les repas préparés pour lui, il aurait à en justifier à son retour et, le cas échéant, il serait privé d'une ou plusieurs permissions.

Le corps intéressé sera prévenu, au plus tard la veille, au moyen d'un bulletin que lui adressera le corps d'origine, indiquant le nombre des repas du matin et des repas du soir à préparer.

Ledit bulletin servira de pièce justificative du remboursement à demander trimestriellement au corps d'origine.

Les repas non consommés du fait des permissionnaires seront remboursés au même titre que les autres repas.

La ration ou demi-ration de pain devant être remboursée en argent alors que l'unité d'origine ne peut s'en créditer qu'en nature pour le permissionnaire qui n'a pas droit à l'indemnité représentative, le boni d'ordinaire de l'unité d'origine supportera la perte à résulter de ce remboursement, rien ne devant être modifié aux règles en vigueur touchant le droit au pain et la régularisation des trop ou moins-perçus de cette denrée.

Aucune modification n'est apportée au règlement sur les ordinaires. Dans l'unité qui lui fournit la nourriture, le permissionnaire n'est pas compris parmi les hommes comptant à l'ordinaire; mais la somme remboursée pour lui est portée aux recettes du livret d'ordinaire (paragraphe 7).

Les commandants de corps d'armée fixeront un prix moyen de remboursement des repas pour l'ensemble du corps d'armée et régleront les questions de détail que pourrait soulever l'application de la présente circulaire.

Le Sous-Secrétaire d'Etat
au ministère de la guerre,
Henry CHÉRON.

Circulaire relative à la distribution et à la consommation du pain de guerre (1).

Paris, le 13 mai 1909.

Le commandant de corps d'armée fixe, proportionnellement aux effectifs consommateurs et aux quantités à consommer, le nombre de distributions de pain de guerre à effectuer dans l'année, à raison de 550 grammes la ration, et en avise chaque corps de troupe.

Les corps ont toute latitude pour déterminer les conditions dans lesquelles ils consommeront les quantités à eux attribuées, ainsi que pour choisir l'époque où ils les percevront, à moins toutefois que l'état de conservation de la denrée ne nécessite sa mise en consommation immédiate.

Comme conséquence, le nombre de rations de pain de repas à percevoir par les corps sera diminué du nombre de rations de pain de guerre qui leur aura été fixé.

Par dérogation aux dispositions ci-dessus, dans les trois divisions de l'Algérie et dans la division d'occupation de Tunisie, où, par suite des conditions défavorables de conservation du pain de guerre, des avaries pourraient se produire si la denrée n'était pas mise en consommation à une date aussi rapprochée que possible de la limite théorique de sa durée de conservation; la répartition des quantités à mettre en consommation est faite mensuellement au lieu de l'être annuellement.

Cette répartition est dressée, par place, par le directeur de l'intendance de la division, dans les premiers jours de chaque mois, pour le mois suivant, en vue de permettre les transports qu'elle pourrait nécessiter.

Dans chaque place, la répartition, entre les corps et détachements, et les jours de consommation sont arrêtés, de concert, par le sous-intendant militaire et le commandant d'armes.

Circulaire relative à l'ouverture des boîtes de conserve

Paris, le 18 juin 1909.

Les boîtes de conserve, quelle que soit la nature de la denrée qu'elles contiennent, ne doivent être ouvertes qu'au moment même de la préparation des repas, ou tout au plus une heure avant leur utilisation.

Le Sous-Secrétaire d'Etat
au ministère de la guerre,
HENRY CHÉRON.

---

(1) Complétée par l'addition du 20 octobre 1909. *B. O.*, p. 1780.

Circulaire relative aux mesures à prendre en vue des achats de pommes de terre à effectuer par les ordinaires, suivie d'une notice sur la pomme de terre.

Paris, le 9 septembre 1909.

L'attention du Sous-Secrétaire d'Etat de la guerre a été appelée sur ce fait que les pommes de terre fournies à la troupe ne provenaient pas toujours des variétés convenables pour l'alimentation des hommes.

L'introduction dans les cahiers des charges des ordinaires des dispositions du paragraphe VIII de la notice du 29 mai 1908 (*B. O.*, P. R., p. 796) permet de se rendre compte de l'aspect extérieur des livraisons, mais il est, en outre, nécessaire d'apprécier la valeur alimentaire des pommes de terre fournies.

La pomme de terre étant le plus important des légumes frais employées dans l'alimentation des hommes, il convient non seulement d'exiger une grande régularité dans les fournitures, mais encore de n'admettre que les espèces possédant une valeur alimentaire suffisante.

En conséquence, les commissions d'ordinaire ou les commandants d'unité, procédant aux achats par voie de marché, devront à l'avenir appliquer les règles ci-après pour l'établissement des cahiers des charges relatifs aux fournitures de pommes de terre :

Avant l'expiration des marchés en cours, ou à des époques plus espacées si la fixité des types commerciaux le permet, il sera fait, par chaque corps, une enquête sur la valeur alimentaire des différentes espèces de pommes de terre entrant dans la grande consommation de la région, en s'adressant à toutes les personnes ou organes compétents : professeurs d'agriculture, chambres syndicales, restaurateurs, administrations et établissements divers, etc., etc. Cette enquête sera complétée par les expériences de cuisson jugées nécessaires.

Le classement ainsi obtenu sera suivi d'une comparaison des prix commerciaux, permettant, par combinaison de la valeur alimentaire et des prix, de choisir l'espèce la plus avantageuse. On pourra d'ailleurs adopter plusieurs variétés, suivant les propriétés culinaires, par exemple : variété à chair blanche et farineuse pour les soupes, les purées, etc. ; variété à chair ferme pour les ragoûts et les fritures.

Les espèces choisies seront ensuite désignées d'une façon précise dans le cahier des charges qui donnera, en même temps que leurs caractères particuliers, toutes les indications d'ordre général pouvant résulter de l'application de la circulaire du 29 mai 1909.

Ces mesures permettront aux corps de troupe de n'accepter, pour les ordinaires, que des pommes de terre reconnues avantageuses et empêcheront la fourniture des variétés ne convenant pas à l'alimentation des hommes, ou d'une qualité inférieure par rapport au prix consenti dans le marché.

Notice sur la pomme de terre.

La pomme de terre occupant une grande place dans l'alimentation, le plus grand soin doit être apporté dans le choix des variétés à faire entrer dans la consommation de l'homme.

En réalité, les pommes de terre se répartissent en deux grands groupes : les pommes de terre fourragères, cultivées pour la nourriture du bétail ou, comme plante industrielle, destinées à la fabrication de la fécule ou de l'alcool, et les pommes de terre comestibles, réservées pour l'alimentation de l'homme.

Les variétés de pommes de terre sont excessivement nombreuses et se transforment constamment ; d'autre part, les lieux de production et les procédés de culture peuvent amener des différences sensibles entre les produits d'une même variété. C'est pourquoi la distinction entre les deux grands groupes précités — pommes de terre fourragères et pommes de terre comestibles — ne peut être faite d'une façon précise. Comme conséquence, aucune variété de pommes de terre ne semble devoir être, en principe, exclue de l'alimentation de l'homme, mais, d'un autre côté, on ne doit accepter autant que possible, pour cet usage, que les variétés de bonne qualité cultivées spécialement dans ce but.

Les caractères des différentes variétés sont indiqués dans le tableau ci-après :

Description sommaire des variétés de pommes de terre les plus répandues (d'après VILMORIN-ANDRIEUX, Les Plantes potagères, 1904).

Variétés jaunes rondes.

RONDE HATIVE DE PROVENCE.

Tubercules gros, ronds, jaune pâle, réguliers, légèrement entaillés ; chair jaune très pâle. Variété très productive, malgré sa grande précocité ; convient très bien à la culture de primeur.

CHAVE (Synonymes : Madeleine, Patraque jaune, de Perthuis, Bôle).

Tubercule rond, jaune, à peau lisse ou rugueuse suivant la nature du terrain. Chair jaune très farineuse. Très productive et d'excellente qualité.

JAUNE RONDE HATIVE (Trois mois, Orléans, Moissonnette jaune)

Doit être considérée comme une race un peu plus précoce que la Chave. Très jolie et excellente variété.

JAUNES D'OR DE NORVÈGE.

Tubercules moyens, arrondis, quelquefois un peu allongés ordinairement très réguliers ; chair jaune. Variété très estimée, des plus recommandables pour la table.

BELLE ÉCOSSAISE (Cigarette).

Tubercules gros, jaunes, ronds ou très légèrement oblongs et méplats. Chair blanche. Cette variété a contre elle la couleur de sa chair, mais elle rachète ce défaut par d'excellentes qualités. La régularité des tubercules rend l'épluchage très facile.

FIN DE SIÈCLE.

Tubercules ronds, quelquefois un peu allongés et aplatis. Chair jaune pâle, de qualité suffisante pour en permettre l'utilisation dans la cuisine.

CANADA.

Tubercule jaune, gros, un peu entaillé, rond ou légèrement allongé. Chair blanche. Variété de grande culture convenant surtout à l'industrie et pour la nourriture des bestiaux.

IMPÉRATOR.

Tubercule arrondi ou légèrement oblong. Gros ou très gros, assez entaillé. Chair blanche. Variété riche en fécule et, pour ce motif, spécialement recherchée par l'industrie féculière.

JOYAU D'AGNELLI.

Ressemblant beaucoup à la pomme de terre Impérator, mais de forme plus allongée. Chair blanche. Variété d'origine autrichienne, exclusivement industrielle ou fourragère.

PROFESSEUR MAECKER.

Tubercules assez gros, jaunes, arrondis. Chair blanche. Variété introduite d'Allemagne ; peut, à la rigueur, servir à la grosse consommation ; mais c'est surtout une race fourragère et industrielle.

GÉANTE SANS PAREILLE.

Tubercules gros ou très gros, jaunes, ronds, parfois bossués à yeux enfoncés. Chair jaune. Variété très riche en fécule ; ses tubercules, malgré leur taille, sont d'une qualité suffisante pour la consommation courante.

Variétés jaunes oblongues et longues.

FLOCON DE NEIGE.

Tubercules ovales, toujours aplatis, d'une forme nette et régulière. Chair blanche, très farineuse et légère. C'est une des meilleures variétés d'origine américaine ; la chair en est d'excellente qualité.

GÉANTE DE L'OHIO.

Tubercules gros ou très gros, oblongs, aplatis, très réguliers. Chair blanche. Variété de grande culture pouvant être assimilée à l'Impérator.

QUARANTAINE PLATE, HATIVE.

Tubercules gros, oblongs, méplats et lisses. Chair jaune pâle. Très productive et d'excellente qualité.

GRAND CHANCELIER.

Tubercules gros, oblongs, méplats, lisses. Chair jaunâtre. Belle variété d'origine anglaise, d'excellente conservation.

GÉANTE DE READING.

Beaux tubercules, gros, oblongs ou en forme de rognons, bien lisses. Chair blanche. Se rapproche de la Magnum bonum.

REINE DES POLDERS.

Tubercules oblongs et méplats. Chair blanche. Race de demi-saison très estimée pour la bonne qualité et la beauté de ses tubercules.

MAGNUM BONUM (Synonyme : Bonhomme).

Grand tubercule oblong un peu aplati. Chair jaunâtre presque blanche. Variété très productive, convenant surtout pour l'industrie. De qualité très inférieure pour la table.

CAILLOU A GERME BLEU (Synonymes : Caillou blanc, Anglaise, Boulangère d'Irlande à germe bleu velu, Merveille de Tours).

Tubercules très réguliers, en amande, très lisses. Chair jaune pâle, très fine. Variété d'excellente qualité.

VICTOR EXTRA HATIVE (Synonyme : Ratte).

Tubercules jaunes, aplatis, oblongs, lisses, souvent un peu carrés aux deux extrémités. Chair franchement jaune. Bonne qualité, très précoce.

BRANDALE.

Tubercules jaunes, longs, en forme de poire ou d'amande. Chair jaune. Variété très estimée dans le Midi.

HOLLANDE GROSSE.

Tubercules jaunes, oblongs, gros, bien lisses. Chair jaune. Variété d'excellente qualité.

MARJOLIN (Synonymes : Marjolaine, Kidney, Quarantaine hâtive, Cornichon chaud).

Tubercules allongés, souvent un peu courbés, plus gros et arrondis au sommet, amincis vers la base. Chair très jaune. Variété hâtive de très bonne qualité.

MARJOLIN TÊTARD (Synonymes : Russe, Parisienne, Souffleuse).

Tubercules gros, aplatis, oblongs ou en amande. Chair jaune très fine et très délicate.

ROYALE (Anglaise hâtive, Strazelle, Cornichon).

Tubercule allongé, très lisse, en forme de rognon ou de cornichon. Chair jaune. Excellente variété de primeur, très estimée en raison de sa grande précocité.

BELLE DE FONTENAY (Synonymes : Hénaut, Boulangère).

Tubercules jaunes, oblongs ou en rognons, bien lisses. Chair très jaune. Variété hâtive de bonne qualité.

BELLE DE JUILLET : (Synonyme : Perle d'Erfurt).

Tubercules gros, longs, en forme d'amande ou de rognon. Chair jaune. Variété très recommandable se plaçant à côté de la Quarantaine des Halles.

FEUILLE D'ORTIE (Synonyme : Fouilleuse).

Tubercules à peau et à chair jaunes, ressemblant beaucoup à ceux de la pomme de terre Marjolin. Très bonne qualité.

PRINCE DE GALLES (Synonyme : Parisienne).

Tubercules assez lisses ou un peu bosselés en amande ou en poire. Chair jaune, fine, farineuse et légère. Excellente variété demi-hâtive.

QUARANTAINE DE LA HALLE (Quarantaine de Noisy, Marjolaine tardive, Belle de Vincennes, Longue d'Auvergne, Berthère).

Tubercules moyens dépassant rarement $0^m,08$ à $0^m,10$ de longueur sur $0^m,04$ à $0^m,05$ de large, oblongs ou en amande. Chair très jaune, d'excellente qualité ; variété productive et d'excellente qualité, très estimée sur le marché de Paris.

PRINCESSE (Quenelle demi-hâtive).

Tubercules très allongés, à peu près aussi épais que larges. Chair très jaune. Convient tout particulièrement pour frire et pour salades, Chair très ferme, compacte et d'excellente qualité.

JOZEPH RIGAULT.

Tubercules lisses allongés, en amande. Peau et chair bien jaunes. Très appréciée comme pomme de terre de table.

Variétés rouges rondes.

FARINEUSE ROUGE (Synonymes : Balle de farine de l'Amérique, Washington, Prussienne, La Contoise).

Tubercules gros, profondément marqués par l'enfoncement des yeux, atteignant souvent et dépassant parfois $0^m,10$ de diamètre.

Chair blanche. Variété de grande culture tenant une place importante parmi les races cultivées pour la féculerie et pour la consommation.

Pour la consommation, on lui reproche d'avoir la chair trop blanche et manquant un peu de finesse.

MERVEILLE D'AMÉRIQUE (Synonyme : Route d'Amérique).

Tubercules gros, arrondis, un peu irréguliers. Chair blanche parfois zonée de rouge. Variété productive, mais de qualité ordinaire, et qu'on doit considérer surtout comme pomme de terre de grande culture.

Variétés rouges ou roses, oblongues et longues.

INSTITUT DE BEAUVAIS (Synonyme : La Marseillaise).

Tubercules méplats, larges, en forme de cœur ou de pain de savon d'un jaune légèrement saumoné, un peu teinté de rose autour des yeux qui sont enfoncés. Chair très pâle, presque blanche.

Variété de grande culture, remarquablement productive ; de qualité médiocre comme pomme de terre de table.

ÉLÉPHANT BLANC.

Tubercules très gros, généralement très longs et aplatis, d'un jaune pâle plus ou moins panaché de rose. Chair blanche. Variété tardive, remarquable par la grosseur de ses tubercules et convenant surtout pour l'alimentation des animaux.

EARLY ROSE (Synonymes : Rose hâtive, Primrose, Parisienne (Limousin), Américaine (Provence).

Tubercules oblongs, assez aplatis, souvent plus pointus au sommet qu'à la base, yeux peu profonds accompagnés d'une ride assez prononcée, peau lisse d'un rose un peu saumoné. Chair blanche.

Race très productive et précoce. Chair légère de qualité extrêmement variable suivant les terrains.

FEUILLE PANACHÉE.

Tubercules de même forme et de même couleur que ceux de l'Early rose, mais un peu moins gros. Présente les mêmes caractères que l'Early rose.

SAUCISSE (Synonymes : Généreuse, Merveille d'Algérie, Pertuis rouge, Rouge tardive, Savonnette, Vitelotte belge).

Tubercules aplatis, oblongs, de forme généralement bien régulière. Chair jaune, compacte et très farineuse. C'est une des meilleures variétés pour la consommation d'hiver.

CARDINAL

Tubercules moyens, oblongs ou un peu en amande, très rouges. Chair jaune pâle, parfois zonée de rouge, légère et farineuse. Variété de grand rendement et cependant d'excellente qualité.

POUSSE DEBOUT (Cornichon rose, Rouge de Hollande, Saint-André de Suède).

Tubercules presque cylindriques, amincis aux extrémités. Chair jaune. Variété productive, à chair compacte et farineuse.

VITELOTTE.

Tubercules presque cylindriques, yeux nombreux et situés chacun au fond d'une ride profonde. Chair blanche. Variété productive et d'excellente qualité, mais qui a l'inconvénient d'être difficile à peler et de donner beaucoup de perte dans cette opération.

Variétés violettes.

GÉANTE BLEUE.

Tubercules très gros, oblongs, violet foncé, souvent rocheuse. Chair blanche. Essentiellement de grande culture. C'est une des rares pommes de terre dont les tubercules soient à peu près impropres à la consommation.

QUARANTAINE VIOLETTE (Synonymes : Rognon violet, Van Acker).

Tubercules aplatis, lisses, presque sans yeux, en forme de rognon ou d'amande. Chair jaune. Variété de bonne qualité.

NÉGRESSE (Synonymes : Vitelotte noire, Madagascar).

Tubercules longs et cylindriques, très fortement entaillés, d'une couleur presque noire qui s'étend à toute l'épaisseur de la chair. Pomme de terre plus curieuse qu'utile, de qualité médiocre.

Variétés panachées.

LA CZARINE.

Tubercules gros, plutôt ronds qu'oblongs, entaillés, caractérisés par une panachure rouge autour des yeux. Chair jaune très pâle. Variété très répandue dans les grandes cultures, tant pour la nourriture du bétail que pour la fabrication de la fécule ou de l'alcool. Bien que se classant dans les meilleures variétés industrielles, elle est cependant de qualité suffisante pour la grosse consommation.

LA BRETONNE.

Tubercules gros, ronds, jaunes ou rosés, plus ou moins panachés de rouge autour des yeux. Chair blanche ou un peu jaunâtre. Variété très productive se plaçant néanmoins, par la qualité de sa chair farineuse, au premier rang des pommes de terre de table.

FLEUR DE PÊCHER.

Tubercules arrondis, lisses, jaune cuivré, parfois jaune très clair et panachés de rose ou de rouge. Chair bien blanche. Variété américaine convenant surtout à l'industrie ou pour la nourriture du bétail.

BLANCHARD.

Tubercules ronds et parfois déprimés, jaunes largement panachés de violet surtout vers le sommet et autour des yeux. Chair jaune et farineuse. Bonne variété précoce, productive et se gardant bien.

INCOMPARABLE.

Tubercules ovales ou en amande, jaunes, généralement panachés de rouge violacé. Excellente variété de table.

BELLE DE VINCENNES.

Tubercules oblongs et aplatis. Chair jaune, bonne qualité.

BLANCHE PLATE DE BELGIQUE.

Gros tubercules jaunes. Chair blanche. Variété voisine de l'Institut de Beauvais.

CAILLAUD.

Tubercules ronds, d'un jaune saumoné. Variété de grande culture.

CHARDON (Synonymes : de Saxe, Epinard, Américaine, Blanche).

Tubercules très gros, arrondis. Variété de grande culture.

JEANCEY (Jeuxy, Vosgienne).

Tubercules arrondis. Chair jaune. Variété très productive, très farineuse et de bonne conservation, mais de qualité médiocre pour la table.

PATRAQUE BLANCHE.

Variété extrêmement productive, à tubercules blanc grisâtre légèrement rosé, oblongs. Chair blanche. Se cultive plutôt pour la nourriture du bétail que pour la consommation.

REINE BLANCHE.

Variété tardive, à tubercules ronds, blancs avec une tache rouge autour de chacun des yeux. De qualité médiocre.

ROHAN.

Variété très voisine de la Patraque blanche. Convient pour la grande culture.

ROUGE LONGUE DE HOLLANDE.

Tubercules aplatis en forme de rognon ou d'amande, souvent recourbés en crochet à l'extrémité. Peau lisse d'un rouge foncé. Bonne variété.

SAUCISSE BLANCHE.

Variété ressemblant à la saucisse rouge, mais à tubercules blancs ou jaune pâle. Chair jaune.

LESQUIN (Synonyme : Séguin).

Peau rugueuse, yeux peu profonds. Chair jaune. Productive et de bonne qualité.

Le Sous-Secrétaire d'Etat
au ministère de la guerre,
ALBERT SARRAUT.

Circulaire relative au payement des frais de procès et honoraires d'avoué et d'avocat, et à la destination à donner aux dommages-intérêts alloués par décisions judiciaires en matière de fraude.

Paris, le 2 octobre 1909.

La question a été posée de savoir :

1° Qui doit supporter les frais de procès et les honoraires d'avoué et d'avocat dans les affaires plaidées pour le compte des ordinaires en matière de fraude ;

2° Quelle destination doit être donnée aux dommages-intérêts alloués dans ces cas par décisions judiciaires.

Tout d'abord, il appartient aux avoués et avocats de s'adresser directement aux chefs de corps pour obtenir le payement des frais et honoraires qui leur sont dus.

Le payement de ces frais et honoraires incombe en principe aux corps de troupe.

Ce n'est que lorsque les corps ont reçu l'ordre de se porter partie civile que les frais de leur intervention (dépens et honoraires) sont à la charge de l'Etat. Mais, comme l'Etat ne doit supporter que les dépenses réellement faites par les corps, compte tenu des dommages et intérêts attribués à ces derniers, le règlement des dépenses entre l'Etat et les corps intéressés est opéré seulement en fin de procès, la caisse des corps supportant provisoirement les dépenses engagées dans la limite de ses ressources disponibles.

Une demande est alors adressée au Ministre (5e Direction ; 2e Bureau), qui indique le chapitre du budget auquel doit être imputée la dépense.

Quant aux dommages-intérêts alloués par décisions judiciaires aux corps de troupe, ils appartiennent aux ordinaires et ne sauraient avoir d'autre emploi que celui que reçoivent réglementairement les fonds de l'ordinaire.

Toutefois, si, à la suite d'une résiliation de marché pour fraudes entraînant des poursuites, un corps de troupe a obtenu soit un secours, soit un complément d'allocation ou un relèvement de prime pour faire face aux dépenses résultant d'un nouveau marché, les sommes ainsi perçues sont à rembourser, le cas échéant, à l'Etat, par prélèvement sur les dommages-intérêts accordés par décisions judiciaires. Les frais et honoraires imputés au budget de la guerre sont également remboursés, le cas échéant, à l'Etat, par prélèvement sur lesdits dommages-intérêts.

Les sommes ainsi remboursées sont reversées au Trésor au titre des reversements de fonds sur les dépenses des ministères.

Circulaire autorisant l'usage de la viande de veau dans les infirmeries, mess et cantines.

Paris, le 29 juillet 1910.

La consommation de la viande de veau, dont l'usage est déjà admis dans les hôpitaux militaires (instruction du 16 mai 1908, *B. O.*, p. 704, renvoi 2), est également autorisée dans les infirmeries, les mess et les cantines.

Circulaire relative aux expéditions directes, aux corps de troupe, du riz et des haricots.

Paris, le 31 août 1910.

Lorsque les quantités de riz et de haricots que les entrepreneurs du service des vivres-pain sont chargés d'entretenir ne suffisent pas pour le nombre des distributions réglementaires fixé, la différence doit être demandée par les corps de troupe aux magasins administratifs au fur et à mesure des besoins et d'après la contenance des locaux disponibles.

Les demandes sont adressées aux officiers d'administration gestionnaires, par l'intermédiaire du sous-intendant chargé de la vérification des comptes du corps, qui les transmet à son collègue chargé de la surveillance de l'établissement.

Les corps de troupe produisent mensuellement, par la même voie, une situation sommaire appuyée des pièces justificatives de sortie (bons de distribution, procès-verbaux de pertes et avaries) ; ils effectuent les remboursements mensuellement et par voie d'imputation dans les revues comme pour les autres denrées perçues à titre remboursable.

Circulaire retirant aux chefs de corps la faculté d'augmenter, en cours d'exécution des marchés, les prix consentis par les fournisseurs des ordinaires.

Paris, le 7 janvier 1911 (1).

Le Sous-Secrétaire d'Etat a décidé qu'il convient de retirer aux chefs de corps la faculté qu'il leur est laissée d'augmenter, en

(1) *B. O.*, p. 11.

cours d'exécution des marchés, les prix consentis par les fournisseurs des ordinaires.

En conséquence, la circulaire du 24 novembre 1906 (*B. O.*, p. 1531), relative aux demandes d'augmentation du prix des marchés passés pour la fourniture des denrées des ordinaires, est abrogée.

Circulaire relative à la passation des marchés pour la fourniture de la viande fraîche et à la fixation du taux de la prime de viande.

(Direction de l'Intendance militaire; Bureau des Vivres.)

Paris, le 25 avril 1911.

Il a été constaté que les prix élevés soumissionnés dans certaines places pour la fourniture de la viande fraîche aux corps de troupe sont dus, dans nombre de cas, aux exigences excessives des cahiers des charges. C'est ainsi que certains corps, non seulement exigent la fourniture par bêtes entières ou par quartiers, mais spécifient même qu'il sera livré deux quartiers de derrière pour un quartier de devant.

Il est rappelé, à ce propos, que si le mode de fourniture par quartiers entiers est prévu par les instructions du 22 avril 1908, les mêmes instructions, ainsi du reste que le règlement sur les ordinaires, autorisent également la livraison par morceaux débités. Ce dernier système permet souvent d'obtenir des conditions de prix plus avantageuses, tout en assurant une bonne alimentation, à la condition, bien entendu, que la surveillance soit journellement et rigoureusement exercée, dans les conditions d'ailleurs prévues par les instructions ci-dessus rappelées.

Il ne doit pas échapper aux corps de troupe qu'ils ont pour devoir, tout en assurant la bonne alimentation des hommes, d'administrer leurs ressources en tenant compte également des intérêts du Trésor. Leur attention est, en conséquence, appelée sur ce point, et, partant, sur l'économie susceptible d'être réalisée, dans certains cas, par l'acceptation de morceaux débités. On a trop perdu de vue que mieux valent les morceaux de deuxième et troisième catégories d'une bête de bonne qualité, que les premiers morceaux d'une viande inférieure.

Quand les corps croiront néanmoins devoir exiger la fourniture par quartiers, le cahier des charges ne devra jamais spécifier pour les quartiers de derrière une proportion supérieure à celle des quartiers de devant.

Il appartient, d'ailleurs, aux généraux commandant les corps d'armée, de surveiller les tractations des corps de troupe, de manière à obtenir des prix qui ne soient pas trop désavantageux et à éviter, en même temps, les écarts considérables existant parfois entre les prix d'achat de la viande dans une même place. A cet effet, ils ne devront pas hésiter à déléguer aux fonctionnaires de l'intendance le soin d'examiner les cahiers des charges établis par les corps de troupe et à prescrire, le cas échéant, l'élimination de toute clause pouvant inciter les fournisseurs à majorer leurs prix de soumission sans qu'il doive en résulter un avantage réel et certain pour la bonne alimentation de la troupe.

Ce n'est que dans des cas tout à fait exceptionnels, et lorsqu'il sera bien démontré que certains corps de troupe se trouvent effectivement dans une situation défavorable au point de vue des conditions de fourniture de la viande, par rapport aux autres corps de la même place, qu'il pourra être fixé pour les premiers un taux spécial différent du taux général applicable à la place.

Par dérogation aux dispositions de la circulaire n° 23 du 22 avril 1908, le taux de la prime de viande sera arrondi au demi-centime supérieur, au lieu du centime.

La même mesure s'appliquera également au taux fixé pour les troupes en marche.

Les nouvelles fixations entreront, en principe, en vigueur à partir du premier jour du semestre auquel elles s'appliqueront. Si, exceptionnellement, la notification des nouvelles primes applicables pendant le semestre n'a pu être faite en temps voulu, l'époque de leur mise en vigueur sera fixée par les commandants de corps d'armée, à une date qui suivra d'aussi près que possible le commencement du semestre.

Circulaire relative aux marchés passés pour les ordinaires.

Paris, le 18 novembre 1912.

Les corps de troupe ont une tendance à passer tous les marchés intéressant les ordinaires — notamment les marchés de pommes de terre — aux époques fixées réglementairement pour les marchés concernant la viande fraîche.

Le Ministre appelle l'attention des corps sur la nécessité de procéder aux achats aux époques les plus favorables, époques qui peuvent varier suivant la nature de la denrée à acheter.

Instruction pour l'application des décrets du 5 décembre 1916 (prélèvement et répartition des bonis d'ordinaire et d'infirmerie).

Paris, le 5 décembre 1916.

Les règles suivantes devront être observées pour l'application des décrets du 5 décembre 1916 :

I. — Prélèvement et répartition des excédents de bonis à l'intérieur d'un même corps, dépot ou détachement.

Il appartient au chef de corps, de détachement ou de dépôt d'allouer, à toute époque, des secours aux ordinaires des unités placées sous son commandement dont la situation lui paraît rendre cette mesure nécessaire au moyen de prélèvements :

1° Sur les bonis d'ordinaire des unités en meilleure situation;

2° Sur le boni de la masse d'infirmerie.

En aucun cas, ces prélèvements ne devront réduire le boni d'ordinaire des unités qui en seront l'objet à moins de 5 francs par homme vivant à l'ordinaire, ni rendre leur boni moyen par homme inférieur à celui des unités auxquelles elles auront à faire des versements.

Ils ne devront pas non plus réduire le boni de la masse d'infirmerie à moins de 1 franc par homme de l'effectif total présent.

Le chef de corps, de dépôt ou de détachement ne doit prescrire ces prélèvements que lorsqu'ils lui paraîtront nécessaires (1).

En principe, ces prélèvements ne sont exercés, dans la mesure du possible, que sur les bonis des unités dont l'accroissement résulte de circonstances spéciales et non pas seulement d'une bonne gestion.

Les secours alloués aux ordinaires des unités appauvries ne doivent pas être pour elles un encouragement à une mauvaise gestion. Dans ce but, le chef de corps s'assure fréquemment, comme le prescrit l'article 13 du règlement sur la gestion des ordinaires, qu'il n'est pas acheté de denrées pour les hommes qui, comptant à l'ordinaire, n'y prennent pas certains repas; qu'il n'est acheté que des denrées entrant normalement dans l'alimentation des hommes de troupe et seulement en quantité convenable; enfin, que l'ordinaire est géré avec toute l'économie désirable.

---

(1) Le prélèvement sur le boni de la masse ne doit être effectué qu'après avis du médecin-chef de service ou du directeur du service de santé, suivant le cas.

II. — Prélèvement des excédents de bonis d'un corps, dépot ou détachement pour leur répartition entre d'autres corps, détachements ou dépots.

Au commencement de chaque trimestre et plus souvent si cela est nécessaire, les chefs de corps, de détachement ou de dépôt adressent au général commandant le corps d'armée ou la région un état faisant connaître, pour les ordinaires, le montant total des bonis dans l'ensemble du corps, au dernier jour du trimestre précédent, l'effectif moyen des hommes vivant à l'ordinaire au cours du dernier prêt et le montant moyen des bonis par homme, quotient de ces deux quantités; pour la masse d'infirmerie, le montant du boni, l'effectif total présent et le montant du boni par homme au dernier jour du trimestre précédent (1).

Aucun prélèvement ne peut être effectué par les officiers généraux susvisés sur les bonis d'ordinaire des corps dont le montant moyen par homme ne dépasse pas 8 francs, ni sur les bonis des masses d'infirmerie dont le montant par homme ne dépasse pas 2 francs.

Au delà de ces limites, le général commandant le corps d'armée ou la région peut, s'il le juge nécessaire, prescrire des prélèvements sur les bonis des corps dont la situation est la plus prospère et les répartir en secours aux ordinaires des corps dont la situation est mauvaise. Toutefois, en aucun cas, ces prélèvements ne doivent faire descendre le montant par homme des bonis d'ordinaire au-dessous de 8 francs, ni le boni par homme de la masse d'infirmerie au-dessous de 2 francs; d'autre part, il ne peut être alloué de secours qu'aux ordinaires des corps dont le boni par homme ne dépasse pas 3 francs.

Après avoir prescrit ces prélèvements et répartitions, le général rend compte au général commandant l'armée ou au Ministre de la situation des corps, détachements ou dépôts placés sous son commandement, et ces hautes autorités peuvent prescrire exceptionnellement, s'ils le jugent utile, des prélèvements et des répartitions entre des corps, détachements ou dépôts n'appartenant pas au même corps d'armée ou à la même région.

Ces prélèvements et ces répartitions ne peuvent être prescrits que dans les limites indiquées ci-dessus.

Le chef de corps, dépôt ou détachement répartit les prélèvements prescrits ou les secours alloués entre les unités placées sous son commandement.

Les secours ne devant pas être un encouragement à la mauvaise gestion, les généraux commandant les corps d'armée ou les régions doivent s'assurer, avant de les allouer, que, dans les corps bénéficiaires, les ordinaires sont gérés avec économie et que leur mauvaise situation résulte de circonstances indépendantes de la volonté du commandement.

---

(1) Voir la note (1) de la page précédente.

TABLE CHRONOLOGIQUE

		Pages.
1904. 31 août.	Circulaire relative à la mise en subsistance des conducteurs militaires se rendant dans les forts..	246
1905. 22 avril.	Règlement sur la gestion des ordinaires de la troupe.....................................	5
1905. 22 avril.	Instruction sur la distribution, la préparation et la consommation des conserves de viande......	182
1905. 22 avril.	Instruction sur la distribution, la préparation et la consommation du porc salé................	186
1905. 22 avril.	Circulaire relative aux mesures à prendre en vue de la formation et de l'entretien d'une partie des approvisionnements de riz, de légumes secs, de sel et de lard nécessaires pour la mobilisation.	189
1905. 22 avril.	Instruction relative aux principales dispositions à insérer dans les cahiers des charges pour la fourniture des denrées ou l'exécution des services ressortissant aux ordinaires..................	112
1905. 22 avril.	Instruction relative à la préparation des repas variés.....................................	192
1905. 22 avril.	Instruction sur la gestion des jardins potagers pour l'ordinaire des troupes......................	210
1905. 30 nov.	Circulaire relative au droit à la solde pour les hommes sortis de prison avant l'expiration normale de leur punition..............................	18
1905. 1er déc.	Circulaire relative au prélèvement opéré sur les denrées de l'ordinaire pour assurer les distributions destinées aux sous-officiers, etc	104
1906. 17 févr.	Circulaire relative aux fonds de réserve des unités à créer à la mobilisation....................	16
1906. 16 mars.	Circulaire indiquant les laboratoires où peuvent être faites les analyses des denrées alimentaires.	214
1906. 30 avril.	Circulaire relative au contrôle spécial à exercer sur le vin vendu dans les cantines des corps de troupe.....................................	216
1906. 27 mai.	Instruction relative à la saisie des viandes provenant d'animaux atteints de tuberculose.......	93
1906. 20 juin	Circulaire relative au mode de payement de la valeur de l'eau-de-vie et des récipients à acheter à la mobilisation..........................	190
1906. 20 juillet.	Notification de modifications au règlement du 22 avril 1905..............................	135
1906. 28 nov.	Circulaire relative au mode de payement de la valeur de l'eau-de-vie et des récipients à acheter à la mobilisation..........................	191

			Pages.
1906.	3 déc.	Notification de modifications à la contexture du livret d'ordinaire, aux paragraphes II et V des prescriptions générales sur la tenue de ce livret et à la contexture du registre des distributions de la commission des ordinaires.............. 43, 50,	67
1906.	20 déc.	Circulaire interprétative du 8e alinéa de l'art. 11 du règlement sur les ordinaires...............	16
1907.	3 janv.	Circulaire relative à l'achat de haricots dans le commerce..................................	217
1907.	8 févr.	Circulaire relative au mode à suivre pour arrêter le montant des dépenses de l'ordinaire.........	51
1907.	27 févr.	Circulaire relative à la réception de la viande dans les corps de troupe.........................	94
1907.	22 mars	Circulaire relative aux moyens à employer pour conserver chaud, dans les camps et cantonnements, le café préparé la veille...............	221
1907.	10 juin	Circulaire relative au rappel du principe de l'adjudication publique pour la fourniture de la viande fraîche..........................	222
1907.	2 juillet.	Décret supprimant certaines dispositions relatives à la gestion des ordinaires.................. 20	24
1907.	18 oct.	Circulaire relative aux marchés et commandes pour le compte des ordinaires.......................	223
1907.	11 déc.	Notification de modifications à la circulaire du 3 janvier 1907..............................	217
1908.	28 mars.	Circulaire relative à l'inspection et à la réception des viandes destinées à l'alimentation des troupes..	96
1908.	28 mars.	Décret modifiant celui du 22 avril 1905...........	16
1908.	22 avril.	Instruction relative aux principales dispositions à insérer dans les cahiers des charges............	98
1908.	22 avril.	Circulaire relative à la passation des marchés pour la fourniture de la viande fraîche et à la fixation du taux de la prime de viande................	119
1908.	22 avril.	Circulaire relative aux dispositions à adopter pour la fourniture de la viande aux corps de troupe.	117
1908.	22 avril.	Circulaire sur les cuisines régimentaires..........	223
1908.	2 mai.	Instruction sur le contrôle et l'inspection des viandes et des animaux de boucherie..............	129
1908.	16 mai.	Instruction technique pour la reconnaissance et l'examen de la viande sur pied et abattue......	140
1908.	19 mai.	Circulaire sur la provenance du bétail à admettre dans les fournitures de viande pour l'armée....	173
1908.	19 mai.	Circulaire précisant les conditions dans lesquelles doivent être fixés les prix-limites pour les marchés des ordinaires............................	26
1908.	29 mai.	Notice sur les conditions que doivent remplir les denrées d'ordinaire autres que la viande.........	225
1908.	1er juin.	Circulaire relative à la réception des denrées d'ordinaire dans les corps de troupes..................	134

			Pages
1908.	4 juin.	Instruction relative à la conservation des denrées de l'État confiées aux corps de troupe	233
1908.	18 juin.	Circulaire relative au contrôle à exercer sur les viandes destinées à la consommation dans les cantines, mess, etc.	174
1908.	22 juin.	Notification d'une addition à l'instruction du 22 août 1908	100, 107
1908.	1er juill.	Circulaire portant modifications à l'instruction du 22 avril 1905	182
1908.	1er août.	Circulaire rappelant qu'en aucun cas il ne doit être traité pour le compte des ordinaires avec un fournisseur exclu des adjudications et marchés du département de la guerre	236
1908.	12 août.	Circulaire relative à l'action des chefs de corps ou de détachements en matière de répression des fraudes constatées dans l'exécution des marchés des ordinaires	247
1908.	23 août.	Circulaire sur les prescriptions relatives à l'hygiène de la viande	175
1908.	28 août.	Circulaire portant modification et addition à l'instruction du 2 mai 1908	134
1908.	21 sept.	Circulaire relative à la forme des registres de visite de la viande et des autres denrées de l'ordinaire	236
1908.	6 nov.	Instruction relative à l'enseignement à donner au personnel militaire chargé de l'examen et de la réception des animaux et des viandes de boucherie	176
1908.	27 nov.	Circulaire relative à l'établissement des rapports annuels sur le fonctionnement des laboratoires d'expertises	246
1909.	12 mars.	Circulaire relative aux repas à fournir aux hommes de troupe en permission de vingt-quatre heures hors de leur garnison	245
1909.	13 mai.	Circulaire relative à la distribution et à la consommation du pain de guerre	250
1909.	18 juin.	Circulaire relative à l'ouverture des boîtes de conserves	250
1909.	17 août.	Circulaire portant addition à l'instruction du 2 mai 1908	139
1909.	9 sept.	Circulaire relative aux mesures à prendre en vue des achats de pommes de terre à effectuer par les ordinaires, suivie d'une notice sur la pomme de terre	251
1909.	2 oct.	Circulaire relative au payement des frais de procès et honoraires d'avoué et d'avocat, et à la destination à donner aux dommages-intérêts alloués par décisions judiciaires en matière de fraude	261
1909.	20 oct.	Addition à la circulaire du 13 mai 1909	250
1910.	4 juin.	Notice sur les conditions que doit remplir le chocolat	230
1910.	29 juill.	Circulaire autorisant l'usage de la viande de veau dans les infirmeries, mess et cantines	262

			Pages
1910.	31 août.	Circulaire relative aux expéditions directes, aux corps de troupe, du riz et des haricots...........	262
1910.	15 déc.	Notice sur les conditions que doit remplir le chocolat..	230
1911.	7 janv.	Circulaire retirant aux chefs de corps la faculté d'augmenter, en cours d'exécution des marchés, les prix consentis par les fournisseurs des ordinaires..	262
1911.	10 févr.	Circulaire relative au poids moyen des animaux de boucherie à admettre pour les fournitures de viande fraîche à faire aux corps de troupe. 100,	107
1911.	25 avril.	Circulaire relative à la passation des marchés pour la fourniture de la viande fraîche et à la fixation du taux de la prime de viande....................	263
1911.	22 juin.	Circulaire relative à l'admission de la viande de zébu dans l'alimentation de l'armée............	98
1911.	8 août.	Circulaire fixant les dates des semestres pour la fourniture de la viande fraîche en Algérie et en Tunisie..	120
1911.	5 oct.	Circulaire portant modification à l'instruction du 2 mai 1908..	98
1911.	26 oct.	Circulaire relative à certaines modifications à apporter à l'instruction du 22 avril 1908...............	100
1912.	18 nov.	Circulaire relative aux marchés passés pour les ordinaires..	264
1913.	16 juin.	Notification de modifications au livret d'ordinaire et au registre des distributions des troupes coloniales.................................... 45, 50,	67
1913.	16 juin.	Notification de modifications au livret d'ordinaire et au registre des distributions................. 41,	67
1913.	16 sept.	Notification d'une addition à l'instruction du 2 mai 1908..	129
1915.	26 août.	Circulaire relative aux dispositions à insérer au modèle-type du cahier des charges pour la fourniture de la viande fraîche aux corps de troupe, en vue de l'admission de la viande congelée dans les distributions..................................	98
1916.	5 déc.	Décret modifiant le règlement du 22 avril 1905......	18
1916.	5 déc.	Instruction pour l'application des décrets du 5 décembre 1916..................................	265
1917.	15 juin.	Décret modifiant le décret du 25 août 1913 (service intérieur)..................................	18
1917.	25 oct.	Décret complétant les dispositions de l'article 13 du règlement du 22 août 1905......................	20

TABLE ALPHABÉTIQUE

Pages.

A

Achat de denrées pour les ordinaires. (Voir : *Adjudications, Marchés.*)

Adjudications pour les fournitures de denrées aux ordinaires. 23 à 28, 222, 236
Age des animaux de boucherie. — Détermination de l'.................. 145
Analyse des denrées des ordinaires par les établissements désignés à cet effet.. 214
Animaux de boucherie. — Caractères généraux des.................. 140
Augmentation des prix consentis par les fournisseurs.................. 261

B

Bestiaux. — Interdiction dans les fournitures à faire aux troupes des viandes provenant de bétail exotique. (Voir : *Viande.*)
Bière. — Notice sur la.. 231
Boîtes de conserves vides. — Destination à donner aux................ 19
Boni de l'ordinaire.. 15, 16
Boucherie. — Mobilier mis à la disposition des corps pour la.......... 35
Brigadier de planton aux cuisines. — Fonctions du.................... 13

C

Café.
Moyens à employer pour conserver chaud, dans les camps et cantonnements, le café préparé la veille.................................. 221
Remboursement par les ordinaires des perceptions de.............. 20
Notice sur le.. 230
Dispositions à prendre pour la conservation du café torréfié....... 233
Cahier des charges des ordinaires. (Voir : *Ordinaires.*)
Cahier des charges pour la fourniture de la viande aux corps de troupe. (Voir : *Viande.*)
Caporal de planton aux cuisines. — Fonctions du.................... 13
Caporal d'ordinaire. — Fonctions du................................ 12
Carnet d'ordinaire de campagne.................................. 36, 55
Cautionnements des fournisseurs des ordinaires.................... 115
Chocolat. — Notice sur le.. 230
Choux. — Notice sur les.. 227
Cidre. — Notice sur le.. 231
Cigares. — Achat à l'occasion de la Fête nationale ou de la fête du régiment.. 20
Commission des ordinaires. — Composition et attributions............ 21

Pages.

Comptabilité des ordinaires.......... 36
Confitures. — Notice sur les.......... 231
Conserves. — Les boîtes ne doivent être ouvertes qu'au moment de la préparation des repas.......... 250
Conserves de poissons. — Notice sur les.......... 228
Conserves de viande.
Dispositions à prendre pour la conservation des.......... 234
Instruction sur la distribution, la préparation et la consommation des.......... 182
Contrôle des hommes autorisés à ne pas vivre à l'ordinaire.......... 52
Cuisines régimentaires.
Dispositions relatives à la propreté des cuisines, au choix des cuisiniers et à la préparation des aliments.......... 223
Mobilier mis à la disposition des corps pour les.......... 33
Surveillance et propreté des cuisines.......... 13, 223
Cuisiniers. — Désignation et fonctions des.......... 14, 225

D

Denrées remboursables. — Remboursement par l'ordinaire des.......... 20
Dépenses des ordinaires.
Payement des.......... 13, 30, 112
Enumération des.......... 19, 42
Distribution de denrées.
De l'ordinaire aux sous-officiers et autres parties prenantes qui n'y vivent pas.......... 104
Par la commission des ordinaires.......... 28, 71

E

Eau-de-vie. — Payement des dépenses d'achat par les corps à la mobilisation.......... 191
Echantillons de denrées des ordinaires destinés aux analyses. (Voir : *Analyses*.)
Estampillage des quartiers de viande ou des demi-bêtes après abat. (Voir : *Marquage*.)

F

Faillite des fournisseurs des ordinaires.......... 113
Fonds courants de l'ordinaire.......... 15
Fonds d'économie de l'ordinaire.......... 15
Fonds de réserve de l'ordinaire.......... 15, 16
Fraudes.
Paiement des frais de procès et honoraires d'avoué et d'avocat en matière de fraude.......... 261
Sur les viandes de boucherie.......... 169
Actions des chefs de corps en matière de répression des.......... 247
Fromages. — Notice sur les.......... 229

Pages.

G

Gestion des ordinaires. — Mode de .... 21 à 24
Glyzine. — Dépense d'achat par les corps de 20
Graisse alimentaire. — Notice sur la 229

H

Harengs saurs. — Notice sur les 228
Haricots.
Achat dans le commerce par l'administration militaire et par les corps de troupe. Notice 217 219
Expéditions directes aux corps de troupe des 262
Dispositions à prendre pour la conservation des 233
Huile à brûler. — Notice sur l' 232
Huiles à manger. — Notice sur les 229
Hygiène de la viande. (Voir : *Viande.*)

I

Imprimés au compte des ordinaires 20
Indigents. — Distributions par l'ordinaire aux 19
Inspection de la viande. — Instruction sur le contrôle et l' 129
Inventaires du matériel de l'ordinaire 47
Issues des ordinaires. — Vente des 18, 37, 87

J

Jardins potagers pour l'ordinaire des troupes. Instruction sur la gestion des 73, 210

L

Laboratoires chargés des analyses pour les ordinaires des corps de troupe 246
Lait. — Notice sur le 228
Lapins. — Notice sur les 228
Lard.
Dispositions à prendre pour la conservation du 234
Formation et entretien par les corps des approvisionnements de 189, 190
Légumes frais. — Notice sur les 227
Légumes secs.
Formation et entretien par les corps des approvisionnements de 189, 190
Notice sur les 226

Pages.

Livraison des denrées aux ordinaires par les fournisseurs. Mode de. 29, 104
Livret d'ordinaire. — Instruction pour la tenue du.............. 42 à 46
Locaux nécessaires pour les ordinaires.............................. 33

M

Magasins à vivres et à distribution dans les corps de troupe. Mobilier des 35
Marchés de gré à gré pour les fournitures de denrées aux ordinaires. 24 à 29, 63, 223, 263, 264
Marquage des animaux de boucherie sur pied et des quartiers de viande après abat............................. 96, 129, 134, 136 à 139
Mise en subsistances des conducteurs militaires se rendant dans les forts.. 246
Mobilier pour l'organisation et le fonctionnement des ordinaires. . 33 à 35
Moins-perçus en pain. — Versement, à l'ordinaire, de la moitié des.... 19
Morue salée. — Notice sur la 228
Moutarde. — Notice sur la.. 229

O

Œufs. — Notice sur les.. 227
Officiers d'approvisionnement. — Désignation comme secrétaires des commissions des ordinaires des.................................... 23
Ordinaires.
Cahier des charges des ordinaires. (Voir aussi : *Viande.*)
Règlement sur la gestion des (table détaillée)..................... 89

P

Pain de guerre.
Dispositions à prendre pour la distribution, la consommation et la conservation du.. 235, 250
Emploi comme pain de soupe des galettes de......................... 195
Pain de soupe.
Dépenses d'achat par les corps de................................... 19
Interdiction de la fabrication par les corps du pain de repas et du. 21
Pain de soupe. — Notice sur le.... 226
Pain pour les soldats faméliques. — Dépenses d'achat de............ 20
Pâtes alimentaires. — Notice sur les................................ 226
Payement des dépenses de l'ordinaire. (Voir : *Dépenses de l'ordinaire.*)
Pétrole. — Notice sur le... 232
Poissons. — Notice sur les.. 228
Poivre. — Notice sur le... 229
Pommes de terre. — Mesures à prendre en vue des achats à effectuer par les ordinaires... 251
— — Notice sur les.................................227 252
Porc frais. — Modèle de cahier des charges pour la fourniture du...... 109
Porc salé.
Dispositions à prendre pour la conservation du...................... 234

Pages.

Instruction sur la distribution, la préparation et la consommation du........ 186

Potages condensés. — Dispositions à prendre pour la conservation des.. 235
Primes de viande.
Dispositions relatives à la détermination des........ 119
Versement à l'ordinaire des........ 18
Primes éventuelles d'alimentation. — Versement à l'ordinaire des...... 18
Primes fixes d'alimentation. — Versement à l'ordinaire des........ 18
Prix-limites pour les marchés de fourniture aux ordinaires......... 9, 26
Procès-verbaux d'adjudication pour les fournitures de denrées aux ordinaires........ 26, 61
Prolongations de marchés, de fournitures aux ordinaires........ 114
Publicité des adjudications concernant les ordinaires........ 25

R

Réception des denrées de l'ordinaire. — Mode de........ 28, 104
Recettes des ordinaires........ 5, 18, 42
Réfectoires. — Mobilier mis à la disposition des corps pour les........ 35
Registres de visite de la viande et des autres denrées de l'ordinaire........ 236 à 245
Registres de la commission des ordinaires........ 36, 37
Repas.
A fournir aux hommes de troupe en permission de vingt-quatre heures hors de leur garnison........ 248
A fournir aux conducteurs militaires se rendant dans les forts..... 246
Repas variés. — Instruction relative à la préparation des........ 192
Résiliation des marchés de fournitures aux ordinaires........ 112
Retenues pour retards dans les livraisons aux ordinaires........ 112
Riz.
Dispositions à prendre pour la conservation du........ 233
Expéditions directes aux corps de troupe du........ 262
Formation et entretien par les corps des approvisionnements de........ 189, 190
Notice sur le........ 227

S

Saindoux. — Notice sur le........ 229
Saisie des viandes provenant d'animaux atteints de tuberculose. (Voir : *Tuberculose.*)
Salade. — Notice sur la........ 227
Savons. — Notice sur les........ 232
Secrétaire de la commission des ordinaires........ 22, 23
Sel.
Dispositions à prendre pour la conservation du........ 233
Formation et entretien par les corps des approvisionnements de........ 189, 190
Notice sur le........ 229

Pages.

Solde des militaires punis de prison 18, 19
Soupe avec farine, graisse et oignons. — Mode de préparation de la.... 199
Sucre cristallisé. — Dispositions à prendre pour la conservation du.... 233
Sucre. — Remboursement par les ordinaires des perceptions de 19

T

Thé.
Dépenses d'achat par les corps 20
Notice sur le 230
Tuberculose. — Saisie des viandes provenant d'animaux atteints de..... 93

V

Viande.
Autorisation de l'usage de la viande de veau dans les infirmeries, mess et cantines 262
Contrôle à exercer sur les viandes destinées à la consommation dans les cantines, mess, etc. 174
Dispositions à adopter pour la fourniture de la viande fraîche aux corps de troupe et la fixation de la prime de viande... 117 à 128, 262
Dispositions relatives à l'inspection et à la réception des viandes destinées à l'alimentation des troupes .... 94 à 98
Instruction relative à l'enseignement à donner au personnel militaire chargé de l'examen et de la réception des animaux et des viandes de boucherie 176
Instruction technique pour la reconnaissance et l'examen de la viande sur pied et abattue .... 140 à 172
Instruction sur le contrôle et l'inspection des viandes et des animaux de boucherie destinés à la troupe .... 129 à 139
Interdiction dans les fournitures à faire aux troupes des viandes provenant de bétail exotique .... 173 à 174
Prescriptions relatives à l'hygiène de la viande 175
Principales dispositions à insérer dans un cahier des charges pour la fourniture de la viande (modèles) .... 98 à 116
Saisie des viandes d'animaux atteints de la tuberculose. (Voir : *Tuberculose.*

Vin.
Contrôle à exercer sur le vin vendu dans les cantines des corps de troupe 216
Notice sur le 231
Vinaigre. — Notice sur le 230

Paris et Limoges. — Imp. milit. Henri CHARLES-LAVAUZELLE.

www.ingramcontent.com/pod-product-compliance
Ingram Content Group UK Ltd.
Pitfield, Milton Keynes, MK11 3LW, UK
UKHW012202240726
13966UKWH00002B/522